자기주도학습
체크리스트

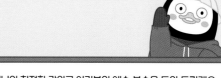

- 선생님의 친절한 강의로 여러분의 예습·복습을 도와 드릴게요.
- 공부를 마친 후에 확인란에 체크하면서 스스로를 칭찬해 주세요.
- 강의를 듣는 데에는 30분이면 충분합니다.

날짜	강의명		확인
	강		
	강		
	강		
	강		
	강		
	강		
	강		
	강		
	강		
	강		
	강		
	강		
	강		
	강		
	강		
	강		
	강		
	강		
	강		
	강		
	강		
	강		
	강		
	강		
	강		

날짜	강의명		확인
	강		
	강		
	강		
	강		
	강		
	강		
	강		
	강		
	강		
	강		
	강		
	강		
	강		
	강		
	강		
	강		
	강		
	강		
	강		
	강		
	강		
	강		
	강		
	강		
	강		

자기주도학습 체크리스트로 공부의 기쁨이 차곡차곡 쌓일 것입니다.

EBS

인터넷·모바일·TV
무료 강의 제공

초 | 등 | 부 | 터 EBS

예습, 복습, 숙제까지 해결되는

교과서 완전 학습서

만점왕

BOOK 1
개념책

사회 3-1

BOOK 1

개념책

BOOK 1 개념책으로
교과서에 담긴 **학습 개념**을
꼼꼼하게 공부하세요!

해설책은 EBS 초등사이트(primary.ebs.co.kr)에서 다운로드 받으실 수 있습니다.

교재 내용 문의 교재 내용 문의는 EBS 초등사이트 (primary.ebs.co.kr)의 교재 Q&A 서비스를 활용하시기 바랍니다.

교재 정오표 공지 발행 이후 발견된 정오 사항을 EBS 초등사이트 정오표 코너에서 알려 드립니다. 교재 검색 ▶ 교재 선택 ▶ 정오표

교재 정정 신청 공지된 정오 내용 외에 발견된 정오 사항이 있다면 EBS 초등사이트를 통해 알려 주세요. 교재 검색 ▶ 교재 선택 ▶ 교재 Q&A

만점왕

사회
3-1

이 책의 구성과 특징

1 | 단원 도입

단원을 시작할 때마다 도입 그림을 눈으로 확인하며 안내 글을 읽으면, 공부할 내용에 대해 흥미를 갖게 됩니다.

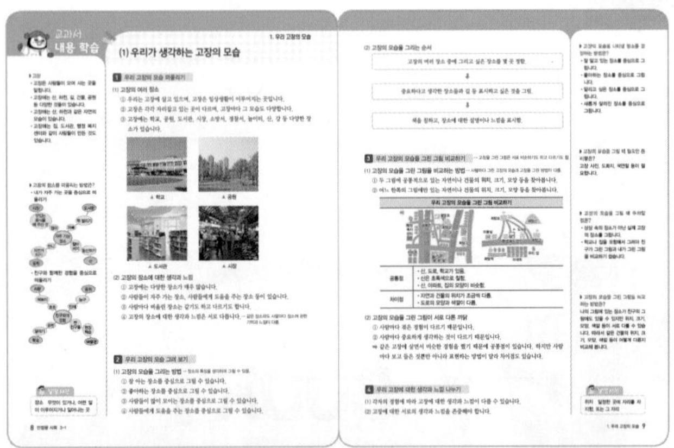

2 | 교과서 내용 학습

본격적인 학습을 시작하는 단계입니다. 자세한 개념 설명과 그림을 통해 핵심 개념을 분명하게 파악할 수 있습니다.

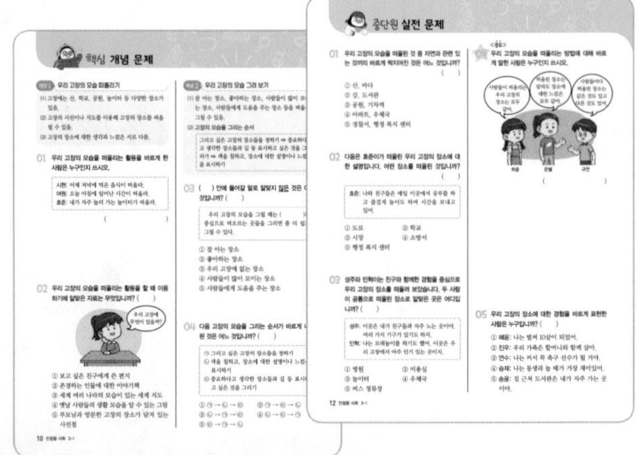

3 | 핵심 개념 + 실전 문제

[핵심 개념 문제 / 중단원 실전 문제]

개념별 문제, 실전 문제를 통해 교과서에 실린 내용을 하나하나 꼼꼼하게 살펴보며 빈틈없이 학습할 수 있습니다.

4 | 서술형 평가 돋보기

단원의 주요 개념과 관련된 서술형 문항을 심층적으로 학습하는 단계로, 강화될 서술형 평가에 대비할 수 있습니다.

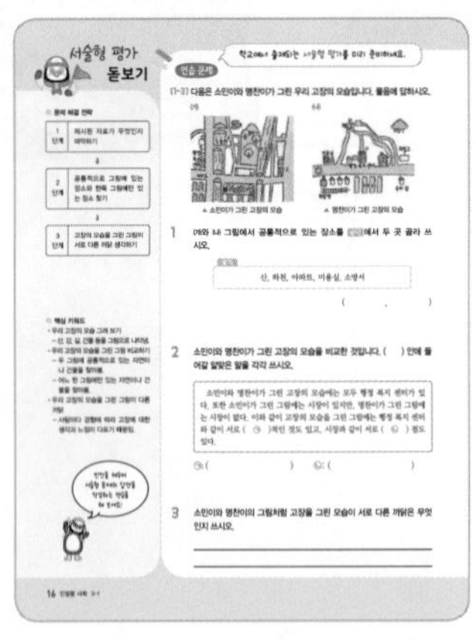

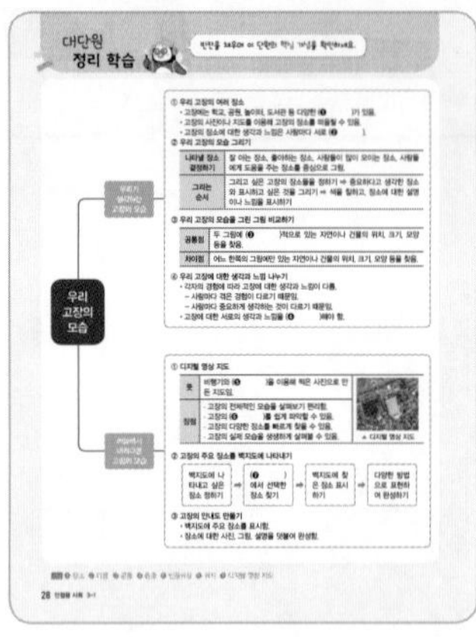

5 | 대단원 정리 학습

학습한 내용을 정리하는 단계입니다. 학습 내용을 보다 명확하게 정리할 수 있습니다.

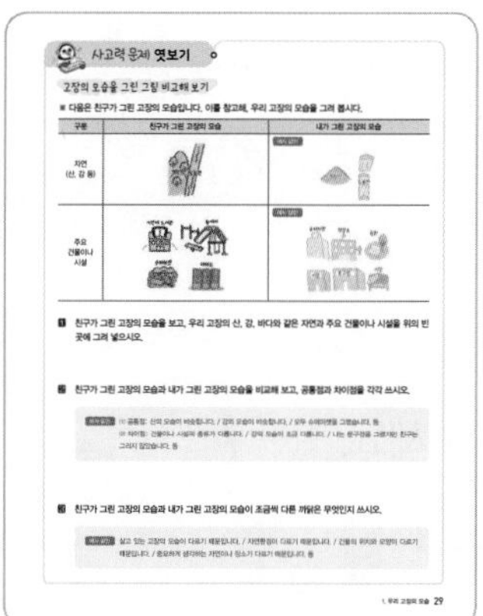

6 | 사고력 문제 엿보기

다양한 자료로 창의적인 활동을 하면서 생각하는 힘을 기를 수 있습니다.

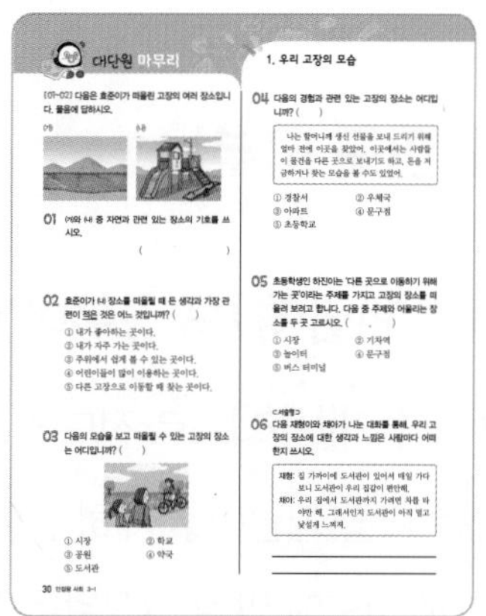

7 | 대단원 마무리

평가를 통해 단원 학습을 마무리하고, 자신이 보완해야 할 점을 파악할 수 있습니다.

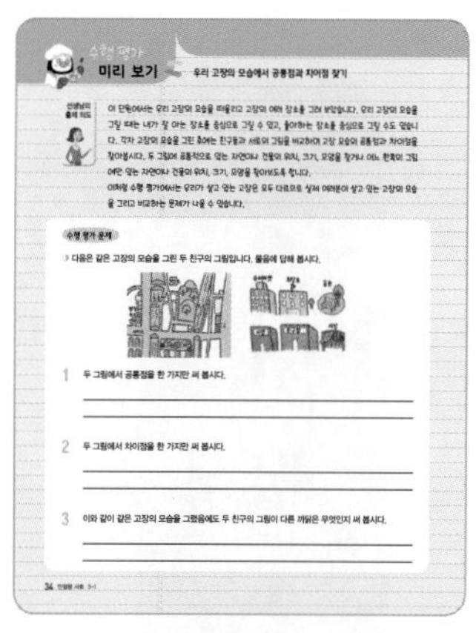

8 | 수행평가 미리 보기

학생들이 고민하는 수행 평가를 대단원별로 구성하였습니다. 선생님께서 직접 출제하신 문제를 통해 수행 평가를 꼼꼼히 준비할 수 있습니다.

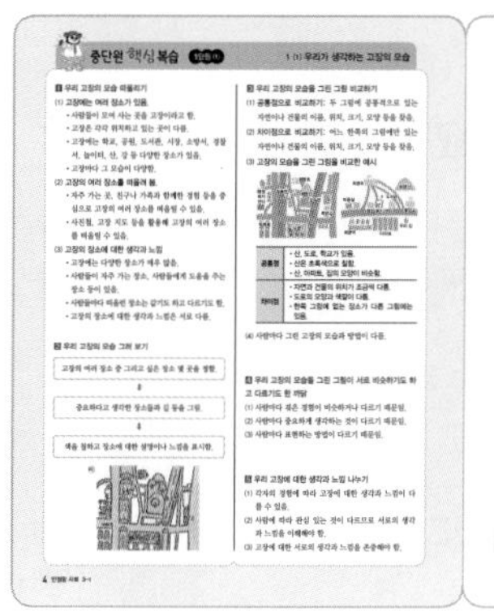

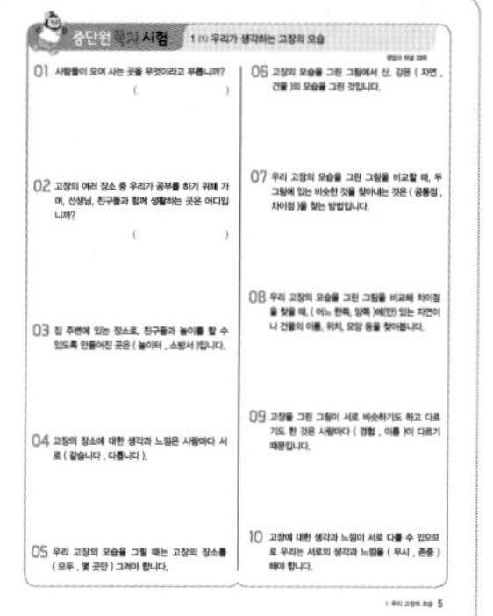

1 | 핵심 복습 + 쪽지 시험

핵심 정리를 통해 학습한 내용을 복습하고, 간단한 쪽지 시험을 통해 자신의 학습 상태를 확인할 수 있습니다.

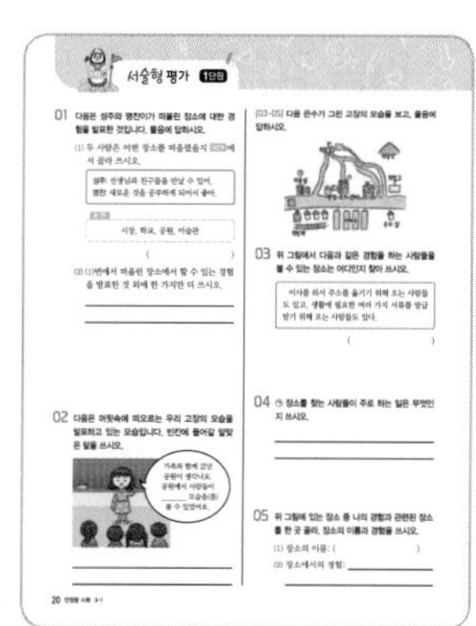

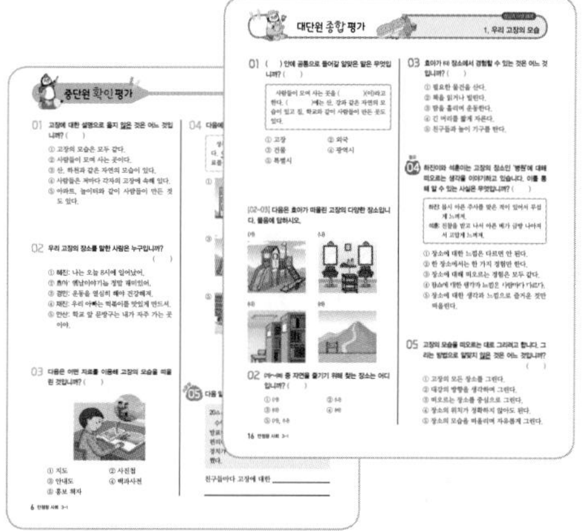

2 | 중단원 + 대단원 평가

[중단원 확인 평가 / 대단원 종합 평가]
앞서 학습한 내용을 바탕으로 보다 다양한 문제를 경험하여 단원별 평가를 대비할 수 있습니다.

3 | 서술형 평가

단원의 주요 개념과 관련된 서술형 문항을 심층적으로 학습하는 단계로, 강화될 서술형 평가에 대비할 수 있습니다.

자기주도 활용 방법

BOOK 1 개념책

평상 시 진도 공부는

교재(북1 개념책)로 공부하기

만점왕 북1 개념책으로 진도에 따라 공부해 보세요.
개념책에는 학습 개념이 자세히 설명되어 있어요.
따라서 학교 진도에 맞춰 만점왕을 풀어보면
혼자서도 쉽게 공부할 수 있습니다.

TV(인터넷) 강의로 공부하기

개념책으로 혼자 공부했는데, 잘 모르는 부분이 있나요?
더 알고 싶은 부분도 있다고요?
만점왕 강의가 있으니 걱정 마세요.
만점왕 강의는 TV를 통해 방송됩니다.
방송 강의를 보지 못했거나 다시 듣고 싶은 부분이 있다면
인터넷(EBS 초등 사이트)을 이용하면 됩니다.

이 부분은 잘 모르겠으니 인터넷으로 다시 봐야겠어.

만점왕 방송 시간: EBS홈페이지 편성표 참조
EBS 초등 사이트: http://primary.ebs.co.kr

시험 대비 공부는 북2 실전책으로! (북2 2쪽 자기주도 활용 방법을 읽어 보세요.)

이 책의 **차례** CONTENTS

BOOK 1 개념책

1 단원

우리 고장의 모습

그림 속 가족은 뒷산에 올라 고장의 모습을 살펴보고 있어요. 여자아이는 망원경으로 고장에 있는 건물들의 모습을 자세히 살펴보고 있고, 남자아이는 고장의 지도를 보며 길의 모습과 산과 강, 특징적인 건물들을 살펴보고 있습니다.

이번 단원에서는 우리 고장의 여러 가지 모습을 알아보고 산, 강, 바다, 도로, 건물 등 고장의 주요 지형지물에 대해 알아볼 거예요. 우리 고장의 모습을 알아보고, 우리 고장에서 자랑할 만한 장소를 소개함으로써 고장에 대한 자긍심을 기를 수 있을 거예요.

단원 학습 목표

1. 우리 고장의 모습을 자유롭게 그려 보고, 그린 그림을 비교해 공통점과 차이점을 찾아봅시다.
2. 우리 고장의 주요 산, 강, 다리, 건물 등의 모습을 파악하고, 고장의 실제 모습을 알아봅시다.

단원 진도 체크

회차	학습 내용		진도 체크
1차	(1) 우리가 생각하는 고장의 모습	교과서 내용 학습 + 핵심 개념 문제	✓
2차		중단원 실전 문제 + 서술형 평가 돋보기	✓
3차	(2) 하늘에서 내려다본 고장의 모습	교과서 내용 학습 + 핵심 개념 문제	✓
4차		중단원 실전 문제 + 서술형 평가 돋보기	✓
5차	대단원 정리 학습, 사고력 문제 엿보기, 대단원 마무리, 수행 평가 미리 보기		✓

해당 부분을 공부한 후 ✓표를 하세요.

빵집
○○은행
○○시장
○○초등학교
○○도서관
북
서
동
남
○○은행
○○시장
○○초등학교
○○도서관

(1) 우리가 생각하는 고장의 모습

1 우리 고장의 모습 떠올리기

(1) 고장의 여러 **장소**

① 우리는 고장에 살고 있으며, 고장은 일상생활이 이루어지는 곳입니다.

② 고장은 각각 자리잡고 있는 곳이 다르며, 고장마다 그 모습도 다양합니다.

③ 고장에는 학교, 공원, 도서관, 시장, 소방서, 경찰서, 놀이터, 산, 강 등 다양한 장소가 있습니다.

▲ 학교

▲ 공원

▲ 도서관

▲ 시장

(2) 고장의 장소에 대한 생각과 느낌

① 고장에는 다양한 장소가 매우 많습니다.

② 사람들이 자주 가는 장소, 사람들에게 도움을 주는 장소 등이 있습니다.

③ 사람마다 떠올린 장소는 같기도 하고 다르기도 합니다.

④ 고장의 장소에 대한 생각과 느낌은 서로 다릅니다. → 같은 장소라도 사람마다 장소에 관한 기억과 느낌이 다름.

2 우리 고장의 모습 그려 보기

(1) 고장의 모습을 그리는 방법 → 장소의 특징을 생각하며 그릴 수 있음.

① 잘 아는 장소를 중심으로 그릴 수 있습니다.

② 좋아하는 장소를 중심으로 그릴 수 있습니다.

③ 사람들이 많이 모이는 장소를 중심으로 그릴 수 있습니다.

④ 사람들에게 도움을 주는 장소를 중심으로 그릴 수 있습니다.

고장
- 고장은 사람들이 모여 사는 곳을 말합니다.
- 고장에는 산, 하천, 길, 건물, 공원 등 다양한 것들이 있습니다.
- 고장에는 산, 하천과 같은 자연의 모습이 있습니다.
- 고장에는 집, 도서관, 행정 복지 센터와 같이 사람들이 만든 것도 있습니다.

고장의 장소를 떠올리는 방법은?
- 내가 자주 가는 곳을 중심으로 떠올리기

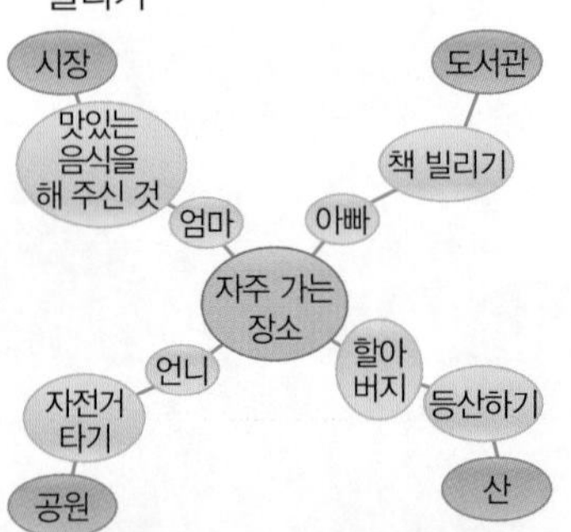

- 친구와 함께한 경험을 중심으로 떠올리기

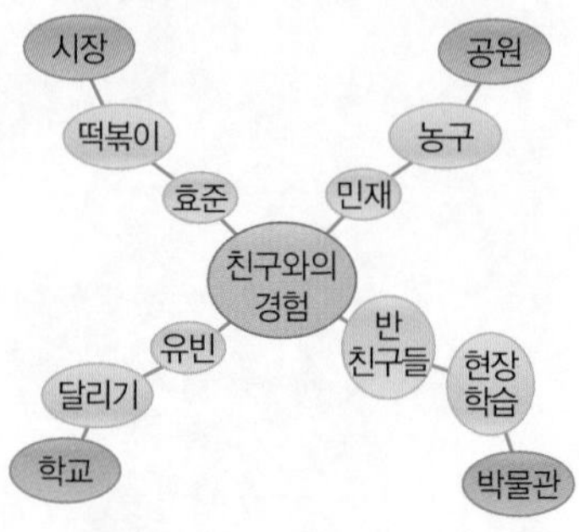

낱말 사전

장소 무엇이 있거나, 어떤 일이 이루어지거나 일어나는 곳

(2) 고장의 모습을 그리는 순서

고장의 여러 장소 중에 그리고 싶은 장소를 몇 곳 정함.

⬇

중요하다고 생각한 장소들과 길 등 표시하고 싶은 것을 그림.

⬇

색을 칠하고, 장소에 대한 설명이나 느낌을 표시함.

3 우리 고장의 모습을 그린 그림 비교하기

→ 고장을 그린 그림은 서로 비슷하기도 하고 다르기도 함.

(1) 고장의 모습을 그린 그림을 비교하는 방법→ 사람마다 그린 고장의 모습과 고장을 그린 방법이 다름.

① 두 그림에 공통적으로 있는 자연이나 건물의 **위치**, 크기, 모양 등을 찾아봅니다.

② 어느 한쪽의 그림에만 있는 자연이나 건물의 위치, 크기, 모양 등을 찾아봅니다.

우리 고장의 모습을 그린 그림 비교하기

공통점	• 산, 도로, 학교가 있음. • 산은 초록색으로 칠함. • 산, 아파트, 집의 모양이 비슷함.
차이점	• 자연과 건물의 위치가 조금씩 다름. • 도로의 모양과 색깔이 다름.

(2) 고장의 모습을 그린 그림이 서로 다른 까닭

① 사람마다 겪은 경험이 다르기 때문입니다.

② 사람마다 중요하게 생각하는 것이 다르기 때문입니다.

➡ 같은 고장에 살면서 비슷한 경험을 했기 때문에 공통점이 있습니다. 하지만 사람마다 보고 들은 것뿐만 아니라 표현하는 방법이 달라 차이점도 있습니다.

4 우리 고장에 대한 생각과 느낌 나누기

(1) 각자의 경험에 따라 고장에 대한 생각과 느낌이 다를 수 있습니다.

(2) 고장에 대한 서로의 생각과 느낌을 존중해야 합니다.

◗ 고장의 모습을 나타낼 장소를 결정하는 방법은?
- 잘 알고 있는 장소를 중심으로 그립니다.
- 좋아하는 장소를 중심으로 그립니다.
- 알리고 싶은 장소를 중심으로 그립니다.
- 새롭게 달라진 장소를 중심으로 그립니다.

◗ 고장의 모습을 그릴 때 필요한 준비물은?
고장 사진, 도화지, 색연필 등이 필요합니다.

◗ 고장의 모습을 그릴 때 주의할 점은?
- 상상 속의 장소가 아닌 실제 고장의 장소를 그립니다.
- 학교나 집을 포함해서 그려야 친구가 그린 그림과 내가 그린 그림을 비교하기 쉽습니다.

◗ 고장의 모습을 그린 그림을 비교하는 방법은?
나의 그림에 있는 장소가 친구의 그림에도 있을 수 있지만 위치, 크기, 모양, 색깔 등이 서로 다를 수 있습니다. 따라서 같은 건물의 위치, 크기, 모양, 색깔 등이 어떻게 다른지 비교해 봅니다.

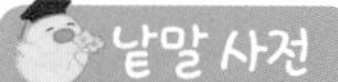

위치 일정한 곳에 자리를 차지함. 또는 그 자리

핵심 개념 문제

개념 1 우리 고장의 모습 떠올리기

(1) 고장에는 산, 학교, 공원, 놀이터 등 다양한 장소가 있음.
(2) 고장의 사진이나 지도를 이용해 고장의 장소를 떠올릴 수 있음.
(3) 고장의 장소에 대한 생각과 느낌은 서로 다름.

01 우리 고장의 모습을 떠올리는 활동을 바르게 한 사람은 누구인지 쓰시오.

> 시현: 어제 저녁에 먹은 음식이 떠올라.
> 여원: 오늘 아침에 일어난 시간이 떠올라.
> 효준: 내가 자주 놀러 가는 놀이터가 떠올라.

( )

02 우리 고장의 모습을 떠올리는 활동을 할 때 이용하기에 알맞은 자료는 무엇입니까? ( )

① 보고 싶은 친구에게 쓴 편지
② 존경하는 인물에 대한 이야기책
③ 세계 여러 나라의 모습이 있는 세계 지도
④ 옛날 사람들의 생활 모습을 알 수 있는 그림
⑤ 부모님과 방문한 고장의 장소가 담겨 있는 사진첩

개념 2 우리 고장의 모습 그려 보기

(1) 잘 아는 장소, 좋아하는 장소, 사람들이 많이 모이는 장소, 사람들에게 도움을 주는 장소 등을 떠올려 그릴 수 있음.
(2) 고장의 모습을 그리는 순서

> 그리고 싶은 고장의 장소들을 정하기 ➡ 중요하다고 생각한 장소들과 길 등 표시하고 싶은 것을 그리기 ➡ 색을 칠하고, 장소에 대한 설명이나 느낌을 표시하기

03 ( ) 안에 들어갈 말로 알맞지 <u>않은</u> 것은 어느 것입니까? ( )

> 우리 고장의 모습을 그릴 때는 ( )를 중심으로 떠오르는 곳들을 그리면 좀 더 쉽게 그릴 수 있다.

① 잘 아는 장소
② 좋아하는 장소
③ 우리 고장에 없는 장소
④ 사람들이 많이 모이는 장소
⑤ 사람들에게 도움을 주는 장소

04 다음 고장의 모습을 그리는 순서가 바르게 나열된 것은 어느 것입니까? ( )

> ㉠ 그리고 싶은 고장의 장소들을 정하기
> ㉡ 색을 칠하고, 장소에 대한 설명이나 느낌을 표시하기
> ㉢ 중요하다고 생각한 장소들과 길 등 표시하고 싶은 것을 그리기

① ㉠ → ㉡ → ㉢　② ㉠ → ㉢ → ㉡
③ ㉡ → ㉠ → ㉢　④ ㉡ → ㉢ → ㉠
⑤ ㉢ → ㉠ → ㉡

정답과 해설 8쪽

개념 3 우리 고장의 모습을 그린 그림 비교하기

(1) 공통적으로 있는 자연이나 건물의 위치, 크기, 모양 등을 찾아봄.
(2) 한쪽의 그림에만 있는 자연이나 건물의 위치, 크기, 모양 등을 찾아봄.
(3) 사람마다 경험이나 생각이 다양하기 때문에 그린 고장의 모습은 비슷하기도 하고 다르기도 함.

[05~06] 다음은 우리 고장의 모습을 그린 그림입니다. 물음에 답하시오.

(가)

(나)

05 (가)와 (나) 그림에 공통적으로 있는 장소는 어느 것입니까? (　　)

① 학교
② 시장
③ 소방서
④ 기차역
⑤ 도서관

06 (가) 그림에는 있지만 (나) 그림에는 <u>없는</u> 장소를 골라 쓰시오.

산, 시장, 아파트, 행정 복지 센터

(　　　　　　　　　　)

개념 4 우리 고장에 대한 생각과 느낌 나누기

(1) 각자의 경험에 따라 고장에 대한 생각과 느낌이 다를 수 있음.
• 사람마다 겪은 경험이 다르기 때문임.
• 사람마다 중요하게 생각하는 것이 다르기 때문임.
(2) 고장에 대한 서로의 생각과 느낌을 존중해야 함.

07 다음 대화를 읽고, (　　) 안에 들어갈 알맞은 말에 ○표 하시오.

우리 고장에 대한 생각과 느낌은 각자가 경험한 것이나 관심 있는 것에 따라 (같을 , 다를) 수 있다.

08 우리 고장에 대한 생각과 느낌을 나누는 태도가 바른 것은 어느 것입니까? (　　)

① 사람마다 모두 같은 장소에 대해 이야기해야 한다.
② 내가 관심 있는 장소에 대해서만 이야기해야 한다.
③ 나와 생각이 달라도 서로의 의견을 존중해야 한다.
④ 좀 더 중요한 생각을 먼저 이야기하도록 해야 한다.
⑤ 우리 고장에 대해서는 무조건 좋은 이야기만 해야 한다.

중단원 실전 문제

01 우리 고장의 모습을 떠올린 것 중 자연과 관련 있는 것끼리 바르게 짝지어진 것은 어느 것입니까? (　　)

① 산, 바다
② 강, 도서관
③ 공원, 기차역
④ 아파트, 우체국
⑤ 경찰서, 행정 복지 센터

02 다음은 효준이가 떠올린 우리 고장의 장소에 대한 설명입니다. 어떤 장소를 떠올린 것입니까? (　　)

> 효준: 나와 친구들은 매일 이곳에서 공부를 하고 즐겁게 놀이도 하며 시간을 보내고 있어.

① 도로　　② 학교
③ 시장　　④ 소방서
⑤ 행정 복지 센터

03 성주와 민혁이는 친구와 함께한 경험을 중심으로 우리 고장의 장소를 떠올려 보았습니다. 두 사람이 공통으로 떠올린 장소로 알맞은 곳은 어디입니까? (　　)

> 성주: 이곳은 내가 친구들과 자주 노는 곳이야. 여러 가지 기구가 있기도 하지.
> 민혁: 나는 모래놀이를 하기도 했어. 이곳은 우리 고장에서 아주 인기 있는 곳이지.

① 병원　　② 미용실
③ 놀이터　　④ 우체국
⑤ 버스 정류장

중요
04 우리 고장의 모습을 떠올리는 방법에 대해 바르게 말한 사람은 누구인지 쓰시오.

사람들이 떠올리는 우리 고장의 장소는 모두 같아.
떠올린 장소는 달라도 장소에 대한 느낌은 모두 같아.
사람들마다 떠올린 장소는 같은 것도 있고 다른 것도 있어.
하윤
은별
규연

(　　　　　　　　)

05 우리 고장의 장소에 대한 경험을 바르게 표현한 사람은 누구입니까? (　　)

① 혜윤: 나는 벌써 10살이 되었어.
② 진우: 우리 가족은 할머니와 함께 살아.
③ 연수: 나는 커서 꼭 축구 선수가 될 거야.
④ 승재: 나는 동생과 놀 때가 가장 재미있어.
⑤ 송윤: 집 근처 도서관은 내가 자주 가는 곳이야.

06 우리 고장의 모습을 떠올릴 때 도움이 되는 자료로 알맞은 것은 어느 것입니까? (　　)

① 고장의 인구를 나타낸 표
② 고장의 장소가 담긴 사진들
③ 미래에 내가 살고 싶은 건물들
④ 다른 고장으로 가는 열차 시간표
⑤ 여러 가지 직업을 알려 주는 그림들

07 다음 일기 속의 경험과 관련 있는 (　　) 안에 들어갈 고장의 장소는 어디입니까? (　　)

> 20△△년 △△월 △△일 날씨: 맑음
> 아빠와 밥을 맛있게 먹고 쉬고 있었다. 그런데 갑자기 식은땀이 나며 배가 아프기 시작했다. 그때 아빠는 우리 집 가까이에 있는 (　　)(으)로 나를 빠르게 데려가 주셨다. 친절한 선생님 덕분에 무사히 진료를 마치고 아픈 배도 빨리 나을 수 있었다.

① 학교　　② 병원
③ 우체국　　④ 소방서
⑤ 버스 터미널

08 초등학교 3학년인 효아는 고장의 모습을 떠올릴 때 '자주 가는 장소들'을 생각했습니다. 다음 낱말 카드에서 효아가 떠올린 장소로 알맞은 곳을 두 가지 골라 쓰시오.

학교	경찰서
기차역	놀이터

(　　　　,　　　　)

09 다음은 석훈이가 떠올린 고장의 장소입니다. 이 장소와 관련된 경험으로 알맞은 것은 어느 것입니까? (　　)

▲ 보건소

① 책을 빌리기 위해 갔다.
② 버스를 타기 위해 갔다.
③ 산책을 하기 위해 갔다.
④ 물건을 사기 위해 갔다.
⑤ 예방 접종을 하기 위해 갔다.

10 다음과 같이 고장의 모습을 그릴 때 필요한 준비물로 알맞지 <u>않은</u> 것은 어느 것입니까? (　　)

① 도화지
② 색연필
③ 놀이 기구
④ 고장 지도
⑤ 고장 사진

중단원 실전 문제

11 우리 고장의 모습을 그리는 방법으로 알맞은 것은 어느 것입니까? (　　)

① 내가 가 본 곳만 그린다.
② 실제 고장에 있는 장소를 그린다.
③ 고장의 모든 장소를 다 그려 넣는다.
④ 건물만 그리고 도로는 그리면 안 된다.
⑤ 변화될 미래의 모습을 상상해서 그린다.

[12~13] 다음은 윤하가 그린 고장의 모습입니다. 물음에 답하시오.

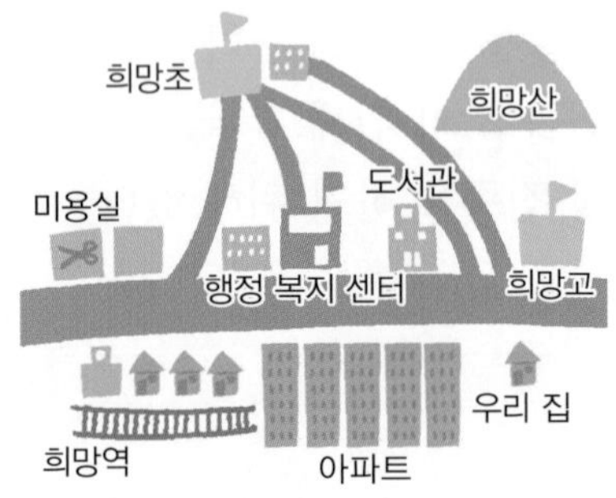

12 윤하가 그린 고장의 모습에 있는 장소를 두 곳 고르시오. (　　, 　　)

① 산　　② 공항
③ 소방서　　④ 미용실
⑤ 경찰서

13 위 그림에 대한 설명으로 알맞지 <u>않은</u> 것은 어느 것입니까? (　　)

① 도로가 있다.
② 위쪽으로는 산이 있다.
③ 윤하가 사는 곳이 나타나 있다.
④ 윤하가 한 번도 가 보지 않은 곳이다.
⑤ 사람들에게 도움을 주는 시설도 있다.

중요

14 다음은 고장의 모습을 그리는 순서입니다. (　　) 안에 들어갈 알맞은 말을 보기 에서 골라 쓰시오.

그리고 싶은 고장의 (　　　　)을(를) 정하기

중요하다고 생각한 장소들과 길 등 표시하고 싶은 것을 그리기

색을 칠하고, 장소에 대한 설명이나 느낌을 표시하기

보기

장소, 인물, 역사, 문화재

(　　　　　　　　)

15 고장의 모습을 그릴 때, 다음은 어떤 방법으로 그리는 것입니까? (　　)

내가 사는 집이나 학교를 중심으로 그린다.

① 잘 알고 있는 장소를 중심으로 그리기
② 새롭게 달라진 장소를 중심으로 그리기
③ 이제는 사라진 장소를 중심으로 그리기
④ 평소에 가 보기 어려운 장소를 중심으로 그리기
⑤ 다른 사람에게 알리고 싶지 않은 장소를 중심으로 그리기

[16~17] 다음은 우리 고장의 모습을 그린 그림입니다. 물음에 답하시오.

(가)

(나)

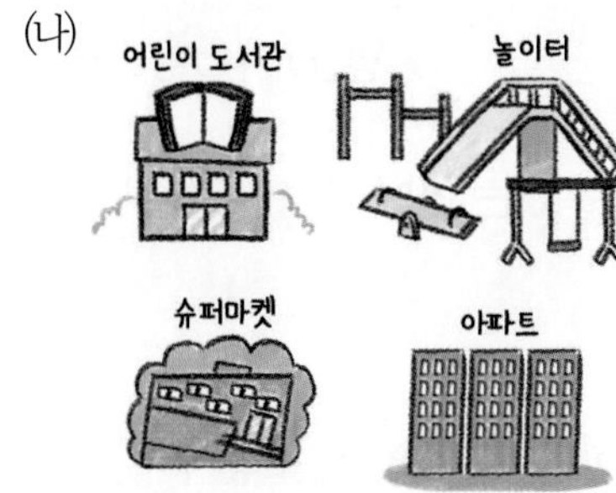

16 (가)와 (나) 그림에 공통적으로 있는 장소는 어디입니까? (　　)

① 공원
② 놀이터
③ 아파트
④ 슈퍼마켓
⑤ 어린이 도서관

중요

17 (가)와 (나) 그림을 비교한 것으로 알맞은 것은 어느 것입니까? (　　)

① (나)에는 초등학교를 그려 넣었다.
② 서점은 (가)에는 없지만 (나)에는 있다.
③ (가)와 (나)에 그려진 장소는 모두 같다.
④ (가)와 (나) 모두 도로는 그리지 않았다.
⑤ (가)보다 (나)에 더 많은 장소가 그려져 있다.

18 다음은 친구들이 각각 그린 고장의 모습입니다. 이를 통해 알 수 있는 사실로 알맞은 것을 골라, 기호를 쓰시오.

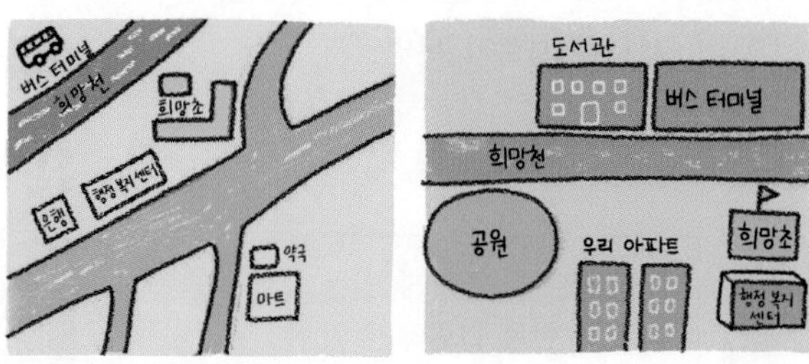

㉠ 자주 가는 장소만 그렸다.
㉡ 공통적인 장소도 있고 다른 장소도 있다.
㉢ 산, 강, 바다와 같은 자연은 그리지 않았다.

(　　　　　　　　)

19 같은 고장의 모습을 그린 그림이 학급 내에서 친구들마다 조금씩 다른 까닭으로 알맞지 <u>않은</u> 것은 어느 것입니까? (　　)

① 겪은 경험이 다르기 때문에
② 잘 아는 장소가 다르기 때문에
③ 좋아하는 장소가 다르기 때문에
④ 서로 다른 고장을 떠올렸기 때문에
⑤ 중요하게 생각하는 것이 다르기 때문에

20 (　　) 안에 들어갈 알맞은 말을 보기 에서 골라 쓰시오.

고장에 대한 생각과 느낌은 각자의 경험에 따라 서로 다를 수 있으므로 서로 다른 생각과 느낌을 (　　　　)해야 한다.

보기

무시, 존중, 비판, 강요

(　　　　　　　　)

서술형 평가 돋보기

학교에서 출제되는 서술형 평가를 미리 준비하세요.

🔍 문제 해결 전략

1 단계	제시된 자료가 무엇인지 파악하기
2 단계	공통적으로 그림에 있는 장소와 한쪽 그림에만 있는 장소 찾기
3 단계	고장의 모습을 그린 그림이 서로 다른 까닭 생각하기

🔍 핵심 키워드

- 우리 고장의 모습 그려 보기
  - 산, 강, 길, 건물 등을 그림으로 나타냄.
- 우리 고장의 모습을 그린 그림 비교하기
  - 두 그림에 공통적으로 있는 자연이나 건물을 찾아봄.
  - 어느 한 그림에만 있는 자연이나 건물을 찾아봄.
- 우리 고장의 모습을 그린 그림이 다른 까닭
  - 사람마다 경험에 따라 고장에 대한 생각과 느낌이 다르기 때문임.

빈칸을 채우며 서술형 문제의 답안을 작성하는 연습을 해 보세요!

연습 문제

[1~3] 다음은 소민이와 명찬이가 그린 우리 고장의 모습입니다. 물음에 답하시오.

(가)

▲ 소민이가 그린 고장의 모습

(나)

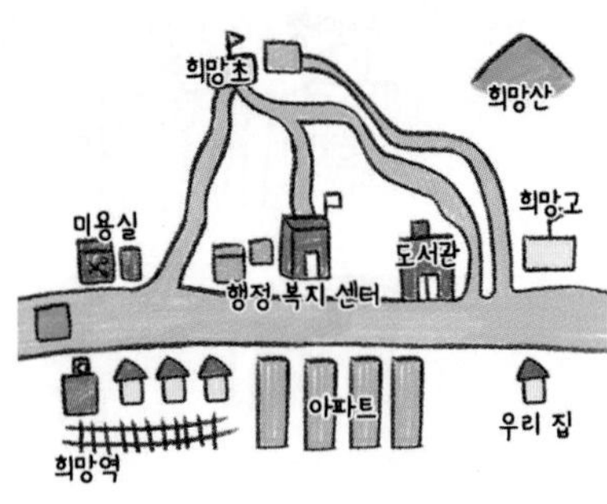

▲ 명찬이가 그린 고장의 모습

1 (가)와 (나) 그림에서 공통적으로 있는 장소를 보기에서 두 곳 골라 쓰시오.

보기

산, 하천, 아파트, 미용실, 소방서

(,)

2 소민이와 명찬이가 그린 고장의 모습을 비교한 것입니다. ( ) 안에 들어갈 알맞은 말을 각각 쓰시오.

소민이와 명찬이가 그린 고장의 모습에는 모두 행정 복지 센터가 있다. 또한 소민이가 그린 그림에는 시장이 있지만, 명찬이가 그린 그림에는 시장이 없다. 이와 같이 고장의 모습을 그린 그림에는 행정 복지 센터와 같이 서로 (㉠)적인 것도 있고, 시장과 같이 서로 (㉡) 점도 있다.

㉠: ( ) ㉡: ( )

3 소민이와 명찬이의 그림처럼 고장을 그린 모습이 서로 다른 까닭은 무엇인지 쓰시오.

정답과 해설 10쪽

실전 문제

[1~2] 다음은 효준이가 우리 고장의 모습을 그리기 위해 떠올린 고장의 여러 장소입니다. 물음에 답하시오.

(가)

(나)

(다)

(라)

1 위 장소 중 사람들이 ㈑에서 하는 일을 한 가지만 쓰시오.

____

2 위와 같이 효준이가 떠올린 고장의 장소가 다양한 까닭은 무엇인지 쓰시오.

____

[3~4] 다음은 혜원이와 승훈이가 고장의 모습을 그리고 난 후의 생각과 느낌을 말한 것입니다. 물음에 답하시오.

> 혜원: 나는 자주 가는 곳을 위주로 그렸어. 매일 가는 학교와 놀이터는 익숙하고 편안한 곳이야. 또한 우리 집 근처에 있는 공원도 동생과 자전거를 타러 자주 가는 곳이라서 그려 넣었어. 그리고 보니 우리 고장이 마치 집처럼 편안하고 익숙하게 느껴져.
>
> 승훈: 나는 경찰서, 소방서, 우체국 등을 그렸어. 이곳들은 모두 (㉠) 곳이기 때문에 사람들이 중요하게 생각할 것 같아. 이런 장소들이 우리 고장에 있어서 사람들이 편리하게 생활할 수 있어. 이곳들을 위주로 고장의 모습을 그리니 우리 고장이 편리하고 안전하게 느껴져.

3 ㉠에 들어갈 내용으로 알맞은 것에 ○표 하시오.

(1) 사람들에게 도움을 주는 ( )
(2) 사람들이 여가를 즐기러 가는 ( )

4 혜원이와 승훈이의 고장에 대한 생각과 느낌이 각각 어떻게 다른지 비교해 쓰시오.

(1) 혜원: ______________________

(2) 승훈: ______________________

(2) 하늘에서 내려다본 고장의 모습

드론으로 살펴보는 고장의 모습은?
- 드론은 사람이 타지 않고 전파로 조종하는 비행기로, 위에서 내려다보며 고장의 모습을 찍기 때문에 고장의 실제 모습을 한눈에 볼 수 있습니다.
- 요즘은 드론으로 농사를 지을 때, 택배를 배달할 때 등 생활에서 이용되고 있습니다.

▲ 드론

생활 속에서 디지털 영상 지도를 이용하는 모습은?
인터넷으로 위치 찾기, 운전할 때 길 찾기, 지도에서 위치 찾기 등 생활의 다양한 영역에서 이용됩니다.

▲ 길 도우미(내비게이션)

낱말 사전

인공위성 사람들이 만들어서 쏘아 올린 비행 물체로 위치, 날씨 등 다양한 정보를 알려 줌.
스마트폰 휴대 전화에 여러 컴퓨터 기능을 추가한 기계
누리집 '홈페이지'를 다듬은 토박이말로 만든 새말

1 우리 고장의 모습을 살펴보는 방법

▲ 높은 곳에 올라가서 살펴보기

▲ 우리나라 지도로 살펴보기

▲ 고장의 안내도로 살펴보기

▲ 드론을 이용해 살펴보기

▲ 디지털 영상 지도로 살펴보기

2 디지털 영상 지도로 우리 고장의 모습 살펴보기

(1) 디지털 영상 지도
① 비행기와 **인공위성**을 이용해서 찍은 사진으로 만든 지도입니다.
② 컴퓨터와 **스마트폰**에서 쉽게 이용할 수 있습니다.

(2) 디지털 영상 지도의 장점
① 고장의 전체적인 모습을 살펴보기 편리합니다.
② 고장의 위치를 쉽게 파악할 수 있습니다.
③ 고장의 다양한 장소를 빠르게 찾을 수 있습니다.
④ 고장의 실제 모습을 자세하고 생생하게 살펴볼 수 있습니다.

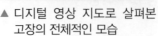

▲ 디지털 영상 지도로 살펴본 고장의 전체적인 모습

▲ 디지털 영상 지도로 살펴본 고장의 자세한 모습

(3) 디지털 영상 지도로 고장의 모습을 직접 찾아보기 → 국토 지리 정보원의 디지털 영상 지도를 이용하는 방법
❶ 국토 지리 정보원 **누리집**(www.ngii.go.kr)에 접속하기
❷ '국토 정보 플랫폼'을 누르기

❸ '국토 정보 맵' → '통합 지도 검색'에 들어가기

❹ '지도 선택'에서 '영상 지도'를 누르고 검색창에 장소 입력하기

❺ 지도를 확대, 축소, 이동하며 살펴보기 → 지도의 확대와 축소 기능으로 장소를 더 멀거나 가깝게 볼 수 있음.

(4) **디지털 영상 지도의 기능:** 위치 찾기 기능, 이동 기능, 확대와 축소 기능, 다른 종류의 지도로 바꾸는 기능 등 다양한 기능이 있습니다.

위치 찾기 기능	검색창에 찾고자 하는 장소를 입력하면 지도에서 위치를 찾을 수 있음.
이동 기능	마우스 단추를 누른 채로 움직이면 지도 안에서 원하는 위치로 이동할 수 있음.
확대와 축소 기능	+ 단추를 누르면 확대, − 단추를 누르면 축소할 수 있음.
다른 종류의 지도로 바꾸는 기능	원하는 지도를 누르면 지도의 종류를 바꿀 수 있음.

3 우리 고장의 주요 장소를 백지도에 나타내기

(1) **고장의 주요 장소:** 산, 강, 시청, 학교 등 눈에 잘 띄거나 사람들이 자주 찾는 곳입니다.

(2) **고장의 주요 장소를 백지도에 나타내는 방법**

백지도에 나타내고 싶은 장소 정하기 ➡ 디지털 영상 지도에서 선택한 장소 찾기 ➡ 찾은 장소를 백지도에 표시하기 ➡ 다양한 방법으로 표현해 완성하기

▲ 디지털 영상 지도에 나타난 고장의 모습

▲ 고장의 주요 장소를 백지도에 표시하기

4 우리 고장 소개하기

(1) **고장의 자랑할 만한 장소 조사하기**

① 고장의 누리집이나 관광 누리집에서 자랑할 만한 것을 찾습니다.

② 고장의 안내 책자나 홍보물에서 자랑할 만한 것을 찾습니다.

③ **면담**이나 **답사**를 통해 자랑할 만한 것을 찾습니다.

(2) **고장의 안내도 만들기**

❶ 백지도에 주요 장소를 표시합니다.

❷ 장소에 대한 사진, 그림, 설명을 덧붙여 완성합니다.

◗ 인공위성으로 모으는 영상 정보는?
우주로 쏘아올린 인공위성은 지구를 돌며 지구의 모습을 찍거나 전파를 전달합니다.

◗ 백지도
산, 강, 큰길 등의 밑그림만 그려져 있고 글자나 기호가 표시되어 있지 않은 지도를 말합니다.

◗ 장소 카드를 이용해 고장의 안내도를 만드는 방법은?
❶ 고장의 주요 자연물과 도로가 표시된 백지도를 준비합니다.
❷ 표시하고 싶은 건물이나 장소를 백지도에 표시합니다.
❸ 고장의 주요 장소의 위치나 특징을 정리한 장소 카드를 백지도에 붙입니다.
→ 장소의 이름, 장소의 모습, 장소에 대한 설명, 장소에 대한 생각이나 느낌 등을 넣어 장소를 알 수 있도록 만든 것임.

낱말 사전
면담 서로 만나서 이야기함.
답사 현장에 가서 직접 보고 조사함.

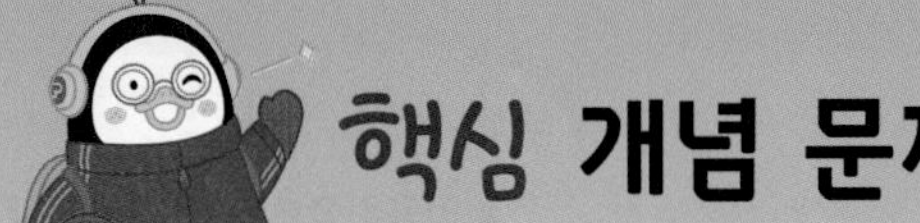

핵심 개념 문제

개념 1 우리 고장의 모습을 살펴보는 방법

(1) 높은 곳에 올라가서 살펴봄.
(2) 우리나라 지도로 살펴봄.
(3) 고장의 안내도로 살펴봄.
(4) 드론을 이용해 살펴봄.
(5) 디지털 영상 지도로 살펴봄.

01 ( ) 안에 들어갈 알맞은 말을 골라 ○표 하시오.

우리 고장의 모습을 살펴볼 때는 산이나 언덕과 같이 (높은 , 넓은) 곳에서 고장의 모습을 전체적으로 내려다본다.

02 우리 고장의 모습을 살펴보는 방법으로 알맞지 않은 것은 어느 것입니까? ( )

① 드론으로 살펴보기
② 눈을 감고 상상해 보기
③ 우리나라 지도로 살펴보기
④ 고장의 안내도로 살펴보기
⑤ 디지털 영상 지도로 살펴보기

개념 2 디지털 영상 지도로 우리 고장의 모습 살펴보기

(1) 디지털 영상 지도는 인공위성을 이용해서 찍은 사진으로 만든 지도로, 컴퓨터와 스마트폰에서 쉽게 이용할 수 있음.
(2) 디지털 영상 지도의 장점
- 고장의 전체적인 모습을 살펴보기 편리함.
- 다양한 장소의 위치를 쉽게 파악할 수 있음.
- 고장의 실제 모습을 자세하고 생생하게 살펴볼 수 있음.

03 다음과 같은 디지털 영상 지도를 만들 때 이용하는 것은 어느 것입니까? ( )

① 신문 ② 현미경
③ 전화기 ④ 자동차
⑤ 인공위성

04 디지털 영상 지도의 장점을 모두 고른 것은 어느 것입니까? ( )

㉠ 고장의 실제 모습과 다르게 보인다.
㉡ 어떤 장소의 위치를 쉽게 파악할 수 있다.
㉢ 고장의 전체적인 모습을 살펴보기 편리하다.

① ㉡
② ㉠, ㉡
③ ㉠, ㉢
④ ㉡, ㉢
⑤ ㉠, ㉡, ㉢

개념 3 우리 고장의 주요 장소를 백지도에 나타내기

(1) 백지도: 산, 강, 큰길 등이 밑그림으로 그려져 있는 지도임.

(2) 고장의 주요 장소를 백지도에 나타내는 방법

> 백지도에 나타내고 싶은 장소 정하기 ➡ 디지털 영상 지도에서 선택한 장소 찾기 ➡ 찾은 장소를 백지도에 표시하기 ➡ 다양한 방법으로 표현해 완성하기

개념 4 우리 고장 소개하기

(1) 고장의 자랑할 만한 장소 조사하기
- 고장의 누리집에서 자랑할 만한 것 찾기
- 안내 책자나 홍보물에서 자랑할 만한 것 찾기
- 면담이나 답사를 통해 자랑할 만한 것 찾기

(2) 고장의 안내도 만들기

❶ 백지도에 주요 장소 표시하기

❷ 사진, 그림, 설명을 덧붙여 완성하기

[05~06] 다음은 효아가 고장의 모습을 나타내기 위해 준비한 지도입니다. 물음에 답하시오.

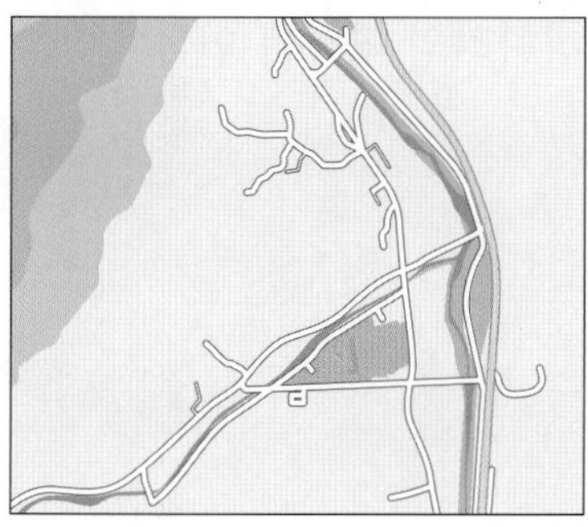

05 위와 같이 고장의 산, 강, 큰길 등이 밑그림으로 그려져 있고, 여러 가지 장소나 건물의 위치는 표시되어 있지 않은 지도를 무엇이라고 하는지 쓰시오.

( )

06 위와 같은 지도에 고장의 주요 장소를 나타내려고 합니다. 가장 먼저 해야 할 일은 무엇입니까? ( )

① 색칠을 하고, 설명을 쓴다.
② 지도에 찾은 장소를 표시한다.
③ 지도에 나타내고 싶은 장소를 정한다.
④ 디지털 영상 지도에서 선택한 장소를 찾는다.
⑤ 친구의 것과 비교하며 공통점과 차이점을 찾는다.

07 우리 고장의 자랑할 만한 장소를 조사할 때 이용할 수 있는 자료로 알맞지 않은 것은 어느 것입니까? ( )

① 세계 지도
② 고장의 홍보물
③ 고장의 누리집
④ 고장의 안내 책자
⑤ 고장의 문화유산 해설사와의 면담

08 다음은 고장의 자랑할 만한 장소를 안내도로 만든 것입니다. 만드는 방법을 순서에 맞게 기호로 쓰시오.

> ㉠ 고장의 자랑할 만한 장소 정하기
> ㉡ 장소에 사진, 그림, 설명을 덧붙이기
> ㉢ 백지도에 자랑할 만한 장소 표시하기

(→ →)

중단원 실전 문제

01 다음은 우리 고장의 모습을 살펴보는 방법 중 무엇입니까? (　　)

① 드론으로 살펴보기
② 우리나라 지도로 살펴보기
③ 실제 거리를 재어 살펴보기
④ 디지털 영상 지도로 살펴보기
⑤ 높은 곳에 올라가서 살펴보기

[02~03] 오른쪽은 은별이네 고장의 모습입니다. 물음에 답하시오.

02 위와 같이 인공위성 사진을 이용해서 만든 지도를 무엇이라고 하는지 쓰시오.

(　　　　　　　　　)

⊂중요⊃

03 위와 같은 지도로 우리 고장의 모습을 살펴볼 때의 장점으로 알맞지 <u>않은</u> 것은 어느 것입니까?

(　　)

① 어떤 장소의 위치를 쉽게 파악할 수 있다.
② 실제 모습을 자세하고 생생하게 볼 수 있다.
③ 컴퓨터나 스마트폰으로 쉽게 검색할 수 있다.
④ 고장의 전체적인 모습을 살펴보기 편리하다.
⑤ 고장에 살고 있는 사람의 수를 한눈에 알 수 있다.

04 다음과 같은 지도로 알 수 있는 것을 두 가지 고르시오. (　　,　　)

① 길의 모양
② 오늘의 날씨
③ 건물의 위치
④ 고장에 사는 사람 수
⑤ 우리나라의 역사적 인물

05 송윤이가 디지털 영상 지도로 밑줄 친 시설을 찾을 때 입력할 검색어로 알맞은 것은 어느 것입니까? (　　)

> 송윤이는 디지털 영상 지도로 <u>송윤이네 고장에서 다른 고장으로 이동할 때 이용하는 시설</u>에는 무엇이 있는지 찾아보고자 한다.

① 강
② 시장
③ 박물관
④ 기차역
⑤ 행정 복지 센터

06 디지털 영상 지도를 이용해 고장의 모습을 살펴볼 때 사용할 수 있는 디지털 기기를 두 가지 고르시오. (　　,　　)

① 컴퓨터
② 백지도
③ 안내도
④ 망원경
⑤ 스마트폰

07 다음 지도를 이용해서 찾은 장소가 너무 작아서 잘 보이지 않을 때 어떤 기능을 사용하면 선명하게 잘 볼 수 있습니까? (　　)

① 축소 기능
② 확대 기능
③ 이동 기능
④ 면적 재기 기능
⑤ 거리 재기 기능

08 (　　) 안에 들어갈 알맞은 말을 쓰시오.

> 디지털 영상 지도는 비행기와 인공위성을 이용해 만든다. 그래서 (　　　　)에서 내려다본 것처럼 우리 고장의 전체적인 모습을 자세히 살펴볼 수 있다.

(　　　　　　　　　　)

09 다음과 같은 지도를 이용하기 위해서 방문해야 하는 누리집은 어디입니까? (　　)

① 국회 누리집
② 청와대 누리집
③ 우리 학교 누리집
④ 국립 박물관 누리집
⑤ 국토 지리 정보원 누리집

10 (　　) 안에 들어갈 알맞은 말은 무엇입니까? (　　)

> 디지털 영상 지도를 이용해 우리 학교를 찾을 때는 영상 지도를 누른 후 (　　　　)창에 우리 학교 이름을 입력해야 한다.

① 검색
② 이동
③ 확대
④ 축소
⑤ 위치

중요

11 디지털 영상 지도로 고장의 모습을 살펴보려고 합니다. 다음과 같은 궁금증이 생겼을 때 해야 할 일은 무엇입니까? (　　)

① 지도를 축소해 본다.
② 지도를 확대해 본다.
③ 지도를 이동해 본다.
④ 지도의 종류를 바꿔 본다.
⑤ 지도에서 다른 장소를 검색해 본다.

12 생활 속에서 디지털 영상 지도를 이용하는 경우로 알맞지 <u>않은</u> 것은 어느 것입니까? (　　)

① 인터넷으로 길을 찾을 때
② 스마트폰으로 위치를 찾을 때
③ 자동차로 모르는 곳을 찾아갈 때
④ 우리나라의 역사적 인물을 찾을 때
⑤ 원하는 곳으로 가는 교통수단을 찾을 때

[13~14] 다음을 보고, 물음에 답하시오.

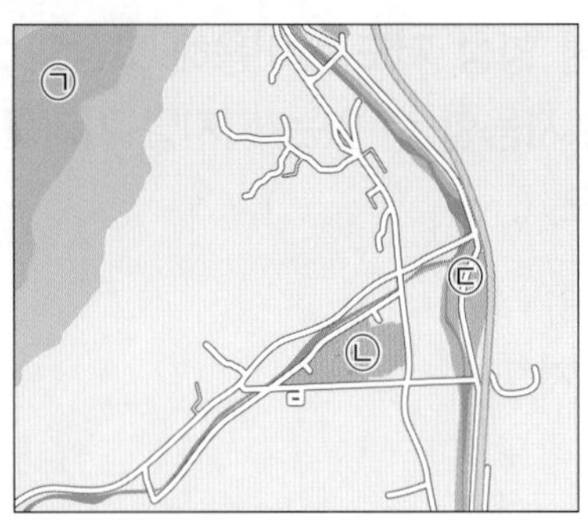

13 위와 같이 산, 강, 큰길 등의 밑그림만 그려져 있는 지도를 무엇이라고 합니까? (　　)

① 항공도　　② 안내도
③ 백지도　　④ 세계 지도
⑤ 디지털 영상 지도

14 ㉠~㉢ 중 길을 나타내는 것의 기호를 쓰시오.

(　　　　　)

중요

15 다음은 고장의 주요 장소를 백지도에 나타내는 방법입니다. 순서에 맞게 나열된 것은 어느 것입니까?

(　　)

㉠ 다양한 방법으로 표현해 완성하기
㉡ 백지도에 나타내고 싶은 장소 고르기
㉢ 디지털 영상 지도에서 선택한 장소 찾기
㉣ 디지털 영상 지도에서 찾은 장소를 백지도에 표시하기

① ㉠ → ㉡ → ㉢ → ㉣
② ㉡ → ㉠ → ㉢ → ㉣
③ ㉡ → ㉢ → ㉣ → ㉠
④ ㉡ → ㉣ → ㉢ → ㉠
⑤ ㉢ → ㉣ → ㉡ → ㉠

16 우리 고장의 주요 장소 중 사람들이 편리한 생활을 할 수 있도록 도와주는 곳은 어디입니까? ( )

① 성곽 ② 시청
③ 영화관 ④ 우리 집
⑤ 문화 유적지

[17~18] 다음은 백지도에 고장의 주요 장소를 나타낸 지도입니다. 물음에 답하시오.

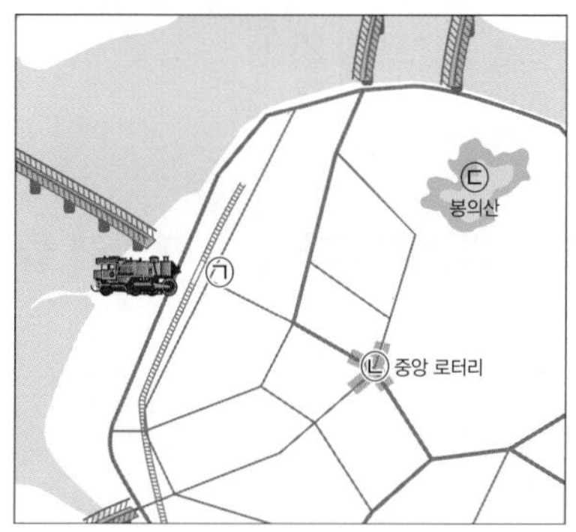

17 위의 지도에서 기차역을 나타내는 곳은 어디인지 기호를 쓰시오.

( )

18 정아는 위의 지도에 다음과 같은 장소를 표시하려고 합니다. ㉠~㉢ 중 어디 부근에 표시해야 할지 기호를 쓰시오.

> 정아: 이곳은 산 바로 아래에 위치해 있는 문화 유적이야. 조선 시대에 지어진 사찰로, 아주 아름다워 다른 고장에서도 많은 사람이 보러 올 정도로 유명해.

( )

19 우리 고장의 자랑할 만한 장소를 조사할 때, 다음과 같이 조사하는 방법은 무엇입니까? ( )

① 현장 답사하기
② 누리집 검색하기
③ 어른에게 물어보기
④ 홍보 책자 찾아보기
⑤ 문화 관광 해설사에게 질문하기

20 우리 고장의 자랑할 만한 장소를 소개하는 안내도를 만들 때, 안내도에 들어갈 장소로 알맞지 <u>않은</u> 곳은 어디입니까? ( )

① 박물관
② 경기장
③ 도서관
④ 유적지
⑤ 우리 집

서술형 평가 돋보기

학교에서 출제되는 서술형 평가를 미리 준비하세요.

🔍 문제 해결 전략

1 단계	제시된 자료의 특징 확인하기
⬇	
2 단계	자료를 만드는 단계 생각하기
⬇	
3 단계	자료에 들어간 지형지물의 특징 생각하기

🔍 핵심 키워드

- 고장의 안내도 만들기
  - ❶ 백지도에 주요 장소 표시하기
  - ❷ 사진, 그림, 설명을 덧붙여 완성하기
- 고장의 자랑할 만한 장소의 특징
  - – 역사적으로 유명한 곳
  - – 많은 사람이 좋아하는 곳
  - – 많은 사람이 이용하는 곳
  - – 다른 고장에서도 인정한 곳

빈칸을 채우며 서술형 문제의 답안을 작성하는 연습을 해 보세요!

연습 문제

[1~3] 다음은 효준이가 다른 고장 친구에게 우리 고장의 자랑할 만한 장소를 소개하기 위해 만든 자료입니다. 물음에 답하시오.

1 위와 같이 우리 고장의 자랑할 만한 장소를 백지도에 표시해 만든 자료를 무엇이라고 하는지 쓰시오.

고장의 (   )

2 다음은 위와 같은 자료를 만드는 방법입니다. (   ) 안에 들어갈 알맞은 말을 보기 에서 골라 쓰시오.

보기
- 디지털 영상 지도에서 선택한 장소 찾기
- 디지털 영상 지도에서 찾은 장소를 백지도에 표시하기

백지도에 나타내고 싶은 장소 고르기

⬇

㉠: (   )

⬇

㉡: (   )

⬇

다양한 방법으로 표현해 완성하기

3 고장의 자랑할 만한 장소는 어떤 특징이 있는지 쓰시오.

정답과 해설 12쪽

실전 문제

[1~2] 다음은 같은 장소를 나타낸 지도들입니다. 물음에 답하시오.

(가)

(나)

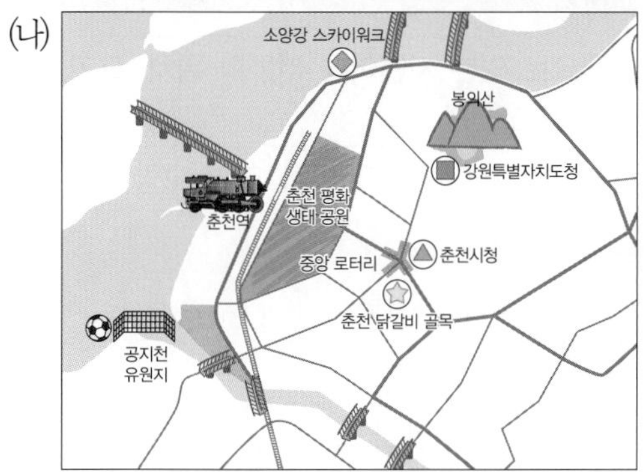

1 다음은 (가)와 (나) 지도를 비교한 것입니다. ( ) 안에 들어갈 알맞은 말을 쓰시오.

> (가) 지도는 비행기와 (㉠)(으)로 찍은 사진을 이용해서 만든 지도이며, (나) 지도는 산, 하천, 철길 등의 밑그림만 그려져 있는 (㉡) 위에 고장의 주요 장소를 표시한 것이다.

㉠: (　　　　　　　　)
㉡: (　　　　　　　　)

2 (가) 지도로 고장의 모습을 살펴봤을 때의 장점을 한 가지만 쓰시오.

[3~4] 다음 고장의 안내도를 보고, 물음에 답하시오.

3 위와 같은 안내도를 만들기 위해 고장에서 자랑할 만한 장소를 조사하는 방법을 한 가지만 쓰시오.

4 위와 같은 고장의 안내도를 만들 때, 고장의 모습을 한눈에 알아보기 쉽게 하려면 어떤 점에 주의해서 만들어야 할지 쓰시오.

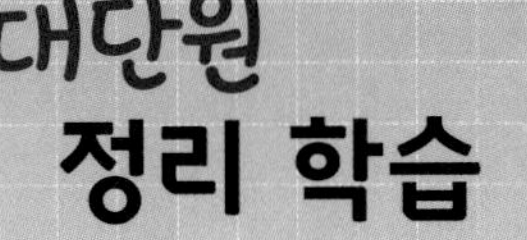

대단원 정리 학습

빈칸을 채우며 이 단원의 핵심 개념을 확인하세요.

우리 고장의 모습

우리가 생각하는 고장의 모습

① **우리 고장의 여러 장소**
- 고장에는 학교, 공원, 놀이터, 도서관 등 다양한 (❶)가 있음.
- 고장의 사진이나 지도를 이용해 고장의 장소를 떠올릴 수 있음.
- 고장의 장소에 대한 생각과 느낌은 사람마다 서로 (❷).

② **우리 고장의 모습 그리기**

나타낼 장소 결정하기	잘 아는 장소, 좋아하는 장소, 사람들이 많이 모이는 장소, 사람들에게 도움을 주는 장소를 중심으로 그림.
그리는 순서	그리고 싶은 고장의 장소들을 정하기 ➡ 중요하다고 생각한 장소와 표시하고 싶은 것을 그리기 ➡ 색을 칠하고, 장소에 대한 설명이나 느낌을 표시하기

③ **우리 고장의 모습을 그린 그림 비교하기**

공통점	두 그림에 (❸)적으로 있는 자연이나 건물의 위치, 크기, 모양 등을 찾음.
차이점	어느 한쪽의 그림에만 있는 자연이나 건물의 위치, 크기, 모양 등을 찾음.

④ **우리 고장에 대한 생각과 느낌 나누기**
- 각자의 경험에 따라 고장에 대한 생각과 느낌이 다름.
  - 사람마다 겪은 경험이 다르기 때문임.
  - 사람마다 중요하게 생각하는 것이 다르기 때문임.
- 고장에 대한 서로의 생각과 느낌을 (❹)해야 함.

하늘에서 내려다본 고장의 모습

① **디지털 영상 지도**

뜻	비행기와 (❺)을 이용해 찍은 사진으로 만든 지도임.
장점	· 고장의 전체적인 모습을 살펴보기 편리함. · 고장의 (❻)를 쉽게 파악할 수 있음. · 고장의 다양한 장소를 빠르게 찾을 수 있음. · 고장의 실제 모습을 생생하게 살펴볼 수 있음.

▲ 디지털 영상 지도

② **고장의 주요 장소를 백지도에 나타내기**

백지도에 나타내고 싶은 장소 정하기 ➡ (❼)에서 선택한 장소 찾기 ➡ 백지도에 찾은 장소 표시하기 ➡ 다양한 방법으로 표현하여 완성하기

③ **고장의 안내도 만들기**
- 백지도에 주요 장소를 표시함.
- 장소에 대한 사진, 그림, 설명을 덧붙여 완성함.

정답 ❶ 장소 ❷ 다름 ❸ 공통 ❹ 존중 ❺ 인공위성 ❻ 위치 ❼ 디지털 영상 지도

사고력 문제 엿보기

고장의 모습을 그린 그림 비교해 보기

※ 다음은 친구가 그린 고장의 모습입니다. 이를 참고해, 우리 고장의 모습을 그려 봅시다.

구분	친구가 그린 고장의 모습	내가 그린 고장의 모습
자연 (산, 강 등)	희망산 모수천	예시 답안 희망산 두봉천
주요 건물이나 시설	어린이 도서관 놀이터 슈퍼마켓 아파트	예시 답안 슈퍼마켓 희망초 공원 서점 문구점 시장

1 친구가 그린 고장의 모습을 보고, 우리 고장의 산, 강, 바다와 같은 자연과 주요 건물이나 시설을 위의 빈 곳에 그려 넣으시오.

2 친구가 그린 고장의 모습과 내가 그린 고장의 모습을 비교해 보고, 공통점과 차이점을 각각 쓰시오.

예시 답안 (1) 공통점: 산의 모습이 비슷합니다. / 강의 모습이 비슷합니다. / 모두 슈퍼마켓을 그렸습니다. 등
(2) 차이점: 건물이나 시설의 종류가 다릅니다. / 강의 모습이 조금 다릅니다. / 나는 문구점을 그렸지만 친구는 그리지 않았습니다. 등

3 친구가 그린 고장의 모습과 내가 그린 고장의 모습이 조금씩 다른 까닭은 무엇인지 쓰시오.

예시 답안 살고 있는 고장의 모습이 다르기 때문입니다. / 자연환경이 다르기 때문입니다. / 건물의 위치와 모양이 다르기 때문입니다. / 중요하게 생각하는 자연이나 장소가 다르기 때문입니다. 등

대단원 마무리

[01~02] 다음은 효준이가 떠올린 고장의 여러 장소입니다. 물음에 답하시오.

(가)

(나)

01 (가)와 (나) 중 자연과 관련 있는 장소의 기호를 쓰시오.

( )

02 효준이가 (나) 장소를 떠올릴 때 든 생각과 가장 관련이 적은 것은 어느 것입니까? ( )

① 내가 좋아하는 곳이다.
② 내가 자주 가는 곳이다.
③ 주위에서 쉽게 볼 수 있는 곳이다.
④ 어린이들이 많이 이용하는 곳이다.
⑤ 다른 고장으로 이동할 때 찾는 곳이다.

03 다음의 모습을 보고 떠올릴 수 있는 고장의 장소는 어디입니까? ( )

① 시장 ② 학교
③ 공원 ④ 약국
⑤ 도서관

04 다음의 경험과 관련 있는 고장의 장소는 어디입니까? ( )

> 나는 할머니께 생신 선물을 보내 드리기 위해 얼마 전에 이곳을 찾았어. 이곳에서는 사람들이 물건을 다른 곳으로 보내기도 하고, 돈을 저금하거나 찾는 모습을 볼 수도 있었어.

① 경찰서 ② 우체국
③ 아파트 ④ 문구점
⑤ 초등학교

05 초등학생인 하진이는 '다른 곳으로 이동하기 위해 가는 곳'이라는 주제를 가지고 고장의 장소를 떠올려 보려고 합니다. 다음 중 주제와 어울리는 장소를 두 곳 고르시오. (,)

① 시장 ② 기차역
③ 놀이터 ④ 문구점
⑤ 버스 터미널

⊂서술형⊃

06 다음 재형이와 채아가 나눈 대화를 통해, 우리 고장의 장소에 대한 생각과 느낌은 사람마다 어떠한지 쓰시오.

> 재형: 집 가까이에 도서관이 있어서 매일 가다 보니 도서관이 우리 집같이 편안해.
> 채아: 우리 집에서 도서관까지 가려면 차를 타야만 해. 그래서인지 도서관이 아직 멀고 낯설게 느껴져.

[07~09] 다음은 같은 학급의 두 친구가 그린 고장의 모습입니다. 물음에 답하시오.

(가)

(나)

07 (나) 그림에는 있지만 (가) 그림에는 없는 장소는 어디입니까? (　　)

① 산　　② 학교
③ 아파트　　④ 도서관
⑤ 행정 복지 센터

08 다음 경험과 관련된 장소는 (가) 그림에서 어디입니까? (　　)

> 사람들은 이곳에 물건을 사러 많이 와. 나도 얼마 전에 어머니와 함께 이곳에 가서 생선을 사온 적이 있어.

① 산　　② 시장
③ 하천　　④ 아파트
⑤ 행정 복지 센터

⊂서술형⊃

09 (가)와 (나) 그림에 나타난 고장의 모습을 비교해 공통점을 쓰시오.

____

____

[10~11] 다음은 머릿속에 떠오른 장소를 중심으로 그린 고장의 모습입니다. 물음에 답하시오.

(가)

(나)

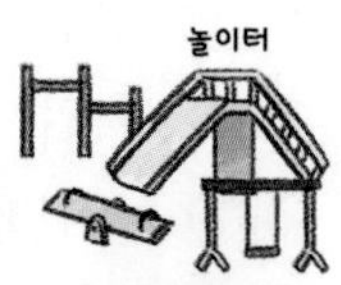

10 (가)의 ㉠에서는 많은 학생들을 볼 수 있습니다. 이 장소는 어디입니까? (　　)

① 학교　　② 소방서
③ 경찰서　　④ 놀이동산
⑤ 전통 시장

11 다음과 관련된 장소를 위에서 찾아 쓰시오.

> 이곳은 (가)에도 있고 (나)에도 있지만, 그려진 모습은 조금씩 다르다.

(　　　　　　　　)

⊂중요⊃

12 (　　) 안에 들어갈 말로 알맞지 않은 것은 어느 것입니까? (　　)

> 각자의 경험에 따라 고장의 장소에 대한 생각과 느낌은 모두 다를 수 있다. 그러므로 우리는 고장에 대한 서로 다른 생각과 느낌을 (　　　　) 해야 한다.

① 존중　　② 이해
③ 인정　　④ 수용
⑤ 비난

13 고장의 모습을 한눈에 살펴보기에 적당한 장소는 어디입니까? (　　)

① 교실
② 산 위
③ 놀이터
④ 운동장
⑤ 도서관

14 다음과 같은 장치를 이용해서 만든 지도를 무엇이라고 합니까? (　　)

▲ 인공위성

① 보물 지도
② 역사 지도
③ 인구분포도
④ 문화재 지도
⑤ 디지털 영상 지도

⊂중요⊃

15 디지털 영상 지도를 이용해서 알 수 있는 것으로 알맞은 것은 어느 것입니까? (　　)

① 고장의 역사
② 고장의 학생 수
③ 고장 사람들이 바라는 점
④ 고장에 사는 사람들의 직업
⑤ 하늘에서 내려다본 고장의 모습

[16~17] 다음은 고장의 모습을 두 가지 종류의 지도로 나타낸 것입니다. 물음에 답하시오.

(가)

(나)

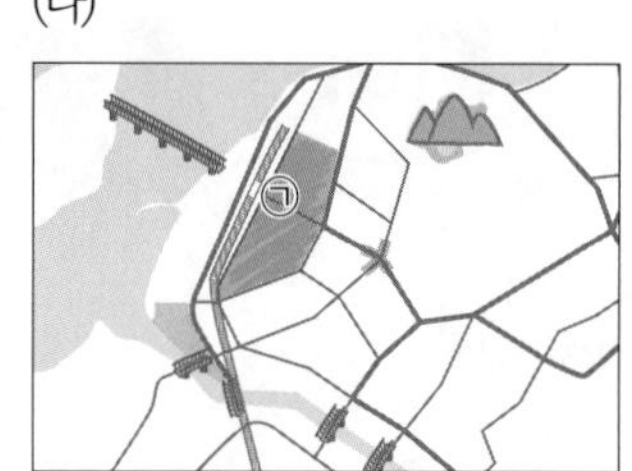

16 (가)와 (나) 중 디지털 영상 지도로 고장의 모습을 나타낸 것의 기호를 쓰시오.

(　　　　　　　　)

17 (나)의 ㉠에 표시할 장소는 어느 것입니까? (　　)

① 산　　② 학교
③ 시청　　④ 병원
⑤ 기차역

18 디지털 영상 지도로 우리 고장의 모습을 살펴볼 때, 확대 기능으로 할 수 있는 것은 무엇입니까? (　　)

① 지도의 종류를 바꿀 수 있다.
② 새로운 장소를 검색할 수 있다.
③ 다른 고장의 지도를 볼 수 있다.
④ 작게 보이는 곳을 더 크게 볼 수 있다.
⑤ 고장의 전체 모습을 한눈에 볼 수 있다.

중요

19 디지털 영상 지도를 이용하면 좋은 점을 두 가지 고르시오. (　　,　　)

① 고장의 날씨 정보를 미리 알 수 있다.
② 고장의 실제 모습을 생생히 볼 수 있다.
③ 고장의 옛날 역사를 이해하는데 도움이 된다.
④ 컴퓨터나 스마트폰이 없어도 찾을 수 있다.
⑤ 고장의 전체적인 모습을 살펴보기 편리하다.

[20~21] 다음 지도를 보고, 물음에 답하시오.

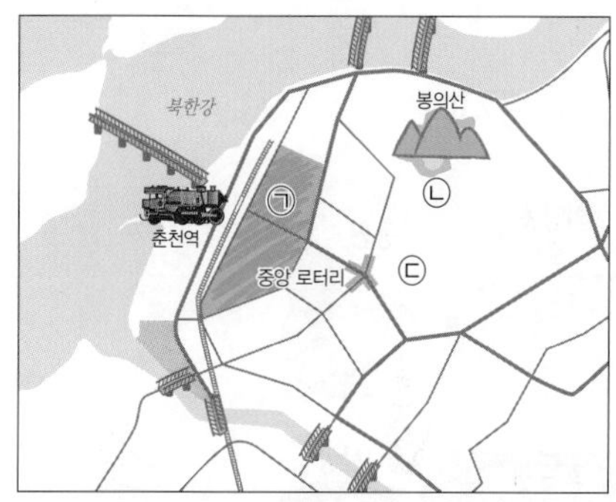

20 다음은 평화 생태 공원의 위치에 대한 설명입니다. ㉠~㉢ 중 어디에 위치해야 할지 기호를 쓰시오.

> 기차역과 중앙 로터리 사이에 평화 생태 공원이 있다.

(　　　　)

21 위 지도에 대한 설명으로 알맞은 것을 두 가지 고르시오. (　　,　　)

① 디지털 영상 지도이다.
② 산과 강이 표시되어 있다.
③ 고장의 모든 장소가 다 나타나 있다.
④ 고장의 주요 장소를 백지도에 나타낸 것이다.
⑤ 고장의 실제 건물 모습을 그대로 알 수 있다.

중요

22 다음은 디지털 영상 지도를 이용해 고장의 주요 장소를 백지도에 나타내는 방법입니다. 빈칸에 들어갈 알맞은 말은 무엇입니까? (　　)

> ❶ 백지도에 나타내고 싶은 장소 정하기
> ❷ (　　　　　　　　)
> ❸ 백지도에 찾은 장소 표시하기
> ❹ 다양한 방법으로 표현해 완성하기

① 디지털 영상 지도 만들기
② 장소에 어울리는 그림 그려 넣기
③ 주요 장소에 대한 보충 설명 쓰기
④ 높은 곳에 올라가 고장의 모습 그리기
⑤ 선택한 장소를 디지털 영상 지도에서 찾기

23 고장의 안내도를 만들 때 생각해야 할 것은 무엇입니까? (　　)

① 우리 학교의 자랑거리
② 우리 고장의 부족한 점
③ 우리 고장의 주요 장소
④ 우리 가족들이 하는 일
⑤ 우리 고장에서 다른 고장까지 가는 시간

24 우리 고장의 자랑할 만한 장소를 소개할 때, 소개할 장소로 알맞지 않은 것은 어느 것입니까? (　　)

① 박물관　② 우리 집
③ 오래된 탑　④ 유명한 다리
⑤ 국제 경기장

서술형

25 우리 고장의 자랑할 만한 장소를 소개할 때, 친구와 내가 소개한 장소가 서로 다른 까닭을 쓰시오.

우리 고장의 모습에서 공통점과 차이점 찾기

선생님의 출제 의도

이 단원에서는 우리 고장의 모습을 떠올리고 고장의 여러 장소를 그려 보았습니다. 우리 고장의 모습을 그릴 때는 내가 잘 아는 장소를 중심으로 그릴 수 있고, 좋아하는 장소를 중심으로 그릴 수도 있습니다. 각자 고장의 모습을 그린 후에는 친구들과 서로의 그림을 비교하며 고장 모습의 공통점과 차이점을 찾아봅시다. 두 그림에 공통적으로 있는 자연이나 건물의 위치, 크기, 모양을 찾거나 어느 한쪽의 그림에만 있는 자연이나 건물의 위치, 크기, 모양을 찾아보도록 합니다.

이처럼 수행 평가에서는 우리가 살고 있는 고장은 모두 다르므로 실제 여러분이 살고 있는 고장의 모습을 그리고 비교하는 문제가 나올 수 있습니다.

수행 평가 문제

◑ 다음은 같은 고장의 모습을 그린 두 친구의 그림입니다. 물음에 답해 봅시다.

1 두 그림에서 공통점을 한 가지만 써 봅시다.

2 두 그림에서 차이점을 한 가지만 써 봅시다.

3 이와 같이 같은 고장의 모습을 그렸음에도 두 친구의 그림이 다른 까닭은 무엇인지 써 봅시다.

평가 기준

잘함	보통	노력 요함
두 그림의 공통점과 차이점을 각각 한 가지 찾고, 고장의 모습을 그린 그림이 사람마다 다른 까닭을 설명할 수 있다.	두 그림의 공통점과 차이점을 각각 한 가지 찾을 수 있으나, 고장의 모습을 그린 그림이 사람마다 다른 까닭을 설명하지 못한다.	두 그림의 공통점과 차이점을 찾지 못하고, 고장의 모습을 그린 그림이 사람마다 다른 까닭을 설명하지 못한다.

수행 평가 예시 답안

1. ㉮ 시장이 있다.
   희망초가 있다. 등

2. ㉮ 도로가 있고 없다.
   건물의 종류가 다르다.
   건물의 위치가 다르다. 등

3. ㉮ 장소에 대한 경험이 다르기 때문이다.
   기억이 다르기 때문이다.
   소개하고 싶은 곳이 다르기 때문이다.
   소중한 곳이 다르기 때문이다. 등

수행 평가 꿀팁

고장의 모습을 나타낼 장소를 결정할 때는?

고장의 장소를 떠올려 그릴 때는 내가 잘 알고 있거나 자주 갔던 장소를 중심으로 떠올리면 그리기가 더 쉽습니다. 우리 집, 학교, 놀이터 등 생활 속에서 내가 좋아하고 자주 갔던 곳을 중심으로 주변의 건물들을 기억해 내면 장소의 특징도 떠올릴 수 있으며, 친구들과 공통적으로 그린 장소도 찾아내기 쉽습니다.

2 단원

우리가 알아보는 고장 이야기

그림 속 친구들은 무엇을 조사하기 위해 길을 나섰을까요? 아하! 고장에서 옛날부터 전해 내려오는 이야기나 건축물을 알아보기 위해서라네요. 여러분도 고장에서 옛날부터 전해 내려오는 가치 있는 이야기나 건축물, 그림, 음악 등을 접해 본 적이 있나요?

이번 단원에서는 우리 고장에서 옛날부터 전해 내려오는 이야기를 통해 우리 고장의 역사적 특징을 알아볼 거예요. 그리고 고장에서 전해 내려오는 건축물, 그림, 음악 등을 살펴보고, 우리 고장을 소중히 여기는 마음을 가져 봐요.

단원 학습 목표

1. 고장에서 전해 내려오는 옛이야기를 통해 우리 고장의 역사적 특징을 알아봅시다.
2. 옛날부터 전해 내려오는 고장의 문화유산을 살펴보고, 우리 고장에 대한 자긍심을 길러 봅시다.

단원 진도 체크

회차	학습 내용		진도 체크
1차	(1) 우리 고장의 옛이야기	교과서 내용 학습 + 핵심 개념 문제	✓
2차		중단원 실전 문제 + 서술형 평가 돋보기	✓
3차	(2) 우리 고장의 문화유산	교과서 내용 학습 + 핵심 개념 문제	✓
4차		중단원 실전 문제 + 서술형 평가 돋보기	✓
5차	대단원 정리 학습, 사고력 문제 엿보기, 대단원 마무리, 수행 평가 미리 보기		✓

해당 부분을 공부한 후 ✓표를 하세요.

국립고궁 박물관
서빙고 역
율곡로
○○

(1) 우리 고장의 옛이야기

1 우리 고장 옛이야기의 의미와 내용 살펴보기

(1) 고장과 관련된 옛이야기의 의미

① 고장의 옛이야기란 고장에서 옛날부터 전해 내려오는 이야기를 말합니다.

② 고장의 옛이야기는 **지명**, **민요**, **민담**, 전설, **축제**, **고사성어** 등에 담겨 있습니다.

(2) 고장의 옛이야기로 알 수 있는 내용

① 고장의 자연환경이나 옛사람들의 생활 모습

② 고장에 있었던 중요한 일이나 인물에 관한 정보

③ 사람들이 소중하게 생각한 것이나 고장의 역사적 유래

2 옛이야기에 담긴 우리 고장의 모습 알아보기

(1) 지명에 담긴 옛이야기를 통해 알 수 있는 고장의 모습

① 마이산: 마이산은 두 개의 산봉우리가 말의 귀 모양을 닮아 붙여진 이름으로, 고장의 자연환경을 알 수 있습니다(전북특별자치도 진안군).

② 두물머리: 두물머리는 북한강과 남한강의 두 물줄기가 만나는 곳이어서 붙여진 이름으로, 고장의 자연환경을 알 수 있습니다(경기도 양평군).

③ 서빙고동: 서빙고동은 옛날에 얼음 창고가 있던 곳이어서 붙여진 이름으로, 고장 사람들의 옛 생활 모습을 알 수 있습니다(서울특별시 용산구).

④ 말죽거리: 말죽거리는 옛날에 말을 타고 이동할 때 이곳에서 쉬면서 말에게 죽을 끓여 먹인 풍습에서 붙여진 이름으로, 고장 사람들의 옛 생활 모습을 알 수 있습니다(서울특별시 서초구).

⑤ 피맛골: 피맛골은 옛날에 평민들이 벼슬 높은 관리가 말을 타고 오가던 큰길을 피해 다니던 길이라는 의미에서 붙여진 이름으로, 고장 사람들의 옛 생활 모습을 알 수 있습니다(서울특별시 종로구).

(2) 민요에 담긴 옛이야기를 통해 알 수 있는 고장의 모습

전라남도 해안 지방에서 강강술래를 하면서 부르는 노래에는 이순신 장군이 일본군을 무찌른 업적을 기리는 내용이 담겨 있음. ♬ 강강술래 강강술래 전라도 우수영은 강강술래 우리 장군 대첩지라 강강술래	예 정선 아리랑에는 두 남녀가 불어난 강물로 만날 수 없게 된 사연이 담겨 있음. ♬ 아우라지 뱃사공아 배 좀 건네주게 싸리골 올동백이 다 떨어진다 아리랑 아리랑 아라리요 아리랑 고개로 나를 넘겨주소

▶ 마이산

▲ 전북특별자치도 진안군 소재

▶ 강강술래
- 강강술래는 사람들이 노래를 부르면서 원을 그리며 도는 전통놀이입니다.
- 이순신 장군은 사람들에게 강강술래를 하게 하여, 이를 본 일본군이 우리 군사가 많은 줄 착각하게 해 쉽게 공격하지 못하도록 했습니다.

▶ 정선 아리랑에 담긴 고장의 특징은?
- 정선 아리랑은 강원특별자치도 정선의 아우라지에서 시작되었습니다.
- 아우라지는 두 개의 물줄기가 합쳐지는 곳이라는 뜻입니다.

낱말 사전

지명 마을이나 고장, 산, 강, 길 등에 붙여진 이름
민요 옛날부터 사람들 사이에서 불려 오는 전통적인 노래
민담 옛날부터 사람들 사이에서 전해 내려오는 이야기
축제 지역에서 특정한 일을 축하하기 위해 벌이는 행사
고사성어 옛이야기에서 유래한 한자로 이루어진 말

(3) 민담이나 전설에 담긴 옛이야기를 통해 알 수 있는 고장의 모습

① 삼성혈: 제주도에는 세 개의 구멍인 삼성혈에서 나온 세 사람이 '탐라'라는 나라를 세웠다는 이야기가 전해집니다.

② 섬진강: 섬진강에는 **왜적**이 쳐들어왔을 때 엄청나게 많은 두꺼비 떼가 몰려와 왜적을 내쫓았다는 이야기가 전해집니다.

섬진강의 '섬' 자는 한자어로 두꺼비를 가리킴.

③ 설문대 **할망** 이야기: 제주도에는 설문대 할망이 바닷속 흙으로 한라산과 **오름**을 만들었다는 이야기가 전해집니다.

④ 의좋은 형제 이야기: 충청남도 예산군에는 형과 동생이 사이가 좋아 추수를 마치고 서로의 논에 볏단을 몰래 옮겨 놓았다는 이야기가 전해집니다.

(4) 축제에 담긴 옛이야기를 통해 알 수 있는 고장의 모습

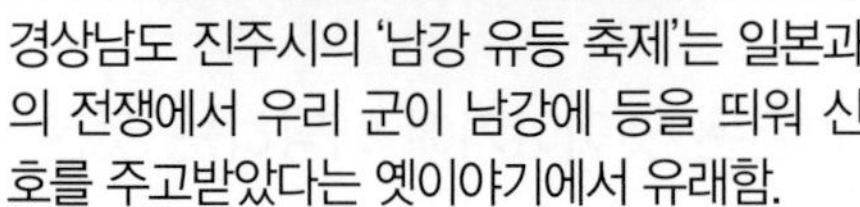

경상남도 진주시의 '남강 유등 축제'는 일본과의 전쟁에서 우리 군이 남강에 등을 띄워 신호를 주고받았다는 옛이야기에서 유래함.

경기도 파주시의 '율곡 문화제'는 율곡 이이가 어렸을 적에 이곳에서 열심히 공부했다는 옛이야기에서 유래함.

(5) 고장의 옛이야기를 통해 옛날 사람들의 생활 모습이나 중요한 일과 인물에 관한 내용 등을 알 수 있습니다. 예 잠실, 염창, 황지, 마포, 다산, 사임당로 등

- 잠실: '누에를 기르던 방'이라는 뜻이 담긴 지명임.
- 염창: '소금 창고'라는 뜻이 담긴 지명임.
- 황지: 연못으로 변한 황부자의 집터 이야기를 담은 연못임.
- 마포: 배가 드나들던 포구가 있던 곳임.
- 다산: 뛰어난 학자였던 정약용의 호를 딴 지명임.
- 사임당로: 신사임당을 기리고자 붙여진 도로 이름임.

3 우리 고장의 옛이야기 조사하기

조사 계획 세우기	조사 주제, 조사 날짜, 조사 장소, 조사 방법, 조사 내용, 준비물, 맡을 역할, 주의할 점 등을 결정함.
조사하기	• 누리집을 검색하거나 직접 방문해 궁금한 점을 확인함. • 직접 방문할 경우 문화 관광 해설사나 고장에서 오래 사신 분께 궁금한 점을 여쭤봄. (문화 관광 해설사: 문화재에 대한 안내와 설명을 해 주는 해설사) • 조사한 내용 중 중요 내용을 사진, 동영상, 글 등으로 기록함.
조사 보고서 작성하기	조사 주제, 조사 날짜, 조사 장소, 조사 방법, 조사 내용, 느낀 점, 더 알고 싶은 점 등을 정리함.

4 우리 고장의 옛이야기 소개하기

(1) 조사한 고장의 옛이야기를 다양한 방법으로 소개합니다.

(2) 옛이야기를 소개하는 방법: 안내 책자 만들기, 이야기책(그림책) 만들기, 역할극 하기, 구연동화 하기, 노래 가사 바꿔 부르기, 동영상 보여 주기 등이 있습니다.

(3) 고장의 옛이야기를 소개하면서 우리 고장을 소중하고 자랑스럽게 생각하는 마음을 기를 수 있습니다.

▶ 삼성혈

▶ 안성맞춤

안성맞춤은 생각한 대로 아주 튼튼하게 잘 만들어진 물건이나 잘 풀린 일을 뜻합니다. 안성맞춤은 '안성'과 '맞춤'이 합쳐진 말입니다. 옛날에 경기도 안성에서 만든 유기(놋그릇)가 품질이 좋다고 널리 알려지자, 많은 사람들이 안성에 유기를 제작해 달라고 요구했다고 합니다. 그래서 안성에서 맞춘 유기처럼 마음에 딱 들거나 잘 어울린다는 의미로 '안성 맞춤'이라는 말이 쓰이게 되었습니다.

→ 고사성어에 담긴 옛이야기임.

▶ 고장의 옛이야기를 조사하는 방법은?

면담하기	고장에서 오래 사신 분이나 문화 관광 해설사에게 궁금한 점을 직접 여쭤봄.
누리집 검색하기	각 고장의 문화원이나 시·군·구청 누리집을 방문함.
책 찾아보기	고장의 옛이야기와 관련된 책을 찾아봄.
직접 방문하기	고장의 옛이야기와 관련된 장소를 직접 찾아감.

낱말 사전

왜적 일본에서 배를 타고 건너온 도적

할망 할머니를 뜻하는 제주도 말

오름 산이나 산봉우리를 뜻하는 제주도 말

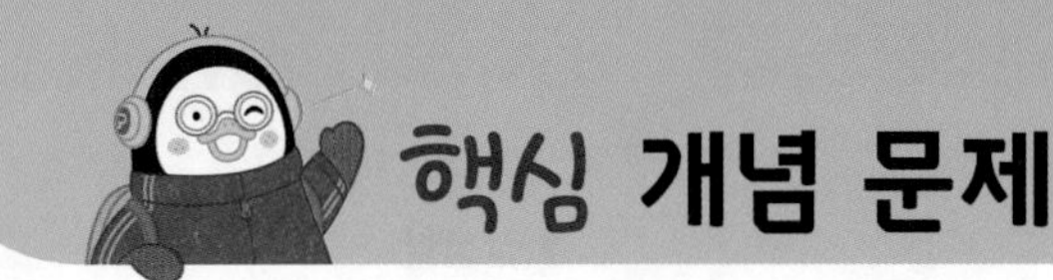

개념 1 우리 고장 옛이야기의 의미와 내용

(1) 고장의 옛이야기란 고장에서 옛날부터 전해 내려오는 이야기를 말함.

(2) 고장의 옛이야기는 지명, 민요, 민담, 전설, 축제, 고사성어 등에 담겨 있음.

(3) 옛이야기를 통해 알 수 있는 내용

- 고장의 자연환경이나 옛사람들의 생활 모습을 알 수 있음.
- 고장에 있었던 중요한 일이나 사람들이 소중하게 생각하던 것을 알 수 있음.

01 (　　) 안에 공통으로 들어갈 알맞은 말은 무엇입니까? (　　)

- 고장의 (　　　)란 고장에서 옛날부터 전해 내려오는 이야기를 말한다.
- 고장의 (　　　)는 지명, 민요, 민담, 전설, 축제, 고사성어 등에 담겨 있다.

① 백지도
② 관광지
③ 옛이야기
④ 주요 장소
⑤ 디지털 영상 지도

02 고장의 옛이야기를 통해 알 수 있는 것은 무엇입니까? (　　)

① 고장의 버스 노선도
② 고장에 사는 사람의 수
③ 고장에 있는 초등학교의 수
④ 고장에 있는 도서관의 규모
⑤ 옛날 고장 사람들의 생활 모습

개념 2 옛이야기에 담긴 우리 고장의 모습

(1) 다양한 옛이야기에 담긴 내용

지명	마이산	말의 귀 모양을 닮은 산봉우리
	서빙고동	옛날에 얼음 창고가 있던 곳
민요	강강술래	이순신 장군의 업적
	정선 아리랑	예 남녀의 슬픈 이별 이야기
민담, 전설	삼성혈	세 사람의 탐라 건국 이야기
	섬진강	두꺼비가 왜적을 쫓은 이야기
축제	남강 유등 축제	일본군과의 전쟁 이야기
	율곡 문화제	율곡 이이의 공부 이야기

(2) 옛이야기를 통해 지명이나 민요의 유래, 중요한 인물이나 역사적 사건 등을 알 수 있음.

03 지명과 관련된 옛이야기에 해당하는 것은 어느 것입니까? (　　)

① 자전거에 담긴 옛이야기
② 강강술래에 담긴 옛이야기
③ 서빙고동에 담긴 옛이야기
④ 율곡 문화제에 담긴 옛이야기
⑤ 설문대 할망에 담긴 옛이야기

04 다음과 관련해 알 수 있는 것은 무엇입니까? (　　)

경상남도 진주시에서 열리는 '남강 유등 축제'는 옛날에 일본군과 전쟁을 할 때 우리 군이 남강에 등을 띄워 신호를 주고받던 풍습을 이어받아 진행된다.

① 건물에 얽힌 이야기
② 도로 이름에 얽힌 전설
③ 옛날에 있었던 중요한 일
④ 축제를 찾는 사람들의 수
⑤ 민요에 담긴 사랑 이야기

개념 3 우리 고장의 옛이야기 조사하기

(1) '조사 계획 세우기 ➡ 조사하기 ➡ 조사 보고서 작성하기'의 순서로 고장의 옛이야기를 조사함.
(2) **조사 계획을 세울 때 고려할 점:** 조사 주제, 조사 날짜, 조사 장소, 조사 방법, 조사 내용 등을 결정함.
(3) **조사 방법:** 누리집 검색하기, 책 찾아보기, 직접 방문하기, 면담하기 등이 있음.
(4) **조사할 때 할 일:** 조사한 내용 중 중요 내용을 사진, 동영상, 글 등으로 기록함.
(5) **조사 보고서에 들어갈 내용:** 조사 주제, 조사 날짜, 조사 장소, 조사 방법, 조사 내용, 느낀 점 등을 기록함.

05 **다음의 주제로 우리 고장의 옛이야기를 조사할 때, 알아봐야 할 내용으로 알맞은 것은 어느 것입니까? (　　)**

주제: 우리 고장의 유명한 산과 관련된 옛이야기

① 산의 이름과 관련된 옛이야기
② 들판에 있는 주요 시설 이야기
③ 강의 생김새와 관련된 옛이야기
④ 우리나라 바다에 얽힌 옛이야기
⑤ 주말에 산을 찾는 사람들의 이야기

06 **다음은 우리 고장의 옛이야기를 조사하는 방법 중 무엇입니까? (　　)**

윤서: 한강에 얽힌 옛이야기를 말씀해 주실 수 있나요?
어른: 그래. 옛날 한강에는 말이다 …….

① 책 찾아보기　② 누리집 검색하기
③ 문화원 방문하기　④ 박물관 관람하기
⑤ 어른과 면담하기

개념 4 우리 고장의 옛이야기 소개하기

(1) 조사한 우리 고장의 옛이야기와 관련된 내용을 다양한 방법으로 소개함.
(2) **옛이야기를 소개하는 방법:** 안내 책자 만들기, 이야기책(그림책) 만들기, 역할극 하기, 구연동화 하기, 노래 가사 바꿔 부르기, 동영상 보여 주기 등이 있음.
(3) 고장의 옛이야기를 소개하면서 우리 고장을 소중하고 자랑스럽게 생각하는 마음을 기름.

07 **오른쪽과 같이 옛이야기를 소개하는 방법은 무엇입니까? (　　)**

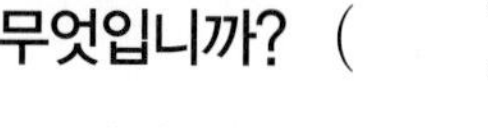

① 역할극 하기
② 이야기책 만들기
③ 보고서 작성하기
④ 동영상 보여 주기
⑤ 안내 책자 만들기

08 **다음은 우리 고장의 옛이야기를 소개하는 활동을 마친 학생들의 생각입니다. 이들의 공통된 생각으로 알맞은 것은 어느 것입니까? (　　)**

효준: 감동적인 옛이야기가 많은 고장에 산다는 게 뿌듯해.
하연: 따뜻한 정을 느낄 수 있는 옛이야기가 많은 우리 고장은 정말 멋진 곳이야.

① 우리 고장에 대해 관심이 없다.
② 우리 고장에 대해 궁금한 게 많다.
③ 우리 고장을 자랑스럽게 생각한다.
④ 우리 고장의 옛이야기를 어려워한다.
⑤ 우리 고장의 옛이야기를 알지 못한다.

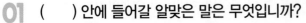

중단원 실전 문제

01 ( ) 안에 들어갈 알맞은 말은 무엇입니까? ( )

> 고장의 옛이야기는 고장에서 옛날부터 전해 내려오는 이야기를 말한다. 이러한 옛이야기는 ( )와(과) 같이 옛날부터 고장 사람들 사이에서 불려 오는 전통적인 노래에서도 찾을 수 있다.

① 지명 ② 민요
③ 민담 ④ 축제
⑤ 인터넷 게임

[02~03] 다음을 읽고, 물음에 답하시오.

> 전북특별자치도 진안군에 가면 두 개의 큰 산봉우리를 볼 수 있다. 사람들은 크기가 비슷한 두 개의 산봉우리 모습이 말의 귀 모양을 닮았다고 생각했다. 그래서 오늘날까지 두 개의 산봉우리를 가진 이 산을 ㉠ 마이산이라고 부르고 있다.

02 ㉠의 모습으로 알맞은 것은 어느 것입니까? ( )

① 
② 
③ 
④ 
⑤ 

중요
03 마이산에 담긴 옛이야기를 통해 알 수 있는 점을 바르게 말한 사람은 누구인지 쓰시오.

> 정민: 고장에 있는 주요 자연환경에 대해 알 수 있어.
> 재욱: 고장 사람들이 즐기던 놀이가 무엇인지 알 수 있어.
> 여주: 고장 사람들이 옛날부터 믿었던 신에 대해 알 수 있어.
> 효아: 고장 사람들이 주로 무슨 일을 하고 살았는지 알 수 있어.

( )

04 밑줄 친 '이곳'에 해당하는 곳은 어디입니까? ( )

> 옛날 사람들은 말을 타고 먼 길을 이동할 때 이곳에서 쉬면서 말에게 죽을 쑤어 먹이곤 했다.

① 백두산 ② 피맛골
③ 섬진강 ④ 말죽거리
⑤ 두물머리

05 ( ) 안에 공통으로 들어갈 알맞은 지명은 무엇입니까? ( )

> 진경: ( )은 말을 피한다는 뜻이야?
> 상윤: 맞아. ( )은 옛날에 신분이 낮은 사람들이 말을 타고 지나가는 신분이 높은 사람들과 마주치지 않으려고 큰길을 피해 다니던 좁은 길이야.

① 잠실 ② 피맛골
③ 황지동 ④ 다산동
⑤ 염창동

06 (   ) 안에 들어갈 말을 보기에서 골라, 기호를 쓰시오.

옛날에는 나라에서 제사를 지내거나 궁궐에서 사용할 얼음을 관리하기 위해 별도의 창고를 두었다. 서울특별시의 (   )이라는 이름은 바로 이 얼음 창고가 있던 곳이었기 때문에 유래된 이름이다.

보기

㉠ 남산 ㉡ 명동 ㉢ 한강 ㉣ 서빙고동

(   )

[07~08] 다음을 읽고, 물음에 답하시오.

이순신 장군은 일본군에게 우리 군사가 많은 것처럼 보이기 위해 마을 사람들을 불러 모아 어두운 밤에 노래를 부르며 원을 돌게 했다. 이 모습을 본 일본군은 겁을 먹었고, 결국 이순신 장군은 일본군을 크게 무찔렀다.

07 위의 옛이야기와 관련 있는 민요는 무엇입니까?

(   )

① 애국가
② 강강술래
③ 동네 한 바퀴
④ 정선 아리랑
⑤ 두껍아 두껍아

중요

08 위의 옛이야기를 통해 알 수 있는 것은 무엇입니까?

(   )

① 고장의 역사
② 고장의 자연환경
③ 고장의 주요 명소
④ 고장에서 유명한 음식
⑤ 고장에 사는 사람의 수

09 고장의 옛이야기와 관련 있는 것을 찾아, 바르게 선으로 이으시오.

(1) 고장의 유명한 옛 인물과 관련 있는 도로 이름 •   • ㉠ 마포로 Mapo-ro

(2) 고장의 유명한 옛 시설과 관련 있는 도로 이름 •   • ㉡ 다산중앙로 Dasanjungang-ro

10 다음 대화를 통해 알 수 있는 '잠실'의 특징은 무엇입니까? (   )

경민: 엄마, 잠실역의 '잠실'은 무슨 뜻이에요?
엄마: 옛날에는 누에고치에서 명주실을 뽑아 비단을 만들었어. 비단을 만들기 위해 누에의 먹이가 되는 뽕나무를 많이 심고 누에를 기르는 방을 두었는데, 그 방을 '잠실'이라고 불렀단다.

① 소금 창고가 있는 곳이었다.
② 밤을 많이 재배하는 곳이었다.
③ 험난한 고개가 있는 곳이었다.
④ 누에를 많이 기르는 곳이었다.
⑤ 전나무가 많이 자라는 곳이었다.

[11~12] 하진이네 모둠은 다음 지도를 살펴보며 섬진강과 관련된 옛이야기에 대해 조사하려고 합니다. 물음에 답하시오.

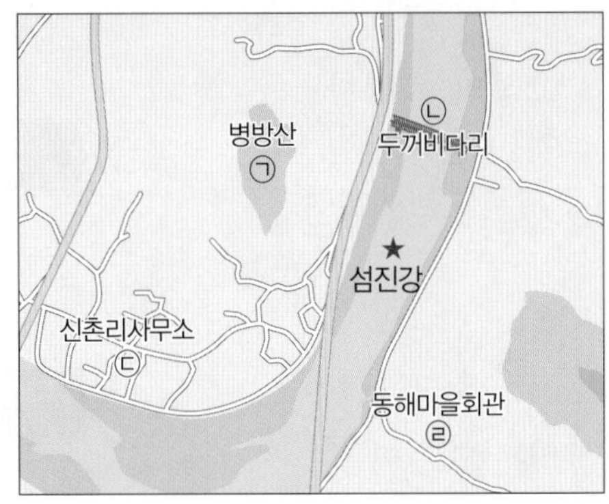

11 하진이네 모둠이 조사할 주제로 알맞은 것은 어느 것입니까? (　　)

① 우리 고장의 주요 교통수단
② 우리 고장 주요 장소의 위치
③ 우리 고장 사람들이 모이는 곳
④ 지명에 담긴 우리 고장의 옛이야기
⑤ 다른 고장의 민요에 담긴 옛이야기

12 하진이네 모둠은 다음의 내용을 바탕으로 옛이야기를 조사하려고 합니다. 하진이네 모둠이 방문해야 할 곳을 위 지도에서 찾아, 기호를 쓰시오.

> 섬진강에는 왜적이 쳐들어왔을 때 엄청나게 많은 두꺼비 떼가 몰려왔다는 이야기를 담은 장소가 있다.

(　　　　　　)

13 다음의 주제로 조사해야 할 내용으로 알맞지 않은 것은 어느 것입니까? (　　)

> 주제: 삼성혈에 담긴 옛이야기

① 삼성혈의 현재 모습
② 삼성혈이라는 명칭의 뜻
③ 삼성혈과 관련된 연예인
④ 삼성혈과 관련된 지역 행사
⑤ 삼성혈에 전해 내려오는 이야기

14 우리 고장의 옛이야기에 대해 조사하려고 합니다. 다음과 관련 있는 조사 방법을 찾아, 기호를 쓰시오.

> • 궁금한 것을 직접 물어보고 확인할 수 있다.
> • 궁금한 것을 답해 줄 수 있는 사람을 찾아야 한다.

㉠ 
㉡ 
㉢ 
㉣ 

(　　　　　　)

15 조사 계획서를 작성할 때 고려해야 할 점으로 알맞지 않은 것은 어느 것입니까? (　　)

① 어디에 가서 조사할까?
② 어떤 방법으로 조사할까?
③ 조사 주제를 무엇으로 정할까?
④ 조사 결과를 어떻게 소개할까?
⑤ 각자 맡을 역할을 어떻게 나눌까?

정답과 해설 16쪽

중요

16 다음은 고장의 옛이야기를 조사하는 과정입니다. 순서에 맞게 기호를 쓰시오.

㉠ 무엇에 대해 조사할지 생각한다.
㉡ 조사 날짜와 장소, 방법을 결정한다.
㉢ 조사한 결과를 정리해 보고서를 작성한다.
㉣ 조사할 곳에 찾아가 궁금한 내용을 알아본다.

(→ → →)

[17~18] 다음 조사 보고서를 보고, 물음에 답하시오.

조사 주제	우리 고장의 (㉠)에 담긴 옛이야기
조사 방법	책 찾아보기, 문화원 방문하기
조사 내용	일본과의 전쟁에서 남강에 등을 띄워 신호를 주고받은 옛이야기에서 유래했다.
궁금한 점	㉡ 다른 고장에도 강에 등을 띄우는 행사가 있을까?

17 ㉠에 들어갈 알맞은 말은 무엇입니까? ( )

① 축제 ② 지명 ③ 민요
④ 민담 ⑤ 인물

18 ㉡과 같은 내용을 조사하는데 알맞은 방법을 말한 사람은 누구인지 쓰시오.

송윤: 우리 고장의 관광 안내도를 찾아보자.
가영: 인터넷으로 관련된 내용을 검색해 보자.
성주: 우리나라에서 열리는 모든 축제에 가 보자.

( )

[19~20] 다음 발표 장면을 보고, 물음에 답하시오.

'의좋은 형제 이야기'에 관한 내용을 소개하는 책을 만들었어.

19 위와 같이 옛이야기를 소개하는 방법은 무엇입니까? ( )

① 역할극 하기
② 구연동화 하기
③ 노래 지어 부르기
④ 안내 책자 만들기
⑤ 동영상 자료 만들기

20 위와 같은 내용을 조사한 후 느낀 점을 알맞게 말한 사람은 누구입니까? ( )

① 호연: 우리 고장의 지명에는 다양한 옛이야기가 담겨 있구나.
② 성민: 우리 고장에는 옛날부터 성질이 나쁜 사람들이 살았나 봐.
③ 강인: 우리 고장에 있는 의좋은 형제와 관련된 장소를 가 보고 싶어.
④ 지수: 우리 고장은 다른 고장보다 흥미로운 옛이야기가 부족한 것 같아.
⑤ 화정: 우리 고장을 찾는 사람들은 아름다운 자연에 관심이 많은 사람들일 거야.

서술형 평가 돋보기

학교에서 출제되는 서술형 평가를 미리 준비하세요.

문제 해결 전략

1 단계	제시된 자료가 무엇인지 인식하기
2 단계	제시된 자료에 담긴 내용의 특징 찾기
3 단계	지명에 담긴 옛이야기를 통해 알 수 있는 사실 파악하기

핵심 키워드

- 지명
  - 마을이나 고장, 산, 강, 들 등에 붙여진 이름임.
- 지명으로 알 수 있는 사실
  - 고장의 자연환경을 알 수 있음.
  - 고장 옛날 사람들의 생활 모습을 알 수 있음.

빈칸을 채우며 서술형 문제의 답안을 작성하는 연습을 해 보세요!

연습 문제

[1~3] 다음을 보고, 물음에 답하시오.

(가)

얼음이 정말 단단하네.

(나)

올해 소금은 품질이 아주 좋아.

1 위 자료와 관련 있는 지명을 보기 에서 골라 쓰시오.

보기

염창, 잠실, 마포, 서빙고

(1) (가): (　　　　　　　　)동

(2) (나): (　　　　　　　　)동

2 위 자료를 참고해 (　　) 안에 알맞은 말을 써넣으시오.

(1) (가): 오늘날 서울특별시 용산구에 있는 이 지명은 옛날에 (　　　　) 을(를) 보관하던 창고가 있던 것에서 유래되었습니다.

(2) (나): 오늘날 서울특별시 강서구에 있는 이 지명은 옛날에 (　　　　) 을(를) 보관하던 창고가 있던 것에서 유래되었습니다.

3 (가), (나)와 관련된 지명에 담긴 옛이야기를 통해 알 수 있는 사실은 무엇인지 쓰시오.

정답과 해설 17쪽

실전 문제

1 **다음을 보고, 물음에 답하시오.**

(가)	▲ (　　　　) 유기의 모습
(나)	옛날에 경기도 안성에서 맞춘 유기(놋그릇)의 품질이 좋다는 소문이 퍼졌다. 그러자 사람들 사이에서 생각한 대로 아주 튼튼하게 잘 만들어진 물건이나 잘 풀린 일을 가리켜 (　　　　)와(과) 맞춤을 합한 '안성맞춤'이라는 말이 쓰이게 되었다.

(1) 위의 (　　) 안에 공통으로 들어갈 알맞은 말을 쓰시오.

(　　　　　　　　　　)

(2) 안성맞춤이라는 말을 사용하게 된 까닭은 무엇인지 쓰시오.

2 **다음을 읽고, 물음에 답하시오.**

> (가): (　　　　)에는 세 개의 구멍인 삼성혈이 있다. 이곳에서 나온 세 사람이 '탐라'라는 나라를 세웠다는 옛이야기가 있다.
> (나): (　　　　)에는 우뚝 솟은 한라산과 그 주변에 여러 오름(산봉우리)이 있다. 설문대 할망(할머니)이 바닷속 흙으로 한라산과 여러 오름을 만들었다는 옛이야기가 있다.

(1) 위의 (　　) 안에 공통으로 들어갈 고장의 이름을 쓰시오.

(　　　　　　　　　　)

(2) (가)와 (나)에 해당하는 모습을 찾아, 바르게 선으로 이으시오.

(가) 삼성혈 • 　　• ㉠

(나) 한라산과 오름 • 　　• ㉡

(3) (가), (나)와 같은 옛이야기는 위 (1)번에서 답한 고장의 무엇과 주로 관련이 있는지 쓰시오.

3 **다음 조사 보고서를 보고, 물음에 답하시오.**

조사 주제	(㉠)와(과) 관련된 우리 고장의 옛이야기
조사한 사람	민우, 도현, 상민, 정아
조사 장소	아리랑 박물관
조사 방법	㉡ <u>문화 관광 해설사 면담</u>, 인터넷 조사
조사 결과	정선 아리랑에는 두 남녀가 불어난 강물로 만날 수 없게 된 안타까운 사연이 담겨 있다.

(1) ㉠에 들어갈 알맞은 말을 다음에서 골라 쓰시오.

> 지명, 민요, 민담, 축제

(　　　　　　　　　　)

(2) ㉡과 같은 조사 방법을 이용할 때 주의해야 할 점을 한 가지만 쓰시오.

(2) 우리 고장의 문화유산

무형 문화유산
무형 문화유산은 일정한 모양이나 생김새가 없습니다. 주로 기술을 물려받는 사람을 통해서 전해지기 때문에 기술을 물려받는 사람이 없으면 사라질 수 있습니다.

유네스코 지정 인류 무형 문화유산인 제주 해녀 문화는?

- 제주도에는 잠수 장비 없이 바닷속에 들어가 해산물을 채취하는 일을 하는 해녀들의 공동체를 통해 독특한 기술과 문화가 전해 내려옵니다.
- 해녀 문화는 잠수 기술, 해녀들이 부르는 노래와 안전을 기원하는 굿, 작업 장비와 옷 등을 모두 포함합니다.
- 2016년 유네스코에서는 제주 해녀 문화의 독특한 가치를 인정해 인류 무형 문화유산으로 지정했습니다.

낱말 사전

문화 한 사회의 구성원들이 공통적으로 가지는 생활 양식

옹기장 옹기(흙을 재료로 모양을 빚어 불에 구운 그릇) 굽는 전통적인 기술을 가진 장인

1 우리 고장의 문화유산

(1) 문화유산의 의미: 조상들로부터 전해 내려온 **문화** 중에서 후손에게 물려줄 만한 가치가 있는 것을 말합니다.

(2) 문화유산의 종류

① 유형 문화유산: 일정한 형태가 있는 문화유산으로, 책, 그림, 공예품, 과학 발명품, 건축물 등이 있습니다.

▲ 상감 청자

▲ 측우기

▲ 남한산성

② 무형 문화유산: 일정한 형태가 없는 문화유산으로, 노래, 춤이나 연극, 기술 등이 있습니다.

▲ 판소리

▲ **옹기장**

▲ 줄타기

2 우리 고장의 문화유산을 통해 알 수 있는 것

(1) 고장의 옛 모습과 조상들의 생활 모습을 알 수 있습니다.

(2) 조상들의 슬기와 멋을 느낄 수 있습니다.

(3) 조상들이 중요하게 생각한 것을 알 수 있습니다.

(4) 문화유산을 통해 알 수 있는 것

효자비	마을의 효자를 기리는 비석 ➡ 조상들이 효도를 중요시했다는 것을 알 수 있음.
해녀 문화	해녀의 잠수 기술, 옷과 도구, 노래 등 ➡ 바다를 대하는 지혜와 서로 도와 일하는 기술을 배울 수 있음.
관아	고을을 다스리던 관청 ➡ 옛날 고장의 중심지가 어디였는지를 알 수 있음.
장승	마을 입구에 세운 돌이나 나무로 만든 사람 모양의 기둥 ➡ 마을을 지켜 달라는 조상들의 마음을 알 수 있음.
농요와 농악	농사일을 할 때 부르던 노래와 음악 ➡ 힘든 일을 협동해서 하기 위한 지혜를 배울 수 있음.
탈춤	탈을 쓰고 춤추며 노래와 이야기를 하는 놀이 ➡ 양반들의 괴롭힘에 대한 백성들의 마음을 알 수 있음.

김장	겨우내 먹기 위해 김치를 한꺼번에 많이 담그는 일 ➡ 쉽게 상하지 않게 하는 저장 방식과 겨울철에도 채소를 먹기 위한 조상들의 슬기를 알 수 있음.
누비	두 겹의 천 사이에 솜을 넣고 꿰매는 손바느질 또는 그렇게 만든 것 ➡ 조상들의 멋과 슬기가 담겨 있음.
향교	옛날에 공부를 하던 학교 ➡ 교육을 중요시했다는 것을 알 수 있음.

▲ 효자비

▲ 관아

▲ 장승

▲ 탈춤

3 우리 고장의 문화유산 조사하기

(1) 문화유산을 조사하는 방법
① 고장의 안내도나 소개 자료 찾아보기
② **문화재청**이나 시 · 군 · 구청 누리집에서 검색하기
③ 고장의 문화유산을 잘 아는 분이나 문화 관광 해설사와 면담하기
④ 박물관, 유적지 등 문화유산 관련 장소 답사하기

(2) 문화유산 답사하기
① 문화유산 답사 과정

답사할 문화유산 정하기
고장의 문화유산 중 더 알아보고 싶은 문화유산 정하기
➡
답사할 문화유산 관련 자료 찾기
답사할 문화유산의 생김새나 특징 등의 정보 찾아보기
➡
답사 계획 세우기
답사로 알고 싶은 내용, 답사 방법에 따른 역할, 주의할 점 등 정하기
➡
답사하기
답사 계획을 바탕으로 문화유산 살펴보기
➡
답사 보고서 작성하기
답사 결과를 바탕으로 알게 된 점, 느낀 점 등 정리하기

② 문화유산 답사의 장점: 고장의 문화유산을 직접 체험해 보다 생생한 정보를 얻을 수 있습니다.

4 우리 고장의 문화유산 소개하기

(1) **문화유산 소개 방법**: 그림이나 사진 전시하기, 동영상 만들기, 책자 만들기, 모형 만들기, 신문이나 광고 만들기, 문화 관광 해설사 되어 보기 등이 있습니다.
(2) 문화유산의 특징과 가치가 잘 드러나는 방법을 선택합니다.
(3) 고장의 문화유산을 소개하면서 고장에 대한 **자긍심**을 느낄 수 있습니다.

◗ 문화재청 누리집에서 고장의 문화유산을 찾아보는 방법은?
- 문화재청 누리집에서 고장의 문화유산을 검색하면 위치, 특징, 사진이나 동영상 등의 정보를 알아볼 수 있습니다.
- 문화재청 누리집 이용 방법
  ❶ 문화재청 누리집 접속하기
  ❷ '문화재 검색'의 '우리 지역 문화재'에서 도시와 지역 선택하기
  ❸ 우리 지역 문화유산 선택하기
  ❹ 관련 정보 확인하기

◗ 답사 계획서에 들어갈 내용은?
- 답사 장소
- 답사 날짜와 시간
- 답사 내용과 방법에 따른 역할
- 답사에 필요한 준비물
- 답사할 때 주의할 점

◗ 문화유산 답사 방법은?

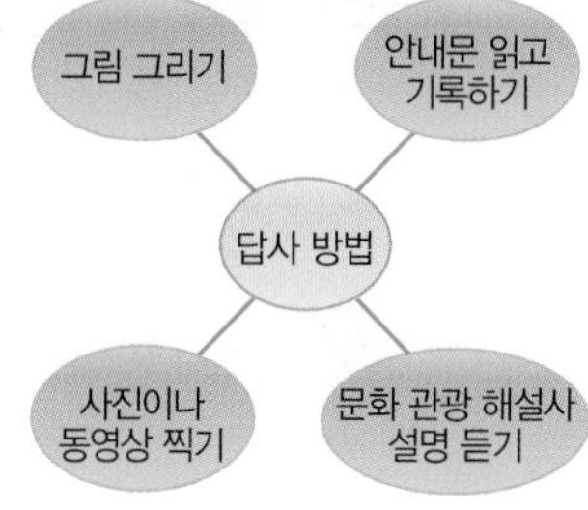

◗ 문화유산을 답사할 때 주의할 점은?
- 문화유산 함부로 만지지 않기
- 사진은 정해진 곳에서만 찍기
- 질서 잘 지키기
- 중요한 내용은 기록하기

낱말 사전
문화재청 문화재의 보존, 관리, 연구 등을 하는 행정 기관
자긍심 스스로에게 긍지를 가지는 마음

핵심 개념 문제

개념 1 문화유산의 의미와 종류

(1) 문화유산의 의미: 조상들로부터 전해 내려온 문화 중 후손에게 물려줄 만한 가치가 있는 것을 말함.

(2) 문화유산의 종류

- 유형 문화유산: 형태가 있는 건축물, 공예품 등
- 무형 문화유산: 형태가 없는 예술 활동, 기술 등

01 ( ) 안에 들어갈 알맞은 말은 무엇입니까? ( )

> 조상들로부터 전해 내려온 문화 중 후손에게 물려줄 만한 가치가 있는 것을 ( )이라고 한다.

① 기술
② 과학
③ 박물관
④ 문화유산
⑤ 천연기념물

02 다음 문화유산을 종류에 맞게 바르게 선으로 이으시오.

(1)  •

(2)  •

(3)  •

• ㉠ 유형 문화유산

• ㉡ 무형 문화유산

개념 2 문화유산을 통해 알 수 있는 것

(1) 고장의 옛 모습

- 장승: 마을 입구에 나무와 돌로 세운 수호신임.
- 관아: 고장을 다스리던 곳으로, 주로 고장의 중심지에 위치함.

(2) 조상들의 생활 모습

- 해녀 문화: 해녀의 잠수 기술, 잠수 도구, 노래 등
- 농요: 농사일을 할 때 부르던 노래
- 김장: 겨우내 먹기 위해 김치를 한꺼번에 많이 담그는 일
- 누비: 두 겹의 천 사이에 솜을 넣고 꿰매는 손바느질 또는 그렇게 만든 것

(3) 조상들이 중요하게 생각한 것

- 효자비: 부모님께 효도하는 마음을 중요시함.
- 향교: 교육을 중요시함.

03 오른쪽 문화유산을 통해 알 수 있는 것은 무엇입니까? ( )

▲ 효자비: 마을의 훌륭한 효자를 널리 알리기 위해 세운 비석

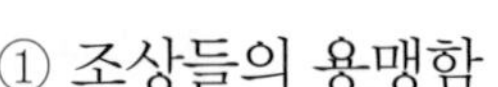

① 조상들의 용맹함
② 조상들이 살던 집의 형태
③ 바닷가 근처 고장의 옛 모습
④ 조상들이 불교를 믿었다는 것
⑤ 조상들이 효도를 중요하게 생각했다는 것

04 고장의 문화유산을 통해 알 수 있는 것으로 알맞지 않은 것은 어느 것입니까? ( )

① 고장의 옛 모습
② 조상들의 생활 모습
③ 조상들의 슬기와 멋
④ 현대인의 생활 모습
⑤ 조상들이 중요하게 생각한 것

정답과 해설 18쪽

개념 3 우리 고장의 문화유산을 조사하는 방법

(1) 문화유산 조사 방법: 고장의 안내도나 소개 자료 찾아보기, 누리집 검색하기, 면담하기, 관련 장소 답사하기 등이 있음.

(2) 문화유산 답사 과정
답사할 문화유산 정하기 ➡ 답사할 문화유산 관련 자료 찾기 ➡ 답사 계획 세우기 ➡ 답사하기 ➡ 답사 보고서 작성하기

05 다음은 고장의 문화유산을 조사하는 방법 중 무엇인지 보기 에서 골라, 기호를 쓰시오.

- 박물관, 유적지, 문화유산 관련 축제 등을 직접 찾아가 살펴본다.
- 문화유산을 보다 더 생생하게 체험할 수 있다.

보기

㉠ 면담하기 ㉡ 답사하기
㉢ 누리집 검색하기 ㉣ 고장의 안내도 찾아보기

( )

06 다음과 같은 고장의 문화유산 조사 방법은 무엇입니까? ( )

① 누리집 검색하기
② 고장의 안내도 살펴보기
③ 고장의 소개 자료 찾아보기
④ 문화 관광 해설사와 면담하기
⑤ 디지털 영상 지도로 살펴보기

개념 4 우리 고장의 문화유산 소개하기

(1) 문화유산 소개 방법: 사진이나 그림 전시하기, 모형 만들기, 안내판 만들기, 동영상 만들기, 신문이나 광고 만들기, 문화 관광 해설사 되어 보기 등이 있음.

(2) 문화유산의 특징과 가치가 잘 드러나는 방법을 선택함.

(3) 고장의 문화유산을 소개하면서 고장에 대한 자긍심을 느낄 수 있음.

07 다음 고장의 문화유산을 소개하는 방법으로 가장 알맞은 것은 어느 것입니까? ( )

무령왕릉 전시회

① 문화유산 모형 만들기
② 문화유산 사진 전시하기
③ 문화유산 안내 책자 만들기
④ 문화 관광 해설사 되어 보기
⑤ 문화유산을 알리는 동영상 만들기

08 고장의 문화유산 소개 자료를 만들 때 들어갈 내용으로 알맞지 않은 것은 어느 것입니까? ( )

① 문화유산의 사진
② 문화유산의 위치
③ 문화유산의 가격
④ 문화유산의 우수성
⑤ 문화유산과 관련된 이야기

중단원 실전 문제

[01~02] 다음을 보고, 물음에 답하시오.

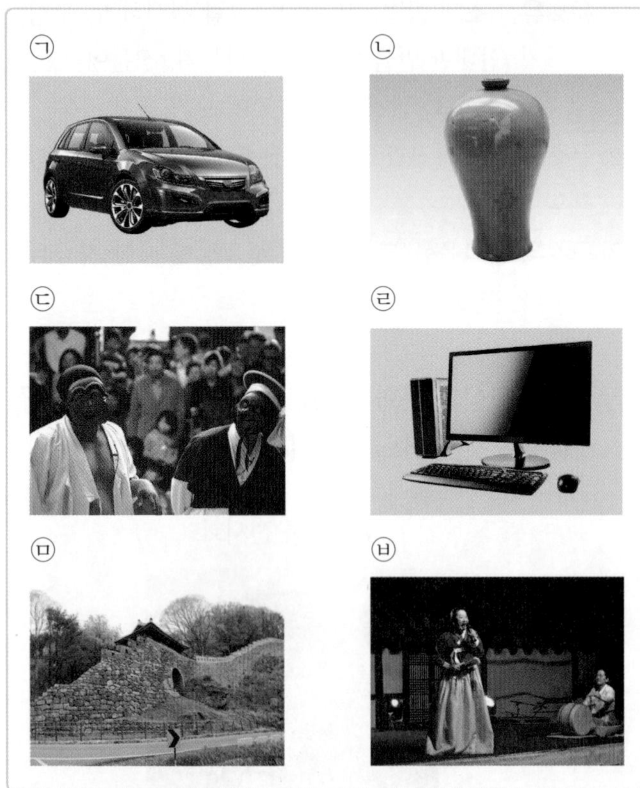

⊂중요⊃
01 위에서 문화유산에 속하지 않는 것을 두 가지 찾아, 기호를 쓰시오.

(,)

02 유형 문화유산으로만 바르게 짝지어진 것은 어느 것입니까? ( )

① ㉠, ㉢
② ㉡, ㉣
③ ㉡, ㉤
④ ㉢, ㉥
⑤ ㉣, ㉤

03 다음 설명에 속하는 문화유산의 예를 한 가지만 쓰시오.

- 생김새나 모양이 정해져 있지 않다.
- 기술을 물려받는 사람을 통해서 전해진다.

( )

⊂중요⊃
04 문화유산에 대한 설명으로 알맞지 않은 것은 어느 것입니까? ( )

① 옛날부터 전해 내려온 것이다.
② 현대 과학 기술로 만든 것이다.
③ 조상들의 슬기와 멋이 담겨 있다.
④ 조상들의 생활 모습을 엿볼 수 있다.
⑤ 후손에게 물려줄 만한 가치가 있는 것이다.

05 ( ) 안에 공통으로 들어갈 알맞은 말은 무엇입니까? ( )

- ( )은(는) 옛날 관리들이 마을을 다스리던 곳이다.
- 마을의 여러 가지 일들을 해결하는 곳으로, ( )을(를) 통해 과거 고장의 중심지가 어디였는지를 알 수 있다.

① 절
② 관아
③ 성곽
④ 장승
⑤ 서당

[06~07] 다음을 보고, 물음에 답하시오.

배추를 소금에 절이면 상하지 않아 오래 두고 먹을 수 있어.
겨울에도 채소 반찬을 먹을 수 있지!

06 **위와 같은 모습은 우리 조상들의 문화유산 중 무엇과 관련 있습니까? (　　)**

① 김장
② 장승
③ 효자비
④ 측우기
⑤ 농요와 농악

⊂중요⊃

07 **위와 같은 문화유산을 통해 알 수 있는 사실을 알맞게 말한 사람은 누구입니까? (　　)**

① 정윤: 조상들의 옷차림을 알 수 있어.
② 슬기: 조상들이 살았던 집의 모습을 알 수 있어.
③ 서연: 마을 사람들이 협동해 농사일을 했었구나.
④ 아현: 조상들의 슬기로운 음식 문화를 알 수 있어.
⑤ 준성: 마을을 지키는 수호신에게 소원을 빌었나 봐.

08 **다음 내용과 관련된 해녀 문화에 속하지 <u>않는</u> 것은 어느 것입니까? (　　)**

> 해녀가 바닷속에 들어가 해산물을 따는 일을 '물질'이라고 한다. 제주 해녀 문화는 그 가치를 인정받아 2016년에 유네스코 인류 무형 문화유산으로 지정되었다.

① 물질하는 기술
② 물질로 딴 해산물
③ 물질할 때 입는 옷
④ 물질할 때 쓰는 도구
⑤ 물질할 때 부르는 노래

09 **다음에서 설명하는 문화유산을 골라 ○표 하시오.**

> 옛날 사람들은 마을 입구에 돌이나 나무로 이것을 세웠다. 그리고 마을을 지켜 달라는 마음을 담아 수호신으로 삼았다.

(1) (　　)　(2) (　　)　(3)  (　　)

10 **다음과 관련 있는 고장의 문화유산 조사 방법은 무엇인지 두 글자로 쓰시오.**

> • 고장을 잘 아는 어른께 여쭤보기
> • 문화 관광 해설사를 만나 설명 듣기
> • 고장의 도자기 장인을 찾아가 이야기 듣기

(　　　　　　　　)

중요

11 다음은 고장의 문화유산을 답사하는 과정 중 어디에 속합니까? (　　)

> 답사할 문화유산과 관련해 알아볼 내용과 답사 방법, 맡을 역할을 정한다. 또한 답사에 필요한 준비물과 주의할 점도 미리 확인한다.

① 답사하기
② 답사 계획 세우기
③ 답사 보고서 작성하기
④ 답사할 문화유산 정하기
⑤ 답사할 문화유산 자료 찾기

12 박물관에서 문화유산을 답사할 때의 행동으로 바르지 않은 것을 두 가지 고르시오. (　　,　　)

① 중요한 내용은 기록하며 관람한다.
② 전시된 문화유산을 직접 만져 본다.
③ 사진기 조명을 밝게 하고 사진을 찍는다.
④ 문화 관광 해설사의 설명을 주의 깊게 듣는다.
⑤ 전시관 안에서 뛰거나 소란스럽게 하지 않는다.

13 다음과 관련 있는 고장의 문화유산 답사 방법은 어느 것입니까? (　　)

① 고장의 어른 면담하기
② 안내문 읽고 기록하기
③ 사진이나 동영상 찍기
④ 문화유산 관련 자료 찾아보기
⑤ 문화 관광 해설사의 설명 듣기

[14~15] 다음을 보고, 물음에 답하시오.

〈문화유산 답사 계획서〉

문화유산	경복궁
답사 장소	서울특별시 종로구
답사 날짜	20△△년 △△월 △△일
답사 방법	• 사진과 동영상 찍기 • 안내판의 중요 내용 기록하기 • 문화 관광 해설사와 면담하기
주의할 점	• 문화유산을 손으로 만지지 않기 • 사진기의 조명 사용하지 않기 • 조용히 관람하기

14 위 문화유산 답사 계획서에 들어갈 수 있는 항목으로 알맞지 않은 것은 어느 것입니까? (　　)

① 답사할 내용
② 답사하는 사람
③ 문화유산 소개 방법
④ 답사에 필요한 준비물
⑤ 답사 방법에 따른 역할 분담

15 위 계획서에 따라 답사를 할 때, 답사 내용으로 알맞지 않은 것은 어느 것입니까? (　　)

① 경복궁 이름의 뜻을 알아본다.
② 경복궁에 온 관광객의 사진을 찍는다.
③ 경복궁 내 건물의 건축 양식을 관찰한다.
④ 안내판을 보고 경복궁의 구조를 살펴본다.
⑤ 각 건물에서 왕이 어떤 일을 했는지 알아본다.

16 누리집 검색을 통해 고장의 문화유산에 관한 자료를 조사하려고 합니다. 이용해야 할 누리집으로 알맞은 것은 어느 것입니까? (　　)

① 학교 누리집
② 경찰청 누리집
③ 기상청 누리집
④ 청와대 누리집
⑤ 문화재청 누리집

[17~18] 다음은 고장의 문화유산 소개 자료입니다. 물음에 답하시오.

남한산성 신문

남한산성, '유네스코 세계 문화유산' 됐다

남한산성은 병자호란 때 조선이 청에 맞서 싸우다 항복한 역사가 깃든 성곽입니다. 유네스코는 남한산성의 독특한 역사와 아름다움을 인정해 유네스코 세계 문화유산으로 지정했습니다.

문화 관광 해설사와 함께하는 남한산성 나들이 Q. 남한산성은 언제 만들어졌나요? A. 통일 신라 시대에 만들어졌고, 조선 시대 인조 때 다시 고쳐 …….	아름다운 남한산성으로 놀러 오세요! 남한산성따라 걷는 역사의 향기!

17 위와 관련 있는 문화유산 소개 방법은 무엇입니까? (　　)

① 문화유산 신문 만들기
② 문화유산 모형 만들기
③ 문화유산 안내판 만들기
④ 문화유산 사진 전시회 하기
⑤ 문화 관광 해설사 되어 보기

18 위와 같은 문화유산 소개 자료에 들어갈 내용으로 알맞지 않은 것은 어느 것입니까? (　　)

① 남한산성의 모습을 사진으로 넣기
② 남한산성의 위치를 세계 지도에 표시하기
③ 남한산성과 관련된 이야기를 기사로 쓰기
④ 남한산성의 우수성을 알리는 광고 만들기
⑤ 남한산성 문화 관광 해설사와의 인터뷰 기사 쓰기

19 다음 내용에 알맞은 문화유산 소개 방법은 어느 것입니까? (　　)

> 나는 우리 고장의 문화유산인 판소리를 친구들이 직접 따라 해 보는 시간을 갖게 하고 싶어.

① 판소리 광고 만들기
② 판소리 소개 책자 만들기
③ 판소리 관련 사진 전시하기
④ 판소리 공연 영상 상영하기
⑤ 판소리 노래 부르기 체험하기

20 고장의 문화유산 소개하기를 한 후 느낀 점으로 알맞지 않은 것은 어느 것입니까? (　　)

① 유나: 고장의 문화유산을 잘 보존해야겠다는 생각이 들었어.
② 하빈: 우리 고장에 있는 문화유산의 특징을 더 잘 알게 되었어.
③ 효준: 우리 고장에 훌륭한 문화유산이 있다는 것이 자랑스러웠어.
④ 명찬: 다른 고장의 친구들에게도 우리 고장의 문화유산을 소개해 주고 싶어.
⑤ 지아: 우리 고장의 문화유산을 다른 나라에 수출하면 많은 돈을 벌 수 있을 거야.

학교에서 출제되는 서술형 평가를 미리 준비하세요.

연습 문제

[1~3] 다음 문화유산 체험과 관련된 신문 기사를 읽고, 물음에 답하시오.

> △△군 어린이 농부 학교 체험 행사 열려
>
> △△군에서 어린이 농부 학교 체험 행사가 있었습니다. △△ 고장에는 농민들이 논이나 밭에서 일을 할 때 부르던 농요가 오래 전부터 전해 내려옵니다. 이번 행사에 참여한 어린이들은 △△ 고장의 농요인 '모심는 소리'를 전수받은 인간문화재 선생님께 노래를 배웠습니다.
>
> 어린이들은 모내기를 하며 동작에 맞추어 '모심는 소리' 노래를 함께 따라 불렀습니다. 흥을 북돋는 노랫가락에 맞추어 협동해서 모를 심으니, 지루하거나 힘들지 않고 훨씬 신나게 할 수 있었습니다.

1 위 신문 기사에서 농민들이 농사일을 할 때 부르던 노래를 무엇이라고 하는지 찾아 쓰시오.

( )

2 위 신문 기사를 읽고, 농요의 특징과 농민들이 농요를 부른 까닭을 정리한 것입니다. ( ) 안에 들어갈 알맞은 말을 보기 에서 골라 쓰시오.

보기

협동, 농사, 동작

> 농요는 모심기, 잡초 뽑기, 벼 베기, 타작하기 등 (㉠)와(과) 관련된 가사에 가락을 붙여 부르던 노래이다. 조상들은 여러 사람이 함께 (㉡)해서 농사일을 했다. 이때 여럿이 같이 하는 일의 (㉢)에 맞추어 노래를 불렀으며, 노래의 흥겨운 가락을 통해 일의 지루함을 잊을 수 있었다.

㉠: ( ) ㉡: ( ) ㉢: ( )

3 위 신문 기사의 내용을 통해 알 수 있는 조상들의 생활 모습을 한 가지만 쓰시오.

문제 해결 전략

1 단계	제시된 자료의 내용 파악하기
2 단계	자료에 나타난 문화유산의 특징 파악하기
3 단계	문화유산을 통해 알 수 있는 조상들의 생활 모습 추론하기

핵심 키워드
- 고장의 문화유산을 통해 알 수 있는 것
  - 고장의 옛 모습
  - 조상들의 생활 모습
  - 조상들이 중요시한 것

빈칸을 채우며 서술형 문제의 답안을 작성하는 연습을 해 보세요!

정답과 해설 20쪽

실전 문제

[1~3] 다음 문화유산을 보고, 물음에 답하시오.

(가)

▲ 우리 고장에는 옛날에 고장을 다스리던 건물이 남아 있음.

(나)

▲ 우리 고장에는 탈을 쓰고 춤추며 노래와 이야기를 하는 놀이가 전해 내려옴.

1 (나) 문화유산의 이름은 무엇인지 쓰시오.

(　　　　　　　　)

2 위 문화유산의 공통점과 차이점은 무엇인지 (　　) 안에 들어갈 알맞은 말을 쓰시오.

> (가)와 (나)는 모두 조상들로부터 전해 내려온 문화 중 후손에게 물려줄 만한 가치가 있는 것이다. 그중 (가)는 일정한 형태가 있는 것으로 (㉠) 문화유산이라 하고, (나)는 일정한 형태가 없는 것으로 (㉡) 문화유산이라고 한다.

㉠: (　　　　　　　　)

㉡: (　　　　　　　　)

3 위와 같은 문화유산을 잘 보존해야 하는 까닭은 무엇인지 쓰시오.

[4~6] 다음 계획서를 보고, 물음에 답하시오.

문화유산	석굴암
장소	경상북도 경주시
날짜	20△△년 △△월 △△일
방법	(가)
주의할 점	• 문화유산을 손으로 만지지 않기 • 사진기의 조명 사용하지 않기 • 조용히 관람하기

4 위 계획서와 관련 있는 문화유산 조사 방법은 무엇인지 쓰시오.

(　　　　　　　　)

5 위 계획서의 (가)에 들어갈 내용으로 알맞은 것을 두 가지 골라, 기호를 쓰시오.

> ㉠ 석굴암 안내판의 중요한 내용 기록하기
> ㉡ 석굴암의 모습을 직접 관찰해 그림 그리기
> ㉢ 문화재청 누리집에서 석굴암에 대해 검색하기
> ㉣ 도서관에서 석굴암의 우수성에 대해 조사하기

(　　　　,　　　　)

6 위와 같은 문화유산 조사 방법의 장점을 한 가지만 쓰시오.

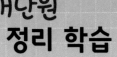

빈칸을 채우며 이 단원의 핵심 개념을 확인하세요.

우리가 알아보는 고장 이야기

우리 고장의 옛이야기

① 우리 고장의 옛이야기

의미	고장에서 옛날부터 전해 내려오는 이야기를 말함.
특징	• 지명, 민요, 민담, 전설, 축제, 고사성어 등에 담겨 있음. • 고장의 (❶)환경이나 옛사람들의 생활 모습을 알 수 있음.

② 우리 고장의 모습을 알 수 있는 옛이야기

(❷)	마이산, 두물머리, 서빙고동, 말죽거리, 피맛골 등
(❸)	강강술래, 정선 아리랑 등
민담, 전설	삼성혈, 섬진강, 설문대 할망 이야기, 의좋은 형제 이야기 등
축제	남강 유등 축제, 율곡 문화제 등

③ 우리 고장의 옛이야기 조사하기

조사 계획 세우기	조사하기	조사 보고서 작성하기
조사 주제, 조사 날짜, 조사 장소, 조사 방법, 조사 내용, 준비물, 맡을 역할 등을 정하기	누리집 검색하기, 직접 방문하기, 면담하기, 책 찾아보기 등을 통해 조사하고 기록하기	조사 주제, 조사 날짜, 조사 장소, 조사 방법, 알게 된 점, 느낀 점 등을 정리하기

④ 우리 고장의 옛이야기 소개하기: 안내 책자 만들기, 역할극 하기 등으로 함.

우리 고장의 문화유산

① 문화유산의 의미와 종류

의미	조상들로부터 전해 내려온 문화 중에서 후손에게 물려줄 만한 가치가 있는 것을 말함.	
종류	(❹) 문화유산	형태가 있는 것 예 공예품, 건축물, 책, 그림
	(❺) 문화유산	형태가 없는 것 예 기술, 노래, 춤, 연극

② 우리 고장의 문화유산을 통해 알 수 있는 것

고장의 옛 모습	관아, 장승, 성곽
조상들의 생활 모습	해녀 문화, 농요와 농악, 탈춤, 김장, 누비
조상들이 중요시한 것	효자비(효도), 향교(교육)

③ 우리 고장의 문화유산 조사하기

조사 방법	고장의 안내도나 소개 자료 찾기, 문화재청 누리집 검색하기, 문화관광 해설사 (❻)하기, 문화유산 답사하기 등이 있음.
답사 과정	답사할 문화유산 정하기 ➡ 답사할 문화유산 관련 자료 찾기 ➡ 답사 계획 세우기 ➡ 답사하기 ➡ 답사 보고서 작성하기

④ 우리 고장의 문화유산 소개하기: 사진 전시하기, 소개 책자 만들기 등으로 함.

정답 ❶ 자연 ❷ 지명 ❸ 민요 ❹ 유형 ❺ 무형 ❻ 면담

사고력 문제 엿보기

고장을 대표하는 문화유산 소개해 보기

※ 다음 문화유산 안내도를 보고, 고장을 대표하는 문화유산을 소개해 봅시다.

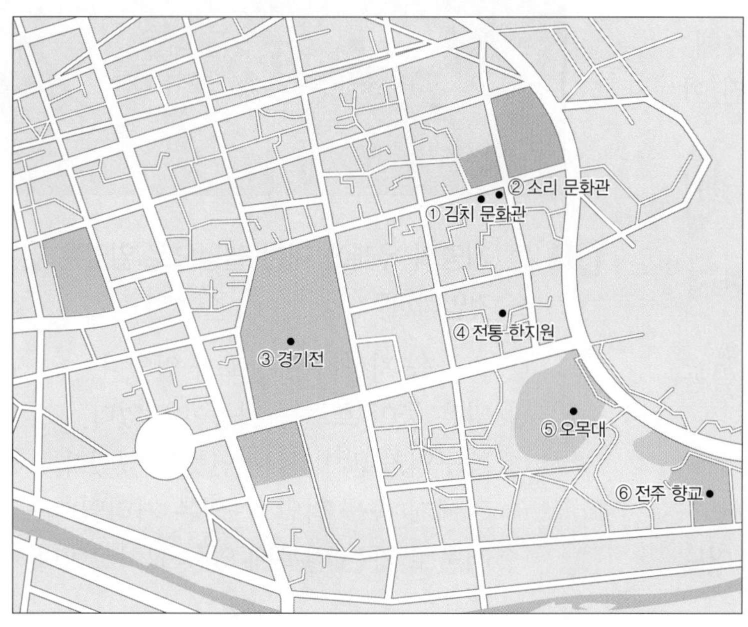

① 김치 문화관: 다양한 종류의 김치를 알아보고 전통 방식에 따라 김치를 만들어 먹을 수 있는 곳
② 소리 문화관: 판소리를 배우거나 공연을 관람할 수 있는 곳
③ 경기전: 조선을 세운 왕의 모습을 그린 그림을 보관한 건축물
④ 전통 한지원: 전통 한지를 만드는 과정을 알아보고 직접 체험할 수 있는 곳
⑤ 오목대: 이성계가 왜구를 물리치고 이를 기념해 잔치를 벌인 정자
⑥ 전주 향교: 나라에서 사람들에게 학문을 가르치기 위해 만든 교육 기관

1 위 안내도에 표시된 장소를 유형 문화유산을 관람할 수 있는 곳과 무형 문화유산을 체험할 수 있는 곳으로 각각 구분해 기호를 쓰시오.

유형 문화유산을 관람할 수 있는 곳	무형 문화유산을 체험할 수 있는 곳
③, ⑤, ⑥	①, ②, ④

2 안내도에 표시된 장소 중 한 곳을 골라, 그곳에서 알 수 있는 옛사람들의 생활 모습을 쓰시오.

장소	예시 답안 전통 한지원
옛사람들의 생활 모습	예시 답안 옛날 사람들이 한지를 만들던 과정을 알 수 있습니다.

3 안내도에 제시된 문화유산을 대상으로 한 답사 프로그램의 홍보 문구를 만들어 보시오.

예시 답안 임금님의 모습 관람부터 판소리 체험까지, 전통문화를 실컷 누릴 수 있는 배움 여행을 즐겨요!

대단원 마무리

중요

01 고장의 옛이야기에 대해 바르게 말한 사람은 누구입니까? (　　)

① 경민: 고장마다 옛이야기의 내용은 비슷해.
② 서윤: 고장의 옛이야기는 요즘 만들어진 이야기야.
③ 준영: 고장의 옛이야기는 모두 실제로 일어났던 일이야.
④ 민재: 고장의 옛이야기는 옛날에 촬영한 동영상으로 전해지고 있어.
⑤ 효아: 고장의 옛이야기를 통해 당시 사람들의 생각이나 생활 모습을 알 수 있어.

02 다음 지명들의 공통된 특징을 나타낸 것은 어느 것입니까? (　　)

두물머리, 아우라지

① 절벽
② 평야
③ 바닷가
④ 두 개의 산봉우리
⑤ 두 개의 강이 합쳐짐.

03 밑줄 친 '이 사람'에 해당하는 역사적 인물은 누구인지 쓰시오.

> 서현: 이 사람은 옛날에 적군에 맞서 싸울 때 백성들에게 강강술래를 하게 했다고 해.
> 유민: 적군이 멀리서 강강술래를 하는 모습을 보고 우리 군사의 숫자가 많은 줄 알았대.

(　　　　　　　　　　)

[04~05] 다음을 보고, 물음에 답하시오.

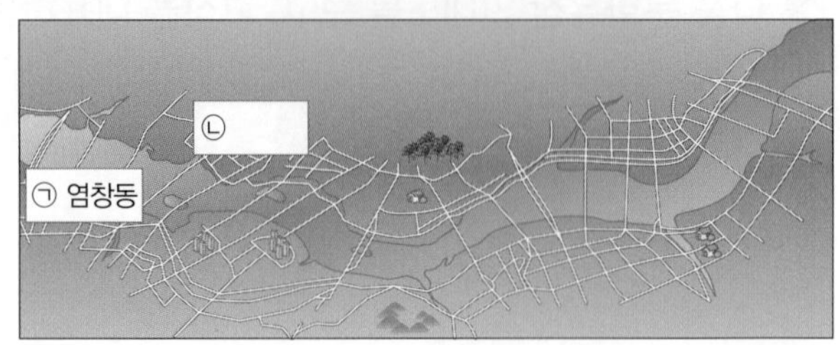

04 ㉠ 지명의 유래에 대한 설명으로 알맞은 것은 어느 것입니까? (　　)

① 소금을 저장하는 창고가 있었다.
② 맑은 물이 흐르는 계곡이 있었다.
③ 개구리가 많이 사는 연못이 있었다.
④ 말에게 죽을 먹일 수 있는 거리였다.
⑤ 서울로 가는 길목에 있는 교차로였다.

05 다음 대화를 통해 알 수 있는 ㉡의 지명은 무엇입니까? (　　)

> 효준: 옛날에는 배가 드나들던 곳을 포구라고 불렀대.
> 채원: '포' 자로 끝나는 지명에는 배가 드나들던 곳이라는 의미가 담겨 있을 수도 있겠구나.

① 수원　② 포천　③ 마포
④ 강릉　⑤ 진주

06 (　　) 안에 들어갈 알맞은 동물의 이름을 쓰시오.

> 섬진강 지역에는 옛날에 왜적이 쳐들어왔을 때, 엄청나게 많은 (　　　) 떼가 몰려와 왜적을 쫓았다는 이야기가 전해진다.

(　　　　　　　　　　)

07 다음에서 설명하는 축제와 관련 있는 인물은 누구입니까? (　　)

> 율곡 문화제: 경기도 파주시에서 매년 10월에 열리는 전통 민속 축제

① 이이　② 이황
③ 정약용　④ 이순신
⑤ 신사임당

08 다음 물건과 관련 있는 고사성어는 무엇입니까? (　　)

① 유유상종　② 안성맞춤
③ 금시초문　④ 역지사지
⑤ 개과천선

09 다음 지명과 관련 있는 것은 무엇입니까? (　　)

> 성주: 엄마, 이 고장의 이름은 왜 다산이에요?
> 엄마: 다산은 조선 시대의 뛰어난 학자였던 정약용 선생의 호야.

① 고장의 특산물
② 고장의 관광지
③ 고장의 문화유산
④ 고장의 자연환경
⑤ 고장의 유명한 인물

[10~11] 다음 조사 계획서를 보고, 물음에 답하시오.

조사 주제	설문대 할망에 얽힌 옛이야기
조사 기간	20△△년 △△월 △△일
조사 방법	㉠ 인터넷 누리집 조사하기
주의할 점	• 자료의 출처 기록하기 • 중요한 사진 출력하기 • 중요 내용 간략히 정리하기

10 위 조사 계획서를 보고 보충해야 할 점으로 알맞은 것은 어느 것입니까? (　　)

① 조사할 내용을 구체적으로 생각해 본다.
② 조사 기간은 여러 날보다는 하루가 좋다.
③ 면담할 사람에게 질문할 내용을 정리해 본다.
④ 면담할 사람과 미리 시간과 장소를 정해야 한다.
⑤ 인터넷으로 검색할 때는 모든 내용을 믿어도 된다.

⊂서술형⊃

11 ㉠과 같은 방법으로 우리 고장의 옛이야기를 조사할 때의 장점을 쓰시오.

____

____

12 다음은 고장의 옛이야기를 소개하는 방법 중 무엇입니까? (　　)

> • 조사한 옛이야기를 대본으로 작성하기
> • 인물에 어울리는 옷과 분장 준비하기
> • 옛이야기와 관련된 배경 꾸미기
> • 대사를 연습하고, 자연스럽게 연기하기

① 신문 만들기　② 사진 전시하기
③ 역할극 하기　④ 동영상 보여 주기
⑤ 안내 책자 전시하기

[13~14] 다음은 문화유산에 관한 대화입니다. 물음에 답하시오.

> 성현: 우리 지역 박물관에는 여러 유물들이 전시되어 있어.
> 수진: 박물관에 있는 전시품 중에 옛날 왕과 왕비가 사용하던 물건들만 문화유산이라고 할 수 있어.
> 진수: 나는 우리 지역 문화유산 축제에서 판소리 공연을 본 적이 있어.
> 정현: 우리 고장에는 조선 시대에 지어진 오래된 ㉠ 기와집이 남아 있어.

⊂서술형⊃

13 위 대화에서 잘못된 내용을 말한 사람의 이름과 그 까닭을 쓰시오.

(1) 이름: (　　　　　　　　)

(2) 그 까닭: ____________________

____

14 ㉠과 같은 종류의 문화유산에 속하는 것은 어느 것입니까? (　　)

① 탈춤　② 김장
③ 옹기장　④ 측우기
⑤ 판소리

[15~16] 다음 문화유산을 보고, 물음에 답하시오.

(가)

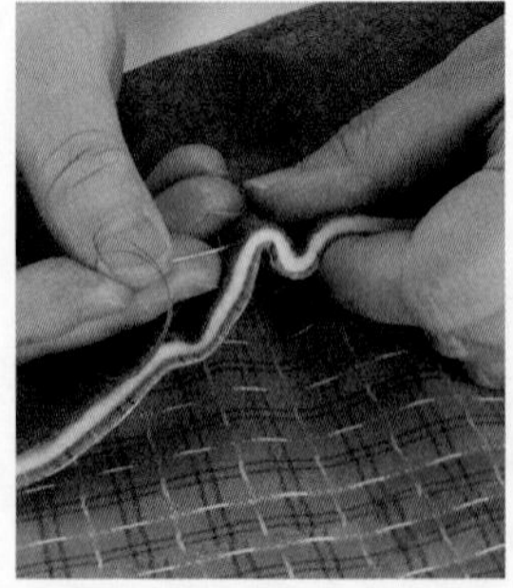

▲ 누비

(나)

▲ 줄타기

15 다음은 (가) 문화유산에 대한 설명입니다. 이를 통해 알 수 있는 것은 무엇입니까? (　　)

> 누비: 두 겹의 천 사이에 솜을 넣어 꿰매는 손바느질 또는 그렇게 만든 것

① 고장 옛 중심지의 모습
② 조상들이 예의를 중요시했다는 것
③ 조상들의 생명을 소중히 여기는 마음
④ 추운 겨울을 지내기 위한 조상들의 지혜
⑤ 마을 사람들이 협동을 위한 놀이를 즐겼다는 것

⊂중요⊃

16 (가)와 (나) 문화유산의 공통점으로 알맞은 것은 어느 것입니까? (　　)

① 일정한 모양이나 생김새가 있다.
② 건축물, 그림이나 책과 같은 종류이다.
③ 함부로 다루면 망가지거나 훼손될 수 있다.
④ 형태가 있는 문화유산에 비해 가치가 없다.
⑤ 직접 가르치고 배우는 사람을 통해 전해진다.

17 다음에서 설명하는 문화유산을 통해 알 수 있는 조상들의 생활 모습은 어느 것입니까? (　　)

향교는 지방에 세운 교육 기관으로, 선현의 제사를 지내고 유교를 공부하던 곳이다.

① 서로 협동해 일을 했다.
② 주로 농사를 짓고 살았다.
③ 용맹하고 무예가 뛰어났다.
④ 기술을 중요하게 생각했다.
⑤ 교육을 중요하게 생각했다.

18 문화유산인 해녀 문화에 대한 설명으로 알맞지 않은 것은 어느 것입니까? (　　)

① 바다가 있는 고장의 문화유산이다.
② 해녀들의 작업복, 작업 도구 등이 속한다.
③ 해산물을 채취하는 기술이 전해 내려온다.
④ 해녀들이 부르는 노래는 포함되지 않는다.
⑤ 바다를 대하는 지혜와 기술을 배울 수 있다.

[19~21] 다음 대화를 읽고, 물음에 답하시오.

> 효준: 우리 고장에 어떤 문화유산이 있는지 알아보는 방법에는 무엇이 있을까?
> 성재: 인터넷의 누리집에서 검색해 보면 어때?
> 수빈: 나는 우리 고장을 소개하는 ㉠ 관광 안내 자료를 찾아볼래.
> 정현: ㉡ 문화유산에 대해 전문적으로 설명해 주는 사람을 찾아가서 여쭤보는 것도 좋을 것 같아.

19 ㉠의 방법으로 문화유산을 조사할 때 알 수 있는 내용이 아닌 것은 어느 것입니까? (　　)

① 문화유산의 모습　② 문화유산의 위치
③ 문화유산의 가격　④ 문화유산의 특징
⑤ 문화유산의 유래

20 ㉡을 무엇이라고 하는지 쓰시오.

(　　　　　　　　)

21 ㉡ 직업을 가진 사람과 면담을 할 때 주의할 점으로 알맞지 않은 것은 어느 것입니까? (　　)

① 면담 시간을 잘 지킨다.
② 중요한 내용을 기록하며 듣는다.
③ 질문할 내용을 미리 생각해 둔다.
④ 면담 내용을 녹음할 때는 허락을 구한다.
⑤ 궁금한 점이 있으면 설명 중에 바로 여쭤본다.

22 다음은 문화유산을 답사하는 과정입니다. 순서에 맞게 기호를 쓰시오.

> ㉠ 답사하기
> ㉡ 답사 계획 세우기
> ㉢ 답사 보고서 작성하기
> ㉣ 답사할 문화유산 정하기
> ㉤ 답사할 문화유산 자료 찾기

(　　→　　→　　→　　→　　)

23 다음은 문화유산 답사 계획서에서 무엇과 관련 있는 내용입니까? (　　)

> • 안내판 설명 기록하기
> • 여러 각도에서 사진 찍기

① 답사 날짜　② 답사 장소
③ 답사 방법　④ 주의할 점
⑤ 답사 준비물

24 다음은 고장의 문화유산을 소개하는 방법입니다. 관련 있는 것끼리 바르게 선으로 이으시오.

(1)	판소리 공연의 생생한 모습을 전달하고 싶어.	㉠	모형 만들기
(2)	상감 기법으로 청자를 직접 만들어 보면서 이해하면 좋을 것 같아.	㉡	동영상 상영하기

⊂서술형⊃

25 고장의 문화유산을 소개하는 방법을 정할 때, 고려해야 할 점은 무엇인지 쓰시오.

우리 고장의 옛이야기나 문화유산을 조사해 소개하기

선생님의 출제 의도

이 단원에서는 우리 고장의 옛이야기와 문화유산에 대해 알아보았습니다. 고장에는 다양한 옛이야기와 문화유산이 있습니다. 여러분이 살고 있는 고장의 옛이야기나 문화유산을 조사해 보고, 알게 된 내용을 중심으로 친구들에게 소개할 수 있는지 알아보기 위해 문제를 출제했습니다.

이처럼 수행 평가에서는 우리 고장의 옛이야기와 문화유산을 실제로 조사하고, 이를 효과적으로 소개하는 문제가 출제될 수 있습니다. 여러분이 직접 우리 고장이나 문화재청 누리집에 방문하거나 관련된 책을 조사해 보고, 우리 고장의 옛이야기나 문화유산에 담긴 특징을 소개해 보세요.

수행 평가 문제

◑ 우리 고장의 옛이야기나 문화유산을 조사해 봅시다.

1 우리 고장의 시 · 군 · 구청 누리집, 문화재청이나 지역 N 문화 누리집 등을 방문해 우리 고장의 옛이야기나 문화유산을 한 가지 골라, 그 특징을 써 봅시다.

이름	
종류	
알게 된 점	
느낀 점	

2 위에서 조사한 우리 고장의 옛이야기나 문화유산을 친구들에게 어떤 방법으로 소개하고 싶은지 써 봅시다.

3 위에서 조사한 우리 고장의 옛이야기나 문화유산을 지켜 나가기 위해 우리가 할 수 있는 일을 써 봅시다.

평가 기준

잘함	보통	노력 요함
고장의 옛이야기나 문화유산에 관한 정보를 정확하게 찾아 상세하게 특징을 정리하고 적절한 방법으로 소개하며, 옛이야기나 문화유산을 지키기 위해 할 수 있는 일을 자세하게 설명할 수 있다.	고장의 옛이야기나 문화유산에 관한 정보를 찾아 대략적인 특징을 정리하고 적절한 방법으로 소개하며, 옛이야기나 문화유산을 지키기 위해 할 수 있는 일을 간략하게 설명할 수 있다.	고장의 옛이야기나 문화유산에 관한 정보를 찾는 데 어려움을 겪고 특징을 정리하지 못하고 적절한 소개 방법을 찾기 어려워하며, 옛이야기나 문화유산을 지키기 위해 할 수 있는 일을 설명하지 못한다.

수행 평가 예시 답안

1. 예

이름	서빙고
종류	옛이야기
알게 된 점	옛날에는 얼음이 매우 귀했다. / 나라에서는 궁궐이나 제사 등에 사용할 얼음을 창고에 두고 보관했다. / 서빙고는 얼음을 보관하던 창고이다. / 지금은 서빙고가 있던 곳에 표지석이 있으며, 이곳의 이름은 서빙고동이다.
느낀 점	내가 살고 있는 곳이 옛날에 얼음을 보관하던 창고가 있던 곳이라니 신기했다. 그런데 서빙고가 있으면 동빙고, 남빙고, 북빙고도 있었을 것 같다.

2. 예 서빙고 표지석을 찍은 사진과 함께 옛날 얼음 창고가 있던 모습을 상상해서 그린 그림을 보여 줄 것이다.

3. 예 서빙고동이라는 지명에 얽힌 옛이야기를 널리 알린다.

수행 평가 꿀팁

우리 고장의 옛이야기나 문화유산을 어떻게 검색할 수 있을까?

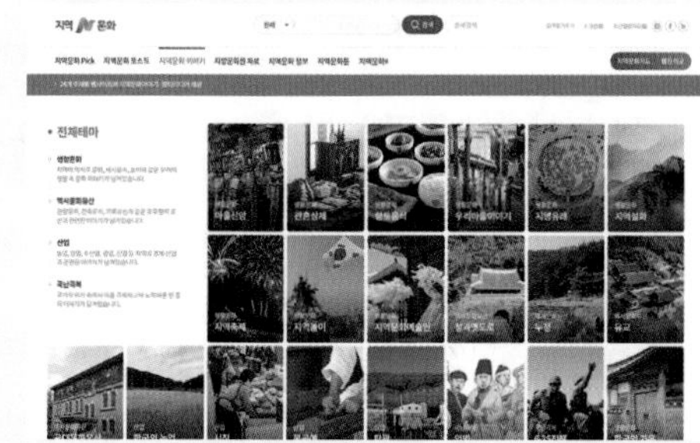

지역 N 문화 누리집(www.nculture.org)에서는 우리나라 전국 각 고장의 다양한 옛이야기나 문화유산에 대해 자세히 알아볼 수 있습니다. 〈지역문화 Pick〉을 선택하면 지역별, 유형별, 주제별로 옛이야기나 문화유산과 관련된 정보를 검색할 수 있어요. 그 외에 〈지역문화 포스트〉, 〈지역문화 이야기〉, 〈지방문화원 자료〉에서도 원하는 정보를 찾을 수 있습니다.

3 단원

교통과 통신 수단의 변화

가족들이 비행기를 타고 여행을 가면서 아래를 내려다보고 있네요. 땅에는 고속 열차와 자전거, 버스, 트럭, 승용차 등 다양한 교통수단이 지나가고 있습니다. 강에도 유람선이 지나가네요. 텔레비전을 보고 휴대 전화 등의 통신 수단을 이용하고 있는 가족들의 모습도 보이네요.

이번 단원에서는 교통·통신 수단의 발달과 그에 따른 생활 모습의 변화를 살펴볼 거예요.

단원 학습 목표

1. 옛날과 오늘날의 교통수단과 통신 수단의 이용 모습을 알아봅시다.
2. 교통수단과 통신 수단의 발달로 달라진 사람들의 생활 모습을 알아봅시다.

단원 진도 체크

회차	학습 내용		진도 체크
1차	(1) 교통수단의 발달과 생활 모습의 변화	교과서 내용 학습 + 핵심 개념 문제	✓
2차		중단원 실전 문제 + 서술형 평가 돋보기	✓
3차	(2) 통신 수단의 발달과 생활 모습의 변화	교과서 내용 학습 + 핵심 개념 문제	✓
4차		중단원 실전 문제 + 서술형 평가 돋보기	✓
5차	대단원 정리 학습, 사고력 문제 엿보기, 대단원 마무리, 수행 평가 미리 보기		✓

해당 부분을 공부한 후 ✓표를 하세요.

버스
TV

(1) 교통수단의 발달과 생활 모습의 변화

1 옛날 사람들이 이용하던 교통수단

(1) 옛날의 **교통수단**

① 땅에서 이용한 교통수단

- 사람이 이동할 때: 말, 당나귀, 가마, 인력거 등
- 물건을 옮길 때: 소달구지, 수레 등

가마: 한 사람이 안에 타고 사람이 들거나 메던, 조그만 집 모양의 탈것임.

▲ 말

▲ 가마

▲ 소달구지

▲ 수레

② 물에서 이용한 교통수단: 뗏목, 나룻배, 돛단배 등

돛단배: 돛을 단 배로, 바람의 힘을 이용해 움직임.

뗏목: 통나무 여러 개를 이어 붙여 만든 배로, 사람이나 물건을 운반할 수 있도록 만든 것임.

(2) 옛날 교통수단의 특징

① 공통점

- 사람이나 동물(가축)의 힘과 자연의 힘을 이용했습니다.
- 나무와 식물 줄기 등 자연에서 쉽게 구할 수 있는 재료를 사용했습니다.

② 좋은 점: 환경이 오염되지 않습니다.

③ 불편한 점

- 힘이 많이 들고 시간이 오래 걸리며, 환경의 영향을 많이 받습니다.
- 여러 사람이 함께 이용하거나 한꺼번에 많은 물건을 옮기기 어렵습니다.

(3) 기계의 힘을 이용한 초기의 교통수단

① 종류

▲ 전차

▲ 증기선

▲ 증기 기관차

▲ 비행기

전차: 전기의 힘을 이용해 철길 위를 달리던 차, 대한 제국 시기에 전기 시설이 설치되면서 함께 들여오게 됨.

증기 기관차: 수증기를 이용해 움직이는 기차

② 특징

- 수증기나 전기의 힘을 이용합니다.
- 사람이나 동물의 힘을 빌리지 않고 기계의 힘을 이용해 움직입니다.
- 더 많은 사람이 쉽고 빠르게 먼 곳으로 갈 수 있게 되었습니다.

2 오늘날 사람들이 이용하는 교통수단

(1) 오늘날의 교통수단

① 종류: 자동차, 기차, 버스, 비행기, 지하철, 배, 트럭, 자전거, 오토바이 등이 있습니다.

② 각 교통수단의 연료는 석유, 가스, 전기 등입니다.

▶ 인력거

▶ 뗏목

▶ 나룻배
나루와 나루 사이를 오가며 사람이나 짐 등을 실어 나르는 작은 배로, 사람이 노를 저어 움직입니다.

▶ 돛단배

▶ 증기선
수증기의 힘을 이용해 움직이는 배로, 증기선을 타고 먼 나라로 갈 수 있었습니다.

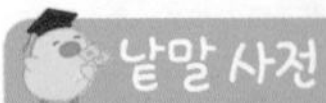

교통수단 사람이 이동하거나 물건을 옮기는 데 이용하는 방법이나 도구

(2) **오늘날 교통수단의 특징** → 오늘날 교통수단이 발달한 까닭은 과학 기술이 발달했기 때문임.

① 먼 곳까지 빠르고 편하게 갈 수 있고, 이동 시간이 크게 줄어들었습니다.

② 한 번에 많은 사람과 물건을 실어 나를 수 있습니다.

③ 교통수단이 다양해졌으며, 기계의 힘을 이용합니다.

3 교통수단의 발달로 달라진 사람들의 생활 모습

(1) **교통수단의 발달과 고장의 모습 변화** → 큰 도시로 발달하고, 여러 가지 새로운 직업들이 생겨남.

① 사람들이 점점 많아지고, 다른 지역으로 갈 수 있는 길이 많아졌습니다.

② 가게, 터미널, 정류장, 공항, 주유소 등 다양한 시설이 생겨났습니다.

(2) **교통수단의 발달로 달라진 사람들의 생활 모습** → 사람들이 하는 일이 다양해짐.

① 사람들이 먼 곳으로 편리하게 갈 수 있게 되었습니다.

② 무거운 짐을 한 번에 먼 곳까지 옮길 수 있게 되었습니다.

③ 예전에는 가기 어려웠던 곳을 편리하게 갈 수 있게 되었습니다.

4 고장의 환경에 따라 사람들이 이용하는 교통수단

(1) 고장의 환경에 따른 교통수단

갯배	마을과 마을 사이의 바다를 오갈 때 이용함.
널배	갯벌에서 잡은 조개 등을 운반할 때 이용함.
모노레일	가파른 길을 오르내리거나 농작물을 수확해 운반할 때 이용함.
경운기	농촌 지역에서 농사 도구, 농산물을 운반할 때 이용함.
케이블카	산이나 높은 곳을 쉽고 빠르게 오르내리는 데 이용함.
지프 택시	길이 가파르고 눈이 많이 오는 지역에서 이용함.
카페리	사람과 함께 자동차를 배에 실어 섬이나 육지로 운반함.

▲ 갯배

▲ 널배

▲ 모노레일

▲ 케이블카

(2) **목적에 따른 교통수단** → 여가: 자전거, 킥보드, 패러글라이딩, 다양한 보트 등

① 관광: 레일 자전거, 관광 열차, 관광 유람선, 시내 관광버스 등

② 구조: 구조용 특수 소방차, 산악 구조 헬리콥터, 해상 구조 보트 등

5 교통수단의 발달로 달라질 미래의 생활 모습

(1) **미래의 교통수단**: 과학 기술의 발달로 **자율 주행 자동차**, 하늘을 나는 드론 자동차, 전기, 태양광이나 그 밖의 에너지로 움직이는 새로운 교통수단이 생겨날 것입니다.

(2) **교통수단의 발달로 달라질 미래의 생활 모습** → 몸이 불편한 사람도 자유롭게 이동할 수 있고, 화석 연료의 사용이 줄어 환경 오염이 줄어들 것임.

① 먼 곳까지 더 빠르게 갈 수 있을 것입니다.

② 자동차가 스스로 주행을 하게 되어 보다 편하게 목적지까지 갈 수 있을 것입니다.

◗ 교통수단의 발달에 따라 고장에 생겨난 시설들은?

- 일상생활에서 볼 수 있는 교통 관련 시설: 버스 정류장, 택시 정류장, 고속버스 터미널, 자전거 전용 도로, 고속 도로, 횡단보도, 신호등 등
- 자동차를 타고 다니면서 이용하는 시설: 주유소, 주차장, 휴게소 등
- 기차나 지하철을 이용하기 위해 필요한 시설: 철로, 기차역, 지하철역 등
- 비행기를 이용하기 위해 필요한 시설: 공항, 공항버스, 공항 철도 등
- 배를 이용하기 위해 필요한 시설: 선착장, 여객선 터미널 등

◗ 경운기와 지프 택시, 카페리

▲ 경운기 ▲ 지프 택시

▲ 카페리

◗ 레일 자전거

철로 위를 달릴 수 있도록 만든 자전거로, 페달을 밟아서 그 추진력으로 철로를 달립니다.

낱말 사전

자율 주행 자동차 운전자가 차량을 조작하지 않아도 스스로 움직이는 자동차

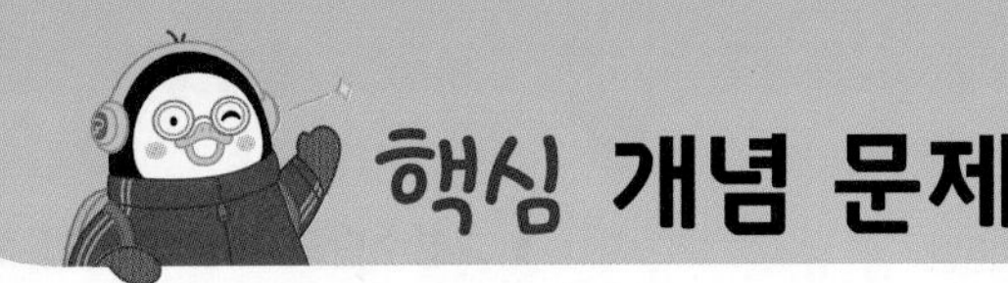

핵심 개념 문제

개념 1 옛날 사람들이 이용하던 교통수단

(1) 땅에서 이용한 교통수단

사람이 이동할 때	말, 당나귀, 가마, 인력거 등
물건을 옮길 때	소달구지, 수레 등

(2) 물에서 이용한 교통수단: 뗏목, 나룻배, 돛단배 등이 있음.

01 다음과 같이 사람이 이동할 때 이용하던 옛날의 교통수단은 무엇입니까? (　　)

① 뗏목
② 가마
③ 나룻배
④ 인력거
⑤ 소달구지

02 물에서 이용한 옛날의 교통수단은 어느 것입니까? (　　)

① 말
② 가마
③ 나룻배
④ 인력거
⑤ 소달구지

개념 2 옛날 교통수단의 특징

(1) 옛날 교통수단의 공통점
- 사람이나 동물, 자연의 힘을 이용함.
- 자연에서 쉽게 구할 수 있는 재료를 사용함.

(2) 옛날 교통수단의 좋은 점: 환경이 오염되지 않음.

(3) 옛날 교통수단의 불편한 점
- 힘이 많이 들고, 시간이 오래 걸림.
- 한 번에 많은 물건을 옮기기 어려움.
- 여러 사람이 함께 이용하기 어려움.
- 환경의 영향을 많이 받음.

03 옛날 교통수단의 특징에 대한 설명으로 알맞은 것은 어느 것입니까? (　　)

① 힘이 적게 든다.
② 시간이 오래 걸린다.
③ 전기를 주로 이용한다.
④ 환경의 영향을 받지 않는다.
⑤ 한 번에 많은 물건을 옮기기 쉽다.

04 옛날 교통수단의 좋은 점으로 알맞은 것은 어느 것입니까? (　　)

① 물건을 빨리 운반한다.
② 먼 거리를 이동하기 쉽다.
③ 환경을 오염시키지 않는다.
④ 환경의 영향을 받지 않는다.
⑤ 많은 사람을 한 번에 나르기 쉽다.

정답과 해설 24쪽

개념 3 오늘날의 교통수단과 교통수단의 발달로 달라진 사람들의 생활 모습

(1) 오늘날 교통수단의 종류: 자동차, 기차, 버스, 비행기, 지하철, 배, 오토바이 등이 있음.

(2) 오늘날 교통수단의 특징
- 기계의 힘을 이용하고, 교통수단이 다양해짐.
- 먼 곳까지 빠르고 편하게 갈 수 있음.
- 많은 사람과 물건을 실어 나를 수 있음.

(3) 교통수단의 발달로 달라진 사람들의 생활 모습
- 다양한 시설이 늘어나고, 새로운 직업들이 생겨남.
- 사람들이 점점 많아지고, 큰 도시로 발달함.
- 무거운 짐을 한 번에 많이 옮길 수 있게 됨.
- 이동 시간이 크게 줄어들고, 먼 곳으로 편리하게 갈 수 있게 됨.
- 예전에는 가기 어려웠던 곳을 편리하게 갈 수 있게 됨.

05 보기 에서 오늘날 주로 이용하는 교통수단을 모두 골라, 기호를 쓰시오.

보기
㉠ 버스 ㉡ 전차
㉢ 자동차 ㉣ 증기선

( )

06 옛날에 비해 달라진 오늘날 교통수단의 특징으로 알맞은 것은 어느 것입니까? ( )

① 기계의 힘을 이용한다.
② 이동 시간이 많이 걸린다.
③ 환경의 영향을 많이 받는다.
④ 교통수단의 종류가 단순해졌다.
⑤ 자연에서 쉽게 얻을 수 있는 재료를 사용한다.

개념 4 고장의 환경에 따라 사람들이 이용하는 교통수단

(1) 고장의 환경에 따른 교통수단
- 산이 높은 곳: 케이블카, 지프 택시 등
- 농사를 짓는 곳: 모노레일, 경운기 등
- 고기잡이를 하는 곳: 널배, 갯배, 카페리 등

(2) 특수한 목적에 따른 교통수단

관광할 때 이용하는 교통수단	레일 자전거, 관광 열차, 관광 유람선, 시내 관광버스 등
구조할 때 이용하는 교통수단	구조용 특수 소방차, 산악 구조 헬리콥터, 해상 구조 보트 등
여가를 위한 교통수단	자전거, 킥보드, 패러글라이딩, 다양한 보트 등

07 다음과 같은 교통수단이 주로 이용되는 고장의 환경으로 알맞은 것은 어느 것입니까? ( )

① 바닷가 주변
② 산이 높고 험한 곳
③ 농사를 짓는 농촌 지역
④ 조개 따위를 잡는 갯벌 지역
⑤ 길이 가파르고 눈이 많이 오는 곳

08 다음에서 효아가 설명하는 교통수단은 무엇입니까? ( )

효아: 바닷가 갯벌에서 조개 등을 운반할 때 주로 이용해요.

① 널배 ② 갯배
③ 카페리 ④ 지프 택시
⑤ 레일 자전거

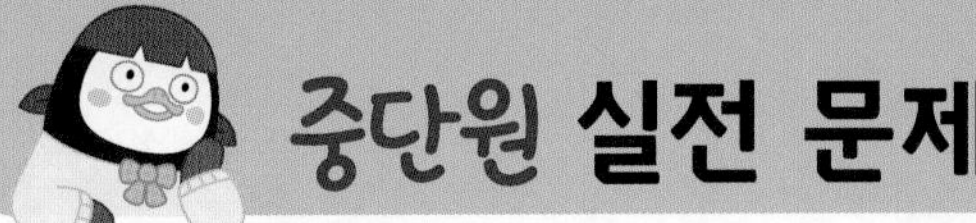

중단원 실전 문제

01 다음에서 설명하는 것은 무엇인지 쓰시오.

- 사람이 이동하거나 물건을 옮기는 데 이용하는 방법이나 도구를 말한다.
- 옛날에는 말, 가마, 소달구지, 뗏목, 증기 기관차 등이 있었고, 오늘날은 자동차, 기차, 버스, 비행기, 널배, 모노레일 등이 있다.

( )

02 옛날의 교통수단 중 이용하는 장소가 다른 하나는 어느 것입니까? ( )

① 말
② 가마
③ 뗏목
④ 인력거
⑤ 소달구지

03 다음과 같은 옛날의 교통수단에 대한 설명으로 알맞은 것은 어느 것입니까? ( )

① 관광할 때 이용했다.
② 물건을 운반할 때 이용했다.
③ 바람의 힘을 이용해 움직였다.
④ 강이나 바다를 건널 때 이용했다.
⑤ 사람이 이동할 때 주로 이용했다.

04 ( ) 안에 들어갈 알맞은 교통수단의 이름을 쓰시오.

과학 기술이 발달하면서 사람이나 동물의 힘을 빌리지 않고 전기의 힘을 이용한 ( )을(를) 타고 여러 명이 함께 이동할 수 있게 되었다.

( )

05 ( ) 안에 공통으로 들어갈 교통수단은 무엇입니까? ( )

- ( )은(는) 수증기를 이용해 움직이는 배이다.
- ( )을(를) 타고 바다를 건너 먼 나라를 갈 수 있었다.

① 기차
② 카페리
③ 비행기
④ 증기선
⑤ 증기 기관차

06 오늘날 주로 이용하는 교통수단이 아닌 것은 어느 것입니까? (　　)

① 
② 
③ 
④ 
⑤ 

07 다음은 오늘날의 교통수단입니다. 이 교통수단의 이름은 무엇입니까? (　　)

① 배
② 트럭
③ 버스
④ 지하철
⑤ 자동차

중요

08 오늘날 교통수단의 특징으로 알맞은 것은 어느 것입니까? (　　)

① 이동 시간이 많이 걸린다.
② 환경을 오염시키지 않는다.
③ 자연환경의 영향을 많이 받는다.
④ 주로 사람이나 동물의 힘을 이용한다.
⑤ 한 번에 많은 물건을 실어 나를 수 있다.

중요

09 교통수단의 발달에 따라 달라진 사람들의 생활 모습으로 알맞지 않은 것은 어느 것입니까? (　　)

① 해외로 여행을 다녀올 수 있다.
② 다른 나라로 물건을 보내기 어렵다.
③ 교통 문제를 해결하는 직업이 생겨났다.
④ 무거운 물건을 한 번에 실어 나를 수 있다.
⑤ 이동 속도가 빨라져 먼 곳도 쉽게 갈 수 있다.

10 다음과 같이 높은 곳을 쉽고 빠르게 올라갈 때 이용하는 교통수단은 무엇인지 쓰시오.

(　　　　　　　　)

11 다음은 송윤이가 오늘날의 교통수단에 대해 조사한 내용입니다. 이 교통수단은 무엇인지 쓰시오.

- 주로 농촌에서 이용한다.
- 무거운 농사용 기구를 옮기거나 농산물을 실어 나른다.

( )

12 다음의 교통수단에 대한 설명으로 알맞은 것은 어느 것입니까? ( )

① 물속을 구경할 때 이용한다.
② 바람의 힘을 이용해 이동한다.
③ 다른 나라로 물건을 운반할 때 이용한다.
④ 갯벌에서 캐낸 조개를 운반할 때 이용한다.
⑤ 사람과 함께 자동차를 실어 섬이나 육지로 운반한다.

13 오늘날 교통수단을 이용하는 모습을 바르게 말한 사람은 누구입니까? ( )

① 효아: 갯배를 타고 섬을 여행해요.
② 가희: 오토바이로 이삿짐을 날라요.
③ 준형: 지하철을 타고 회사에 출근해요.
④ 성주: 경운기를 타고 산을 쉽게 올라가요.
⑤ 효준: 모노레일을 타고 바닷속 여행을 해요.

14 다음의 교통수단을 이용하는 목적으로 알맞은 것은 어느 것입니까? ( )

① 관광을 위해
② 하늘을 날기 위해
③ 물건을 운반하기 위해
④ 강이나 바다를 건너기 위해
⑤ 사람들의 목숨을 구조하기 위해

15 사람들의 목숨을 구조할 때 이용하는 교통수단으로 알맞은 것은 어느 것입니까?( )

①

②

③

④

⑤

16 다음의 시설들과 가장 관련 있는 교통수단은 무엇입니까? (   )

> 주차장, 주유소, 가스 충전소

① 배
② 기차
③ 비행기
④ 카페리
⑤ 자동차

17 다음의 교통수단과 관련 있는 시설은 어느 것입니까? (   )

①

▲ 관제탑

②

▲ 버스 정류장

③
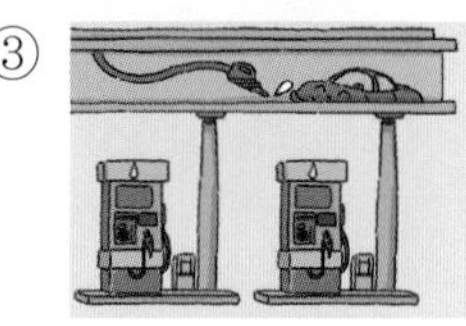
▲ 주유소

④

▲ 가스 충전소

⑤

▲ 여객선 터미널

18 가영이네 가족이 여행을 다녀왔습니다. (   ) 안에 들어갈 알맞은 교통수단은 무엇입니까? (   )

> 가영이네 가족은 먼저 버스를 타고 여객선 터미널로 갔다. 여객선 터미널에서 (   )을(를) 타고 나서 한 시간 후 섬에 도착했다. 섬에 도착해 자동차를 타고 이곳저곳을 구경했다.

① 배
② 기차
③ 지하철
④ 비행기
⑤ 자동차

19 미래에 이용하게 될 교통수단으로 알맞지 않은 것은 어느 것입니까? (   )

① 증기 자동차
② 전기 자동차
③ 태양광 자동차
④ 자율 주행 자동차
⑤ 하늘을 나는 자동차

⊂중요⊃

20 교통수단의 발달로 달라질 미래의 생활 모습으로 볼 수 없는 것은 어느 것입니까? (   )

① 몸이 불편한 사람도 이동하기 쉬워질 것이다.
② 더 먼 곳을 지금보다 빠르게 갈 수 있을 것이다.
③ 운전하는 사람이 없어도 차를 타고 움직일 수 있을 것이다.
④ 운전 미숙이나 졸음운전으로 인한 사고가 많이 줄어들 것이다.
⑤ 휘발유를 사용하는 자동차가 더 많아져 환경이 더욱 나빠질 것이다.

학교에서 출제되는 서술형 평가를 미리 준비하세요.

연습 문제

문제 해결 전략

1 단계	제시된 자료가 무엇인지 파악하기
2 단계	자료에 나타난 교통수단의 종류 찾아내기
3 단계	옛날 교통수단의 특징과 관련지어 서술하기

핵심 키워드

- 옛날 교통수단의 종류
  - 말, 가마, 소달구지, 뗏목, 돛단배 등이 있음.
- 옛날 교통수단의 특징
  - 사람이나 동물, 자연의 힘을 이용함.
  - 자연에서 얻어지는 재료를 사용함.
  - 환경이 오염되지 않음.
  - 힘이 많이 들고, 시간이 오래 걸림.

빈칸을 채우며
서술형 문제의 답안을
작성하는 연습을
해 보세요!

[1~3] 다음은 옛날에 교통수단을 이용하던 모습입니다. 물음에 답하시오.

1 위 그림을 보고, 다음과 같이 정리했습니다. (   ) 안에 알맞은 말을 써넣으시오.

(1) 선비가 (   )을(를) 타고 길을 갑니다.
(2) (   )에 짐을 싣고 길을 가고 있습니다.
(3) 강에서는 (   )와(과) 뗏목을 이용해 이동합니다.

2 위 그림에 나타난 교통수단을 다음과 같이 각각 구분해 쓰시오.

땅에서 이용	(1)
물에서 이용	(2)
사람의 힘을 이용	(3)
동물의 힘을 이용	(4)
바람 등 자연의 힘을 이용	(5)

3 위 그림을 참고해, 옛날 교통수단의 특징을 한 가지만 쓰시오.

정답과 해설 26쪽

실전 문제

[1~3] 다음은 교통수단의 변화를 나타낸 것입니다. 물음에 답하시오.

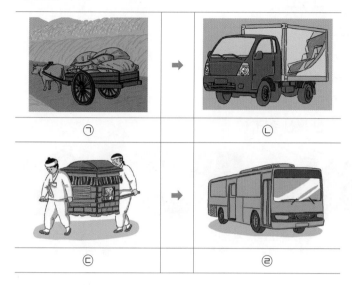

㉠	➡	㉡
㉢	➡	㉣

1 위 그림을 보고, 기호에 해당하는 교통수단의 이름을 각각 쓰시오.

(1) ㉠: (   ) (2) ㉡: (   )
(3) ㉢: (   ) (4) ㉣: (   )

2 위 그림을 보고, 다음과 같이 정리했습니다. (   ) 안에 알맞은 말을 써넣으시오.

(1) 옛날에는 짐을 옮길 때 소를 이용해 물건을 날랐습니다. 오늘날은 많은 양의 물건을 한 번에 실어 나를 수 있으며, 이동 속도도 매우 (   ).

(2) 옛날의 교통수단인 ㉢은 안에 한 사람을 태우고 (   )의 힘을 이용했으나, 오늘날의 교통수단인 ㉣은 (   )의 힘을 이용해 더 많은 사람을 태우고 빠르게 이동할 수 있습니다.

3 옛날의 교통수단과 오늘날의 교통수단을 비교했을 때, 달라진 점을 한 가지만 쓰시오.

____

[4~6] 다음은 서울에 사는 소은이가 쓴 일기의 일부분입니다. 물음에 답하시오.

> 20△△년 △△월 △△일 일요일
> 우리 가족은 이번 휴가에 제주도로 여행을 갔다. 아침 일찍 집 앞 버스 정류장에서 버스를 타고 지하철역으로 갔다. 지하철을 타고 가다가 공항 철도로 갈아타고 공항으로 갔다. 공항에서 비행기를 타고 약 한 시간 후 제주도에 도착했다.
> 미리 예약해 놓은 자동차를 빌려서 제주도의 이곳저곳을 관광했다. 다음날에는 여객선 터미널에서 배를 타고 마라도에 다녀왔다.
> ⋮

4 소은이네 가족이 이용한 교통수단과 교통 시설을 모두 찾아 쓰시오.

(1) 교통수단: (   )
(2) 교통 시설: (   )

5 소은이가 이용한 교통수단 중 지하철의 편리한 점을 한 가지만 쓰시오.

____

____

6 만약 소은이네 가족이 해외여행을 다녀오려고 할 때, 이용하기에 알맞은 교통수단과 그렇게 생각한 까닭을 쓰시오.

(1) 교통수단: (   )
(2) 그렇게 생각한 까닭: ______________________________

____

(2) 통신 수단의 발달과 생활 모습의 변화

1 옛날 사람들이 이용하던 통신 수단

(1) 평상시에 이용한 **통신 수단**

① 직접 가서 말로 전했습니다.

② 서찰(편지)을 사람이 직접 전했습니다.

③ 방을 붙여 소식을 널리 알렸습니다.

(2) 전쟁이나 위급한 상황에 이용한 통신 수단

▲ 파발: 나라의 문서나 긴급한 군사 정보를 사람이 직접 달려가거나 말을 타고 가서 전함.

▲ 봉수: 적이 쳐들어오면 낮에는 연기, 밤에는 횃불을 피워 위급한 상황을 알림.

▲ 신호 연: 암호가 그려진 연을 띄워 작전이 시작되거나 바뀐 것을 알림.

▲ 북: 전쟁터에서 북을 크게 쳐 상황을 알림.

(3) 옛날 통신 수단의 특징

① 사람이 직접 소식을 전하는 경우가 많았습니다.

② 파발, 봉수, 신호 연, 북 등 다양한 방법을 이용해 많은 사람에게 신속하게 소식을 알렸습니다.

2 오늘날 사람들이 이용하는 통신 수단

(1) 오늘날의 통신 수단

▲ 휴대 전화

▲ 컴퓨터

▲ 텔레비전

▲ 길 도우미

① 과학 기술의 발달로 휴대 전화, 컴퓨터, 텔레비전, 길 도우미, 신문, 편지 등 여러 가지 통신 수단을 이용합니다.

② 사람들은 통신 수단을 이용해 다양한 정보나 소식을 서로 주고받습니다.

(2) 오늘날 통신 수단의 특징

① 여러 사람과 동시에 연락할 수 있습니다.

② 여러 사람에게 정보를 실시간으로 전달할 수 있습니다.

③ 한 번에 많은 정보를 주고받을 수 있습니다.

④ 통신 기계 하나로 다양한 통신 방법을 이용할 수 있습니다.

◗ 방
나라에서 어떤 일을 많은 사람에게 알리기 위해 사람들이 많이 모이는 곳에 붙이는 글입니다.

◗ 봉수로 소식을 전하는 방법은?

- 국경에 적이 침입했을 때 빨리 알리기 위해 산과 같은 높은 곳에 봉수대를 설치해 낮에는 연기, 밤에는 횃불로 긴급한 상황을 알렸습니다.
- 우리나라는 남해안부터 함경도까지 봉수대를 갖추어 활용했습니다.
- 연기나 횃불이 피어오르는 개수에 따라 위급한 정도를 알렸습니다. 예 1개: 평상시, 5개: 적의 침입으로 전투 시작
- 먼 곳에 있는 사람들도 봉수의 연기나 횃불만 보고 소식을 알 수 있었습니다.

◗ 무선 호출기
'삐삐'라고 불렸으며, 상대방의 번호로 전화를 걸면 전화번호를 남길 수 있고 간단한 음성 메시지를 저장할 수 있었습니다.

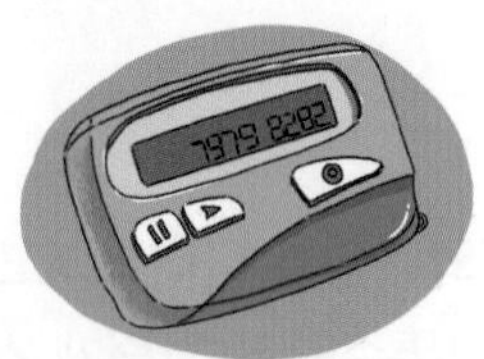

낱말 사전

통신 수단 전화, 편지와 같이 정보를 전달하려고 이용하는 방법이나 도구

3 통신 수단의 발달로 달라진 사람들의 생활 모습

(1) 가정에서의 생활 모습

① 휴대 전화나 인터넷 등을 이용해 시장에 직접 가지 않아도 물건을 살 수 있습니다.

② 다양한 통신 수단을 이용해 여가나 취미 생활을 즐길 수 있습니다.

(2) 학교에서의 생활 모습

① 직접 관찰하기 어려운 것들을 컴퓨터 영상 자료로 볼 수 있습니다.

② 학교 숙제도 인터넷을 이용해 해결할 수 있습니다.

(3) 회사에서의 생활 모습

① 컴퓨터를 이용해 자료를 주고받거나 메신저를 이용해 쉽게 연락할 수 있습니다.

② 화상 회의로 먼 곳에 있는 사람과 회의를 할 수 있습니다.

멀리 떨어진 곳을 통신 회선으로 연결해 텔레비전, 전화 등을 이용해 서로 화상을 보면서 하는 회의임.

4 장소나 하는 일에 따라 다른 통신 수단의 이용 모습

(1) 장소에 따른 이용 모습

① 농촌에서는 집이 모여 있지 않고 농사일을 하러 나가기 때문에 바깥 곳곳에 스피커를 설치해 마을 방송으로 연락합니다.

② 아파트에서는 인터폰을 이용해 연락하고, 아파트에서 알리는 방송을 집 안에 있는 스피커로 들을 수 있습니다.

③ 물속에서 일하는 사람들은 수신호로 의사소통을 합니다.

(2) 하는 일에 따른 이용 모습 → 선생님은 컴퓨터 메신저로 다른 선생님들에게 공지 사항을 알림.

① 전시 해설자는 무선 마이크를 이용해 작품을 설명합니다.

② 경찰관과 소방관, 군인은 무전기를 이용해 동료와 정보를 주고받습니다.

③ 공사 현장에서는 무전기를 이용해 연락을 주고받습니다.

④ 택시 기사와 배달 기사는 휴대 전화로 손님의 요청을 받습니다.

⑤ **항공기 유도원**은 조종사와 수신호로 의사소통을 합니다.

▲ 전시 해설자가 무선 마이크를 이용함.

▲ 경찰관이 무전기를 이용함.

▲ 공사 현장에서 무전기를 이용함.

▲ 항공기 유도원이 수신호를 이용함.

5 통신 수단의 발달로 달라질 미래의 생활 모습

(1) 무선 인터넷이 다양한 물건에 적용되어 사람들의 생활을 더욱 편리하게 만들어 줄 것입니다. 예 스마트 가전 제품

(2) 건강 관리를 돕는 통신 수단을 통해 몸의 건강 상태를 병원에 가지 않고도 점검할 수 있습니다.

(3) 무선 인터넷 등 통신 기술이 자동차와 연결되어 스마트 카를 많이 탈 것입니다.

▸ 전화기의 발달 과정은?

❶ 교환원이 있는 전화

교환원에게 전화를 걸면 교환원이 받아서 원하는 곳으로 전화를 연결해 주었습니다.

❷ 유선 전화(다이얼 전화)

숫자 번호판을 돌리거나 눌러서 상대방에게 직접 전화를 걸 수 있습니다. 전화선이 있는 전화기로만 통화를 할 수 있습니다.

❸ 휴대 전화(무선 전화)

손에 들고 다니는 전화로, 전화선이 없고 전화 통화와 문자 메시지를 보낼 수 있습니다.

❹ 스마트폰

휴대 전화에 컴퓨터 기능이 들어가 인터넷 검색, 사진 촬영, 영상 통화, 전자 우편 보내기 등을 할 수 있습니다.

▸ 통신 수단의 문제점은?

개인 정보 유출, 사이버 예절 부족, 인터넷 게임 중독, 통신 비용 상승 등이 있습니다.

▸ 스마트 가전 제품의 이용 모습은?

- 외출 시에도 집 안의 가전제품을 작동시켜 청소나 빨래를 할 수 있게 됩니다.
- 현재 냉장고에 있는 음식을 점검해 부족한 재료를 온라인으로 주문해 주며, 조리법까지 알려 주게 됩니다.

낱말 사전

항공기 유도원 공항에서 비행기를 안전하게 정해진 장소로 이동하도록 수신호를 통해 안내해 주는 사람

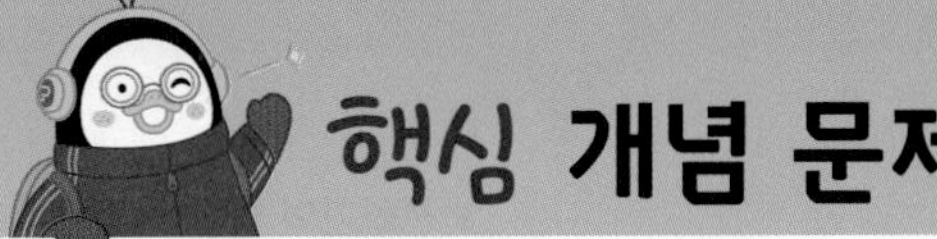

핵심 개념 문제

개념 1 옛날 사람들이 이용하던 통신 수단

(1) 평상시에 이용한 통신 수단
- 직접 가서 말로 전함.
- 서찰(편지)을 사람이 직접 전함.
- '방'을 붙여 여러 사람에게 소식을 널리 알림.

(2) 전쟁이나 위급한 상황에 이용한 통신 수단: 파발, 봉수, 신호 연, 북 등을 이용해 알림.

(3) 옛날 통신 수단의 특징
- 사람이 직접 소식을 전하는 경우가 많음.
- 파발, 봉수, 신호 연, 북 등 다양한 방법을 이용함.

01 사람들이 많이 다니는 곳에 붙여 나랏일을 알리던 옛날의 통신 수단은 무엇입니까? (　　)

① 방
② 서찰
③ 파발
④ 봉수
⑤ 신호 연

02 다음 중 사람이 직접 가서 소식을 전하던 옛날의 통신 수단을 골라 쓰시오.

봉수	파발
신호 연	휴대 전화

(　　　　　)

개념 2 오늘날 사람들이 이용하는 통신 수단

(1) 오늘날의 통신 수단
- 과학 기술의 발달로 휴대 전화, 컴퓨터, 텔레비전, 길 도우미, 신문, 편지 등 여러 가지 통신 수단을 이용함.
- 통신 수단으로 다양한 정보나 소식을 주고받음.

(2) 오늘날 통신 수단의 특징
- 여러 사람과 동시에 연락할 수 있음.
- 정보를 실시간으로 전달할 수 있음.
- 한 번에 많은 정보를 주고받을 수 있음.
- 통신 기계 하나로 다양한 통신 방법을 이용할 수 있음.

03 다음과 같이 사람들이 이용하는 오늘날의 통신 수단은 무엇입니까? (　　)

① 신문　　② 잡지
③ 텔레비전　　④ 길 도우미
⑤ 휴대 전화

04 오늘날 통신 수단의 특징으로 알맞은 것은 어느 것입니까? (　　)

① 휴대 전화로 인터넷을 할 수 없다.
② 정보를 실시간으로 전달할 수 있다.
③ 여러 사람과 동시에 연락하기 어렵다.
④ 직접 가서 소식을 전하는 경우가 많다.
⑤ 소식을 전하는 방법으로 주로 편지를 보낸다.

개념 3 통신 수단의 발달로 달라진 사람들의 생활 모습

(1) 가정에서의 생활 모습
- 휴대 전화나 인터넷 등을 이용해 집에서 물건을 구입함.
- 다양한 통신 수단을 이용해 여가나 취미 생활을 즐김.

(2) 학교에서의 생활 모습
- 텔레비전에 컴퓨터를 연결해 영상 자료를 봄.
- 학교 숙제도 인터넷을 이용해 해결함.

(3) 회사에서의 생활 모습
- 컴퓨터로 자료를 주고받거나 메신저로 연락함.
- 화상 회의로 먼 곳에 있는 사람과 회의를 함.

05 다음과 같은 통신 수단의 이용 모습으로 알맞은 것은 어느 것입니까? (　　)

① 화상 통화로 회의를 한다.
② 무전기를 이용해 연락한다.
③ 메신저를 이용해 일을 한다.
④ 인기 있는 동영상을 시청한다.
⑤ 가게에 직접 가지 않고 물건을 산다.

06 다음 중 알맞은 통신 수단에 ○표 하시오.

오늘날 회사에서는 (컴퓨터 , 텔레비전)(으)로 많은 자료를 주고받으면서 일을 한다.

개념 4 장소나 하는 일에 따른 통신 수단의 이용 모습

(1) 장소에 따른 이용 모습
- 농촌의 주택: 마을 방송으로 연락함.
- 도시의 아파트: 인터폰으로 연락함.
- 물속: 수신호로 의사소통을 함.

(2) 하는 일에 따른 이용 모습
- 전시 해설자는 무선 마이크를 이용함.
- 경찰관과 소방관, 군인은 무전기를 이용함.
- 공사 현장에서는 무전기를 이용함.
- 택시 기사와 배달 기사는 휴대 전화를 이용함.
- 항공기 유도원은 조종사와 수신호로 의사소통을 함.

07 ○ 표시된 것을 설치해 농촌에서 주로 이용하는 통신 수단은 무엇입니까? (　　)

① 수신호　　② 인터폰
③ 무전기　　④ 마을 방송
⑤ 문자 메시지

08 오른쪽 통신 수단을 주로 이용하는 경우는 언제입니까? (　　)

▲ 무선 마이크

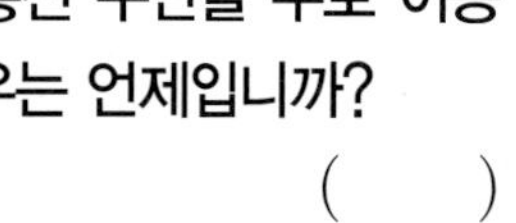

① 공사 현장에서 연락할 때
② 택시 기사가 손님과 연락할 때
③ 전시 해설자가 이동하며 설명할 때
④ 경찰관이 순찰 중에 동료와 연락할 때
⑤ 항공기 유도원이 조종사에게 신호를 보낼 때

중단원 실전 문제

01 다음에서 설명하는 것은 무엇인지 쓰시오.

- 전화, 편지와 같이 정보를 전달하려고 이용하는 방법이나 도구를 말한다.
- 옛날에는 서찰, 파발, 봉수, 북 등이 있었고, 오늘날은 휴대 전화, 컴퓨터, 텔레비전 등이 있다.

(　　　　　　　　)

중요

02 다음에서 설명하는 옛날의 통신 수단은 무엇입니까? (　　)

- 낮에는 연기, 밤에는 횃불을 피워 소식을 전했다.
- 연기나 횃불의 개수에 따라 위급한 정도를 알렸다.

① 북　② 새　③ 봉수　④ 서찰　⑤ 파발

03 옛날 사람들이 전쟁 상황에서 소식을 전하던 방법으로 알맞지 않은 것은 어느 것입니까? (　　)

① 북을 크게 쳐 알렸다.
② 모바일 청첩장을 보냈다.
③ 연기나 횃불을 피워 알렸다.
④ 파발을 이용해 편지를 전달했다.
⑤ 연을 날려 작전에 대한 내용을 알렸다.

04 다음과 같이 사람이 직접 달려가거나 말을 타고 가서 소식을 전하던 옛날의 통신 수단은 무엇입니까? (　　)

① 방　② 북　③ 파발　④ 봉수　⑤ 신호 연

05 옛날 통신 수단의 이름과 모습을 바르게 선으로 이으시오.

(1) 북 •　　• ㉠ 

(2) 방 •　　• ㉡ 

(3) 서찰 •　　• ㉢ 

06 ( ) 안에 들어갈 알맞은 옛날의 통신 수단을 쓰시오.

> 전쟁 중에 적군이 알아차리지 못하도록 서로 다른 암호가 그려진 ( )을(를) 하늘에 띄워 작전을 알렸다.
>
> 

( )

07 오늘날의 통신 수단에 모두 ○표 하시오.

(1)  ( )

(2)  ( )

(3)  ( )

08 다음과 같은 통신 수단의 이용 모습으로 알맞은 것은 어느 것입니까? ( )

① 차 안에서 문자를 보낸다.
② 다른 차와 연락을 할 수 있다.
③ 새로운 곳을 갈 때 길을 안내한다.
④ 여러 사람이 동시에 통화를 할 수 있다.
⑤ 자동차가 위험할 때 119로 전화를 걸어 준다.

중요

09 오늘날 통신 수단의 특징으로 알맞지 않은 것은 어느 것입니까? ( )

① 여러 사람과 동시에 연락할 수 있다.
② 한 번에 정보를 많이 주고받을 수 있다.
③ 여러 사람에게 정보를 빠르게 전달할 수 있다.
④ 통신 기계 하나로 다양한 통신 방법을 이용할 수 있다.
⑤ 옛날보다 통신 수단의 종류는 적지만 전달 속도는 빠르다.

중요

10 통신 수단의 발달로 달라진 사람들의 생활 모습으로 알맞지 않은 것은 어느 것입니까? ( )

① 휴대 전화로 동영상을 보고 있다.
② 비행기표를 휴대 전화로 예매한다.
③ 자전거를 타고 친구들과 공원에 간다.
④ 외국에 사는 친구와 영상 통화를 한다.
⑤ 가게에 가지 않고 집에서 물건을 구입한다.

11 최근 학교에서 통신 수단을 이용하는 모습으로 알맞지 않은 것은 어느 것입니까? ( )

① 종을 쳐서 수업 시작을 알린다.
② 교실 텔레비전으로 아침 방송 조회를 한다.
③ 선생님께서 인터폰으로 다른 반과 연락을 하신다.
④ 선생님께서 컴퓨터로 학습 동영상을 보여 주신다.
⑤ 학생들이 사회 수업 시간에 인터넷을 이용해 다양한 자료를 검색한다.

12 가장 최근에 이용되고 있는 전화기를 보기 에서 골라, 기호를 쓰시오.

보기

㉠ 스마트폰	㉡ 유선 전화
㉢ 휴대 전화	㉣ 교환원이 있는 전화

( )

13 장소와 이용하는 통신 수단이 알맞은 것은 어느 것입니까? ( )

	도시의 아파트	농촌의 주택
①	무전기	마을 방송
②	메신저	무전기
③	인터폰	메신저
④	마을 방송	인터폰
⑤	인터폰	마을 방송

14 사람들이 하는 일에 따른 통신 수단의 이용 모습으로 알맞은 것은 어느 것입니까? ( )

① 경찰관은 편지로 출동할 곳을 알려 준다.
② 택시 기사는 무전기로 손님의 부름 요청을 받는다.
③ 소방관은 실 전화기로 응급 환자의 연락을 받는다.
④ 선생님은 무전기를 이용해 결석한 학생에게 연락한다.
⑤ 마트 직원은 무선 마이크를 이용해 상품에 대해 설명한다.

15 다음과 같이 경찰관이 이용하는 통신 수단은 무엇입니까? ( )

① 인터폰
② 메신저
③ 무전기
④ 휴대 전화
⑤ 무선 마이크

중요

16 오늘날 사람들이 일상생활에서 통신 수단을 이용하는 모습을 두 가지 고르시오. (,)

① 봉수로 연락을 한다.
② 파발로 소식을 전한다.
③ 휴대 전화로 문자를 보낸다.
④ 친구와 직접 만나서 약속을 정한다.
⑤ 텔레비전으로 운동 경기를 시청한다.

17 다음과 같이 통신 수단을 이용해 화면으로 서로 얼굴을 보면서 하는 회의를 무엇이라고 하는지 쓰시오.

( )

18 다음과 같은 곳에서 일하는 사람들이 이용하는 통신 수단은 무엇입니까? ( )

① 편지
② 무전기
③ 수신호
④ 휴대 전화
⑤ 무선 호출기

19 선생님의 질문에 대해 바르게 대답한 사람은 누구인지 쓰시오.

통신 수단의 발달로
미래의 생활 모습은
어떻게 달라질까요?

주원: 통신 수단이 많아져 생활이 불편할 것 같아요.
효은: 통신 수단이 사라져 소식을 전할 수 없을 것 같아요.
소은: 건강 관리를 도와주는 통신 수단을 이용해 병원에 가지 않고도 몸의 건강 상태를 점검할 수 있을 것 같아요.

( )

20 다음에서 설명하는 것은 무엇입니까? ( )

- 무선 인터넷 등 통신 기술이 자동차와 연결되어 있다.
- 목적지를 이야기하면 음성을 인식해 목적지까지 스스로 안전하게 주행을 한다.
- 사고가 나면 자동으로 사고가 발생한 위치를 사고 처리하는 곳으로 보내 준다.

① 무전기
② 스마트폰
③ 길 도우미
④ 스마트 카
⑤ 무선 호출기

학교에서 출제되는 서술형 평가를 미리 준비하세요.

연습 문제

[1~3] 다음을 보고, 물음에 답하시오.

문제 해결 전략

1 단계	제시된 자료가 무엇인지 파악하기
2 단계	그림에 나타난 통신 수단과 생활 모습 찾아내기
3 단계	통신 수단의 발달이 가정생활에 미친 영향 서술하기

1 위 그림에 나타난 통신 수단을 두 가지 이상 쓰시오.

( )

2 위 그림을 보고, 다음과 같이 정리했습니다. ( ) 안에 들어갈 알맞은 말을 쓰시오.

> 어머니는 (㉠)(으)로 인터넷 쇼핑을 하며 물건을 구입하고 계신다. 누나는 (㉡)을(를) 이용해 이메일을 보내고 있으며, 나는 스마트폰으로 동영상을 보고 있다. 그리고 아파트 경비 아저씨는 (㉢)을(를) 이용해 우리 집으로 연락을 하셨다.

㉠: ( ) ㉡: ( ) ㉢: ( )

핵심 키워드

- 오늘날의 통신 수단
  - 스마트폰, 텔레비전, 컴퓨터(인터넷), 인터폰 등이 있음.
- 오늘날 통신 수단의 발달이 가정생활에 미친 영향
  - 직접 가게에 가지 않고 물건을 살 수 있음.
  - 멀리 있는 친구와 소식을 주고받을 수 있음.
  - 다양한 통신 수단을 이용해 여가 생활을 할 수 있음.

빈칸을 채우며 서술형 문제의 답안을 작성하는 연습을 해 보세요!

3 오늘날 통신 수단의 발달이 가정생활에 미친 영향을 통신 수단의 이용 모습과 관련지어 한 가지만 쓰시오.

실전 문제

[1~2] 다음을 보고, 물음에 답하시오.

옛날

다음 달
김대감 댁에
혼사가 있구나.

오늘날

엄마, 사촌 형이
결혼을 한다고
스마트폰으로 청첩장을
보냈네요.
〈결혼합니다〉
축하해 주세요

1 위 그림을 보고, 옛날과 오늘날에 소식을 전하는 방법을 각각 쓰시오.

(1) 옛날: ______________________

____

(2) 오늘날: ______________________

____

2 위 그림을 참고해, 오늘날 통신 수단의 발달로 인한 장점을 한 가지만 쓰시오.

____

____

3 다음을 보고, 불이 난 상황에서 통신 수단이 어떻게 이용되었는지 쓰시오.

119죠? 여기
불이 났어요.

____

____

[4~5] 다음을 보고, 물음에 답하시오.

4 ○ 표시된 스피커를 설치해 농촌에서 주로 이용하는 통신 수단은 무엇인지 쓰시오.

( )

5 [문제 4번]에서 답한 통신 수단을 농촌에서 주로 이용하는 까닭을 한 가지만 쓰시오.

____

____

빈칸을 채우며 이 단원의 핵심 개념을 확인하세요.

교통과 통신 수단의 변화

교통수단의 발달과 생활 모습의 변화

① 옛날 사람들이 이용하던 교통수단

구분		내용
종류	땅	말, 당나귀, 가마, 인력거, 소달구지, 수레 등
	(❶)	뗏목, 나룻배, 돛단배 등
특징		• 사람이나 동물, 자연의 힘을 이용함. • 환경 오염이 되지 않음. • 힘이 들고, 시간이 많이 걸림. • 환경의 영향을 많이 받음.

② (❷)의 힘을 이용한 초기의 교통수단: 전차, 증기선, 증기 기관차, 비행기 등이 있음.

③ 오늘날 교통수단의 발달과 그에 따른 생활 모습의 변화
- 자동차, 기차, 버스, 비행기, 지하철, 배, 트럭, 자전거, 오토바이 등 다양함.
- 먼 곳까지 빠르고 편하게 갈 수 있고, 이동 시간이 크게 줄어듦.
- 기계의 힘을 이용해 힘들이지 않고 쉽게 이동할 수 있음.
- 한 번에 많은 사람과 물건을 실어 나를 수 있음.
- 교통수단의 발달로 주변에 많은 시설과 다양한 직업이 생겨남.
- 고장의 (❸)에 따라 교통수단을 이용하는 모습이 다름. 예 바다: 갯배, 널배 등, 농촌: 모노레일, 경운기 등, 높은 곳: 케이블카, 지프 택시 등

통신 수단의 발달과 생활 모습의 변화

① 옛날의 통신 수단
- 평상시: 사람이 직접 말로 전하거나 서찰, 방 등을 이용함.
- 전쟁이나 위급한 상황: 파발, (❹), 신호 연, 북 등을 이용함.

▲ 파발

② 오늘날의 통신 수단
- 휴대 전화, 텔레비전, 컴퓨터, 편지, 신문, 길 도우미 등으로 다양한 정보나 소식을 서로 주고받음.
- 많은 양의 정보를 한 번에 주고받을 수 있음.
- 실시간으로 빠르게 전달할 수 있음.
- 여러 사람과 동시에 연락할 수 있음.

③ 통신 수단의 발달로 달라진 생활 모습

구분	내용
가정생활	직접 가지 않고 휴대 전화로 물건을 사고, 다양한 여가 생활도 즐김.
학교생활	컴퓨터와 인터넷을 활용해 수업을 함.
회사 생활	멀리 있는 사람과 (❺) 회의를 하고, 직장 메신저를 이용해 사람들과 빠르게 연락함.

④ 장소나 하는 일에 따라 다른 통신 수단의 이용 모습
- 농촌에서는 마을 방송, 아파트에서는 인터폰 등을 이용해 연락함.
- 경찰관은 무전기, 전시 해설자는 무선 마이크, 항공기 유도원은 수신호를 이용해 연락함.

⑤ 통신 수단의 발달로 달라질 미래의 생활 모습
- 무선 인터넷이 여러 물건에 적용되어 사람들의 생활이 더욱 편리해질 것임.
- 자율 주행이 되고 인터넷에 접속도 할 수 있는 스마트 카를 이용할 것임.

정답 ❶ 물 ❷ 기계 ❸ 환경 ❹ 예 봉수 ❺ 화상

사고력 문제 엿보기

오늘날 통신 수단의 문제점 해결해 보기

※ 다음을 보고, 오늘날 통신 수단의 문제점을 해결할 수 있는 방안을 찾아봅시다.

히히! 이 사람의
전화번호, 주민 등록
번호를 알았다.
개인정보

아! 하루 종일
게임만 했네. 공부해야
되는데……. 조금만
더 할까?

나쁜 ×××야,
너는 너무 짜증 나.

이번 달
통신 요금이 많이
나와서 걱정이네.
통신비

어제 본 영화는
정말로 실감 나고
재미있었어.

1 위에 나타난 오늘날 통신 수단의 문제점을 두 가지 이상 쓰시오.

예시 답안 개인 정보가 유출되기 쉽습니다. / 인터넷 게임 중독에 빠집니다. / 인터넷 예절을 지키지 않습니다. / 사이버 폭력이 많아집니다. / 통신 요금이 늘어납니다. / 소음으로 피해를 줍니다. 등

2 위에 나타난 오늘날 통신 수단의 문제점을 한 가지 골라, 그 해결 방법을 쓰시오.

예시 답안
- 인터넷 게임 중독: 시간을 정해 게임을 합니다. / 여가 시간에 밖에 나가 운동을 하거나 놉니다. 등
- 개인 정보 유출: 비밀번호나 아이디를 사이트마다 다르게 사용하고, 주기적으로 바꿉니다. / 이상한 사이트에 가입하지 않습니다. 등

대단원 마무리

3. 교통과 통신 수단의 변화

중요

01 옛날에 사람이 이동할 때 이용하던 교통수단으로 묶인 것은 어느 것입니까? (　　)

① 트럭, 말
② 말, 가마
③ 가마, 수레
④ 가마, 트럭
⑤ 말, 소달구지

02 다음을 보고, (　　) 안에 들어갈 알맞은 말을 쓰시오.

옛날의 교통수단은 주로 (　　　　)(이)나 (　　　　)의 힘을 이용했다.

(　　　　,　　　　)

03 다음은 옛날에 이용하던 교통수단입니다. 교통수단의 이름을 쓰시오.

(　　　　　　　)

04 다음 교통수단들의 공통점으로 알맞은 것을 두 가지 고르시오. (　　,　　)

▲ 증기선

▲ 증기 기관차

① 전기의 힘으로 움직인다.
② 수증기의 힘으로 움직인다.
③ 오늘날 가장 빠른 교통수단이다.
④ 기계의 힘을 이용한 초기 단계의 교통수단이다.
⑤ 최근에 물건을 실어 나르는 데 가장 많이 이용된다.

05 오늘날 주로 이용하는 교통수단으로 묶인 것은 어느 것입니까? (　　)

① 버스, 인력거
② 널배, 증기선
③ 가마, 비행기
④ 전차, 자전거
⑤ 지하철, 자동차

06 오늘날 버스를 이용하기에 알맞은 상황은 어느 것입니까? (　　)

① 이삿짐을 나른다.
② 해외로 출장을 간다.
③ 친구와 집 앞 놀이터에 간다.
④ 학교 운동장에서 축구를 한다.
⑤ 학교에서 친구들과 함께 현장 체험 학습을 간다.

07 밑줄 친 시설과 관련해, ㉠과 ㉡에 들어갈 알맞은 교통수단은 무엇입니까? (　　)

> 효아네 가족은 서울역에서 (㉠)을(를) 타고 김포공항역에 도착했다. 그리고 김포 공항에서 (㉡)을(를) 타고 제주도로 갔다.

	㉠	㉡
①	뗏목	비행기
②	버스	카페리
③	지하철	비행기
④	지하철	카페리
⑤	모노레일	헬리콥터

08 다음 중 자동차와 관련된 시설은 어느 것입니까? (　　)

① 공항
② 항구
③ 주차장
④ 지하철역
⑤ 여객선 터미널

09 오늘날 교통수단의 특징으로 알맞은 것은 어느 것입니까? (　　)

① 시간이 오래 걸린다.
② 교통수단이 단순하다.
③ 주로 자연의 힘을 이용한다.
④ 자연환경의 영향을 많이 받는다.
⑤ 한 번에 많은 물건을 실어 나를 수 있다.

⊂서술형⊃

10 교통수단의 발달로 사람들의 생활 모습이 어떻게 달라졌는지 한 가지만 쓰시오.

____

____

11 다음과 같이 가파른 길을 오르내리거나 농작물을 수확해 운반하는 데 이용하는 교통수단은 무엇입니까? (　　)

① 갯배　② 경운기
③ 카페리　④ 모노레일
⑤ 지프 택시

12 교통수단의 발달로 달라질 미래의 생활 모습으로 볼 수 없는 것은 어느 것입니까? (　　)

① 이동 속도가 더 빨라질 것이다.
② 먼 곳까지 더 빠르게 갈 수 있을 것이다.
③ 친환경 교통수단은 점점 사라질 것이다.
④ 스스로 움직이는 자율 주행 자동차가 많아질 것이다.
⑤ 새로운 에너지로 움직이는 교통수단이 생겨날 것이다.

13 다음을 옛날 평상시와 전쟁 상황에서 이용하던 통신 수단으로 각각 구분해, 기호를 쓰시오.

> ㉠ 서찰을 보낸다.
> ㉡ 신호 연을 띄운다.
> ㉢ 봉수대에 연기나 횃불을 피운다.
> ㉣ 많은 사람이 볼 수 있도록 방을 써서 붙인다.

(1) 평상시: (　　　　,　　　　)
(2) 전쟁 상황: (　　　　,　　　　)

14 옛날의 통신 수단인 봉수에 대한 설명으로 맞으면 ○표, 틀리면 ×표를 하시오.

(1) 날씨에 상관없이 이용하기가 편리했다. (　　)
(2) 연기의 개수에 따라 위급한 정도를 알렸다. (　　)
(3) 낮에는 연기, 밤에는 횃불로 소식을 전했다. (　　)

15 다음에서 설명하는 옛날 통신 수단의 이름을 쓰시오.

> 긴급한 군사 정보를 사람이 직접 달려가거나 말을 타고 가서 전했다.

(　　　　　　)

⊂중요⊃
16 오늘날 이용되는 통신 수단이 아닌 것은 어느 것입니까? (　　)

① 북　② 편지
③ 신문　④ 인터폰
⑤ 텔레비전

17 다음 통신 수단의 이용 모습으로 알맞지 않은 것은 어느 것입니까? (　　)

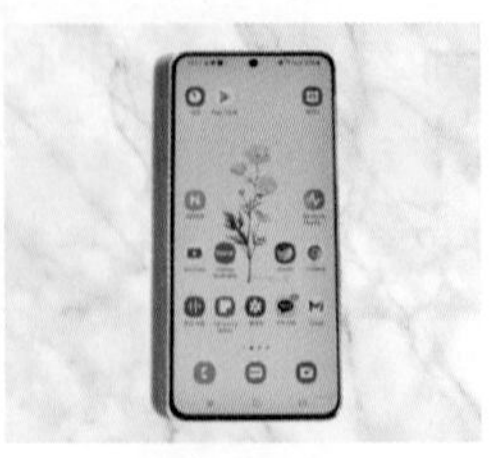

① 집에서 물건을 주문한다.
② 지하철 안에서 문자를 보낸다.
③ 인터넷으로 동영상을 시청한다.
④ 밖에서는 음성 통화만 가능하다.
⑤ 궁금한 것을 검색해 알아볼 수 있다.

⊂서술형⊃
18 옛날 평상시에 이용하던 통신 수단과 비교해, 오늘날 평상시에 이용하는 통신 수단의 장점을 한 가지만 쓰시오.

____

____

19 다음에서 설명하는 통신 수단을 주로 이용하는 장소로 가장 알맞은 곳에 ○표 하시오.

> • 컴퓨터로 서류를 처리하고 자료를 주고받는다.
> • 멀리 있는 사람과 영상으로 실시간 회의를 한다.
> • 컴퓨터에 있는 자료를 스크린에 보이게 해 설명하며 회의한다.

집 (　　)　학교 (　　)　회사 (　　)

⊂서술형⊃

20 오늘날 가정에서 이용하고 있는 통신 수단을 한 가지 골라, 통신 수단의 이름과 그 이용 모습을 각각 쓰시오.

(1) 통신 수단 이름: (   )

(2) 이용 모습: ______________________

____

21 (   ) 안에 들어갈 알맞은 말은 무엇입니까? (   )

> 도시의 아파트에서는 한 건물에 여러 집이 있어서 (   )을(를) 이용해 다른 집이나 경비실에 연락한다.

① 무전기
② 수신호
③ 인터폰
④ 마을 방송
⑤ 문자 메시지

22 다음에서 이용하고 있는 통신 수단의 이름을 쓰시오.

(   )

23 다음과 같은 직업을 가진 사람들이 일할 때 공통으로 이용하는 통신 수단은 무엇입니까? (   )

① 마이크　② 수신호　③ 인터폰
④ 컴퓨터　⑤ 휴대 전화

24 통신 수단의 발달로 달라진 사람들의 생활 모습으로 알맞은 것은 어느 것입니까? (   )

① 직접 만나서 회의를 한다.
② 필요한 서류를 직접 전달한다.
③ 시장에 직접 가서 물건을 산다.
④ 친구들과 직접 만나서 과제를 의논한다.
⑤ 직접 관찰하기 어려운 것들을 컴퓨터 영상으로 본다.

⊂중요⊃

25 다음과 같은 통신 수단이 생기면 달라질 미래의 생활 모습으로 알맞은 것은 어느 것입니까? (   )

① 목적지까지 안전하게 데려다준다.
② 병원에 가지 않고 진료를 받을 수 있다.
③ 음성 인식으로 자율 주행을 할 수 있다.
④ 내 생각을 읽어서 자동으로 문자가 전송된다.
⑤ 교통사고가 발생했을 때 자동으로 사고 처리를 해 준다.

수행 평가 미리 보기

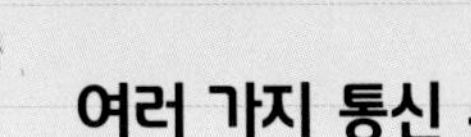

여러 가지 통신 수단의 종류와 편리한 점 알기

선생님의 출제 의도

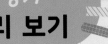

이 단원에서는 옛날과 오늘날의 통신 수단에 대해 공부했습니다. 오늘날은 옛날에 비해 통신 수단의 종류가 다양해지고 기능이 매우 발달해 생활이 더욱 편리해졌습니다. 일상생활에서 하루 동안 이용하는 통신 수단도 매우 다양하고 특징도 각각 다릅니다.

이처럼 수행 평가에서는 사례를 통해 앞서 배운 핵심 개념을 잘 이해하고 있는지를 종합적으로 묻는 문제가 출제될 수 있으니, 늘 공부하면서 실생활에 접목시켜 생각해 보는 연습을 해 보세요.

수행 평가 문제

◑ 다음을 읽고, 물음에 답해 봅시다.

> 나는 아침에 스마트폰 알람 소리를 듣고 일어났다. 텔레비전 뉴스에서 소나기가 올 거라는 일기 예보를 본 엄마께서는 우산을 챙겨 가라고 말씀하셨다. 그래서 우산을 챙겨 학교로 갔다.
>
> 9시가 되자, 교실 텔레비전으로 아침 방송 조회를 시청했다. 선생님께서는 과학 수업 시간에 화산 폭발 장면을 컴퓨터 동영상을 실행해 보여 주셨다.
>
> 수업을 마치고 집으로 돌아와 과제를 했다. 컴퓨터를 켜 인터넷을 이용해 자료를 검색하고 수집하며 내가 맡은 주제에 대해 조사했다. 과제를 다하고 나서 스마트폰으로 좋아하는 동영상을 봤다. 엄마께서는 인터폰으로 경비 아저씨의 연락을 받고 택배를 찾으러 가셨다. 그러던 중 출장을 가신 아빠께서 전화를 하셔서 영상으로 통화를 했다.

1 윗글에 나타난 통신 수단을 모두 써 봅시다.

( )

2 윗글을 참고해 스마트폰의 편리한 점을 한 가지 이상 써 봅시다.

____

____

3 윗글을 참고해 오늘날 통신 수단의 발달에 따른 생활 모습의 변화를 써 봅시다.

____

____

평가 기준

잘함	보통	노력 요함
오늘날 이용되는 통신 수단의 종류를 알고, 스마트폰의 편리한 점과 생활 모습의 변화를 자세하게 설명할 수 있다.	오늘날 이용되는 통신 수단의 종류를 알고 있으나, 스마트폰의 편리한 점과 생활 모습의 변화를 간략하게 설명할 수 있다.	오늘날 이용되는 통신 수단의 종류를 알지 못하고, 스마트폰의 편리한 점과 생활 모습의 변화를 설명하지 못한다.

수행 평가 예시 답안

1. 스마트폰, 텔레비전, 컴퓨터, 인터넷, 인터폰

2. ㉮ 동영상을 볼 수 있다.
   여러 사람과 동시에 메시지를 주고받을 수 있다.
   검색을 통해 정보를 얻을 수 있다.
   영상 통화를 할 수 있다. 등

3. ㉮ 여러 사람에게 동시에 실시간으로 소식을 알릴 수 있다.
   여러 사람과 동시에 연락을 할 수 있다.
   기계 하나로 다양한 통신 방법을 이용할 수 있다. 등

수행 평가 **꿀팁**

통신 수단의 특징을 찾기 어렵다면?

먼저 제시된 글을 읽으면서 생활 모습을 살펴보며, 통신 수단에 밑줄을 그어 봅니다. 통신 수단에 대한 문제이므로 통신 수단을 주의 깊게 살펴봐야 해요. 통신 수단에 따라 어떻게 이용했는지를 살펴보면 힌트를 얻을 수 있어요. 옛날보다 좋아지거나 편리해진 점을 생각해 보면 훨씬 쉽게 답을 찾을 수 있답니다.

MEMO

BOOK 1

개념책

BOOK 1 개념책으로 **학습 개념**을
확실하게 공부했나요?

BOOK 2

실전책

BOOK 2 실전책에는 **요점 정리**가
있어서 **공부한 내용을 복습**할 수 있어요!
단원평가가 들어 있어
내 실력을 확인해 볼 수 있답니다.

초등 EBS 인터넷·모바일·TV 무료 강의 제공

초 | 등 | 부 | 터 EBS

예습, 복습, 숙제까지 해결되는

교과서 완전 학습서

BOOK 2
실전책

사회 3-1

EBS

초등부터 EBS

연산 드릴 일일 학습서 만점왕 연산

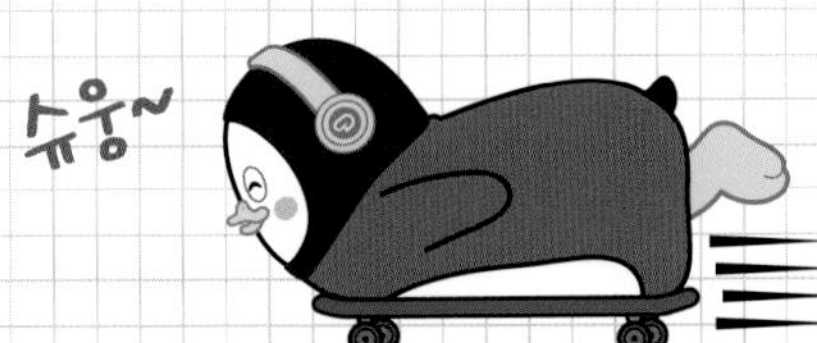

단/계/별/구/성

- Pre 1 ~ 2단계 예비 초
- 1 ~ 2단계 초1
- 3 ~ 4단계 초2
- 5 ~ 6단계 초3
- 7 ~ 8단계 초4
- 9 ~ 10단계 초5
- 11 ~ 12단계 초6

하루 2쪽	주제별 원리와 연산 드릴 문제	군더더기 없는 구성
가벼운 학습	반복 훈련	연산 최적화

BOOK 2
실전책
만점왕
사회
3-1

자기주도 활용 방법

BOOK 2 실전책

시험 2주 전 공부

핵심을 복습하기

시험이 2주 남았네요. 이럴 땐 먼저 핵심을 복습해 보면 좋아요.

만점왕 북2 실전책을 펴 보면

각 단원별로 핵심 정리와 쪽지 시험이 있습니다.

정리된 핵심 복습을 읽고 쪽지 시험을 풀어 보세요.

문제가 어렵게 느껴지거나 자신 없는 부분이 있다면

북1 개념책을 찾아서 다시 읽어 보는 것도 도움이 돼요.

시험 1주 전 공부

시간을 정해 두고 연습하기

앗, 이제 시험이 일주일 밖에 남지 않았네요.

시험 직전에는 실제 시험처럼 시간을 정해 두고 문제를 푸는 연습을 하는 게 좋아요.

그러면 시험을 볼 때에 떨리는 마음이 줄어드니까요.

이때에는 **만점왕 북2의 중단원 확인 평가, 대단원 종합 평가, 서술형 평가**를

풀어 보면 돼요.

시험 시간에 맞게 풀어 본 후 맞힌 개수를 세어 보면

자신의 실력을 알아볼 수 있답니다.

이 책의 **차례** CONTENTS

BOOK 2 실전책

중단원 핵심 복습 1단원 (1)

1 우리 고장의 모습 떠올리기

(1) 고장에는 여러 장소가 있음.
- 사람들이 모여 사는 곳을 고장이라고 함.
- 고장은 각각 위치하고 있는 곳이 다름.
- 고장에는 학교, 공원, 도서관, 시장, 소방서, 경찰서, 놀이터, 산, 강 등 다양한 장소가 있음.
- 고장마다 그 모습이 다양함.

(2) 고장의 여러 장소를 떠올려 봄.
- 자주 가는 곳, 친구나 가족과 함께한 경험 등을 중심으로 고장의 여러 장소를 떠올릴 수 있음.
- 사진첩, 고장 지도 등을 활용해 고장의 여러 장소를 떠올릴 수 있음.

(3) 고장의 장소에 대한 생각과 느낌
- 고장에는 다양한 장소가 매우 많음.
- 사람들이 자주 가는 장소, 사람들에게 도움을 주는 장소 등이 있음.
- 사람들마다 떠올린 장소는 같기도 하고 다르기도 함.
- 고장의 장소에 대한 생각과 느낌은 서로 다름.

2 우리 고장의 모습 그려 보기

고장의 여러 장소 중 그리고 싶은 장소 몇 곳을 정함.

중요하다고 생각한 장소들과 길 등을 그림.

색을 칠하고 장소에 대한 설명이나 느낌을 표시함.

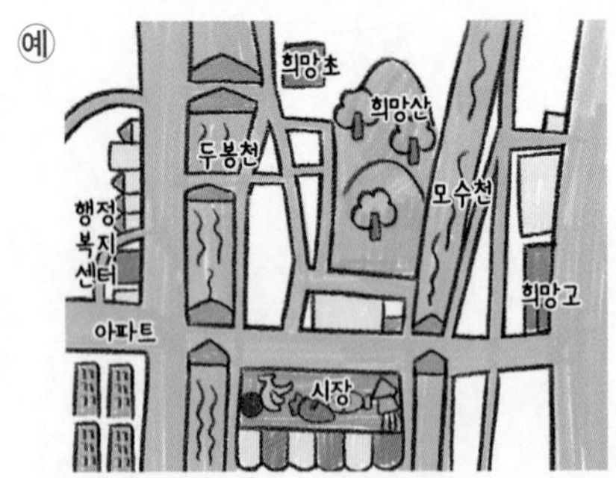

3 우리 고장의 모습을 그린 그림 비교하기

(1) 공통점으로 비교하기: 두 그림에 공통적으로 있는 자연이나 건물의 이름, 위치, 크기, 모양 등을 찾음.

(2) 차이점으로 비교하기: 어느 한쪽의 그림에만 있는 자연이나 건물의 이름, 위치, 크기, 모양 등을 찾음.

(3) 고장의 모습을 그린 그림을 비교한 예시

공통점	• 산, 도로, 학교가 있음. • 산은 초록색으로 칠함. • 산, 아파트, 집의 모양이 비슷함.
차이점	• 자연과 건물의 위치가 조금씩 다름. • 도로의 모양과 색깔이 다름. • 한쪽 그림에 없는 장소가 다른 그림에는 있음.

(4) 사람마다 그린 고장의 모습과 방법이 다름.

4 우리 고장의 모습을 그린 그림이 서로 비슷하기도 하고 다르기도 한 까닭

(1) 사람마다 겪은 경험이 비슷하거나 다르기 때문임.

(2) 사람마다 중요하게 생각하는 것이 다르기 때문임.

(3) 사람마다 표현하는 방법이 다르기 때문임.

5 우리 고장에 대한 생각과 느낌 나누기

(1) 각자의 경험에 따라 고장에 대한 생각과 느낌이 다를 수 있음.

(2) 사람에 따라 관심 있는 것이 다르므로 서로의 생각과 느낌을 이해해야 함.

(3) 고장에 대한 서로의 생각과 느낌을 존중해야 함.

중단원 쪽지 시험

1 (1) 우리가 생각하는 고장의 모습

정답과 해설 33쪽

01 사람들이 모여 사는 곳을 무엇이라고 부릅니까?

( )

02 고장의 여러 장소 중 우리가 공부를 하기 위해 가며, 선생님, 친구들과 함께 생활하는 곳은 어디입니까?

( )

03 집 주변에 있는 장소로, 친구들과 놀이를 할 수 있도록 만들어진 곳은 (놀이터 , 소방서)입니다.

04 고장의 장소에 대한 생각과 느낌은 사람마다 서로 (같습니다 , 다릅니다).

05 우리 고장의 모습을 그릴 때는 고장의 장소를 (모두 , 몇 곳만) 그려야 합니다.

06 고장의 모습을 그린 그림에서 산, 강은 (자연 , 건물)의 모습을 그린 것입니다.

07 우리 고장의 모습을 그린 그림을 비교할 때, 두 그림에 있는 비슷한 것을 찾아내는 것은 (공통점 , 차이점)을 찾는 방법입니다.

08 우리 고장의 모습을 그린 그림을 비교해 차이점을 찾을 때, (어느 한쪽, 양쪽)에(만) 있는 자연이나 건물의 이름, 위치, 모양 등을 찾아봅니다.

09 고장을 그린 그림이 서로 비슷하기도 하고 다르기도 한 것은 사람마다 (경험 , 이름)이 다르기 때문입니다.

10 고장에 대한 생각과 느낌이 서로 다를 수 있으므로 우리는 서로의 생각과 느낌을 (무시 , 존중) 해야 합니다.

중단원 확인 평가

1 (1) 우리가 생각하는 고장의 모습

01 고장에 대한 설명으로 옳지 않은 것은 어느 것입니까? (　　)

① 고장의 모습은 모두 같다.
② 사람들이 모여 사는 곳이다.
③ 산, 하천과 같은 자연의 모습이 있다.
④ 사람들은 저마다 각자의 고장에 속해 있다.
⑤ 아파트, 놀이터와 같이 사람들이 만든 것도 있다.

02 우리 고장의 장소를 말한 사람은 누구입니까? (　　)

① 혜진: 나는 오늘 8시에 일어났어.
② 효아: 옛날이야기는 정말 재미있어.
③ 경민: 운동을 열심히 해야 건강해져.
④ 재진: 우리 아빠는 떡볶이를 맛있게 만드셔.
⑤ 안산: 학교 앞 문방구는 내가 자주 가는 곳이야.

03 다음은 어떤 자료를 이용해 고장의 모습을 떠올린 것입니까? (　　)

① 지도　② 사진첩
③ 안내도　④ 백과사전
⑤ 홍보 책자

04 다음에서 밑줄 친 '이곳'은 어디입니까? (　　)

> 성주는 우리 고장의 장소 중 이곳을 떠올렸다. 이곳은 사람들이 아플 때 찾는 곳으로, 치료를 받거나 약을 처방받기도 한다.

① 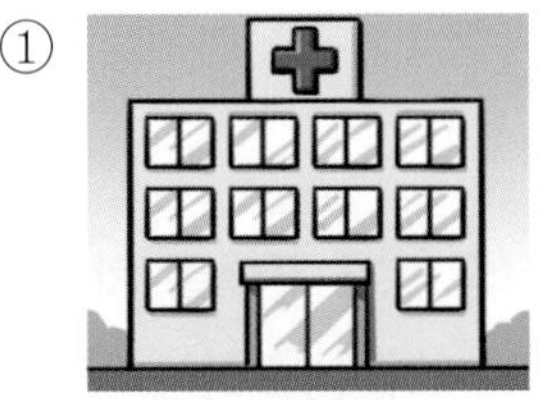
▲ 병원

② 

▲ 소방서

③ 
▲ 놀이터

④ 
▲ 체육관

⑤ 
▲ 버스 터미널

서술형 05 다음 일기를 통해 알 수 있는 점은 무엇인지 쓰시오.

> 20△△년 △△월 △△일 날씨: 맑음
> 수업 시간에 우리 고장에 대한 생각과 느낌을 발표했다. 나는 우리 고장에 시설들이 많아서 편리하다고 생각했는데, 내 짝 효준이는 산의 경치가 너무 좋아서 아름다운 고장이라고 생각했다.

친구들마다 고장에 대한 ____________________

____

06 다음은 제덕이가 떠올린 우리 고장의 장소입니다. 이 장소와 관련 있는 설명은 어느 것입니까? (   )

① 경치가 좋고 공기가 맑은 곳이다.
② 공부에 필요한 물건을 사는 곳이다.
③ 친구들과 놀기 위해 만나는 곳이다.
④ 가족들이 잠을 자고 살아가는 곳이다.
⑤ 다른 곳으로 이동할 때 이용하는 곳이다.

07 다음과 같은 주제로 고장의 모습을 떠올릴 때, 주제에 어울리는 장소로 알맞지 않은 곳은 어디입니까? (   )

주제: 친구들이 공부를 하거나 놀기 위해 자주 가는 장소로 떠올리기

① 학교 ② 공원
③ 시청 ④ 놀이터
⑤ 도서관

중요
08 우리 고장의 모습을 떠올려 보는 활동에 대한 설명으로 알맞은 것을 두 가지 고르시오. (,   )

① 다양한 장소가 있다.
② 자주 가 본 장소만 떠올린다.
③ 자연과 관련 있는 장소도 있다.
④ 사람들마다 떠올린 장소가 같다.
⑤ 장소에 대한 느낌은 모두 똑같다.

09 고장의 모습을 그릴 때, 가장 마지막에 해야 할 일은 무엇입니까? (   )

① 길 그리기
② 그리고 싶은 장소 정하기
③ 고장의 여러 장소 떠올리기
④ 중요하다고 생각한 장소 그려 넣기
⑤ 장소에 대한 설명이나 느낌 표시하기

10 고장의 모습을 그릴 때 다음과 같은 장소를 그려 넣었습니다. 이 장소는 어디인지 보기 에서 골라 쓰시오.

보기
다리, 시장, 놀이터, 행정 복지 센터

(   )

11 다음 송윤이가 그린 고장의 모습에 대한 설명으로 알맞은 것은 어느 것입니까? (　　)

① 길을 그려 넣었다.
② 자연의 모습을 그렸다.
③ 문화재를 중심으로 그렸다.
④ 미래의 모습을 상상해서 그렸다.
⑤ 자주 가는 곳을 중심으로 그렸다.

[12~13] 다음은 고장의 모습을 그린 그림입니다. 물음에 답하시오.

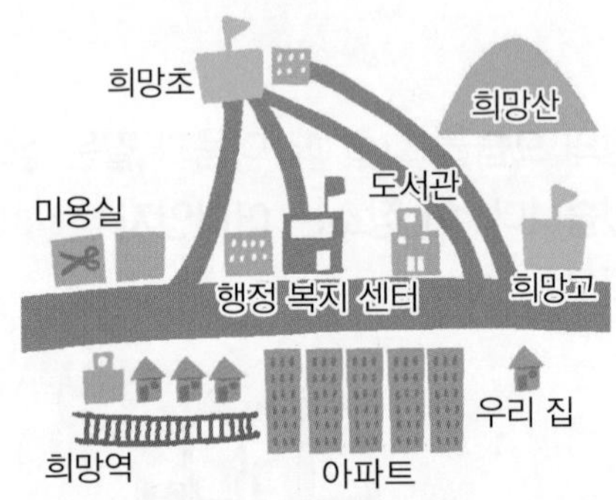

12 위 그림에 나타나지 <u>않은</u> 장소는 어디입니까? (　　)

① 산
② 공원
③ 도서관
④ 아파트
⑤ 행정 복지 센터

13 위 그림에 나타난 장소 중 사람들에게 여러 가지 증명서를 발급해 주는 곳을 찾아 쓰시오.

(　　　　　　　　　　)

[14~15] 다음 그림을 보고, 물음에 답하시오.

(가)　　　　　(나)

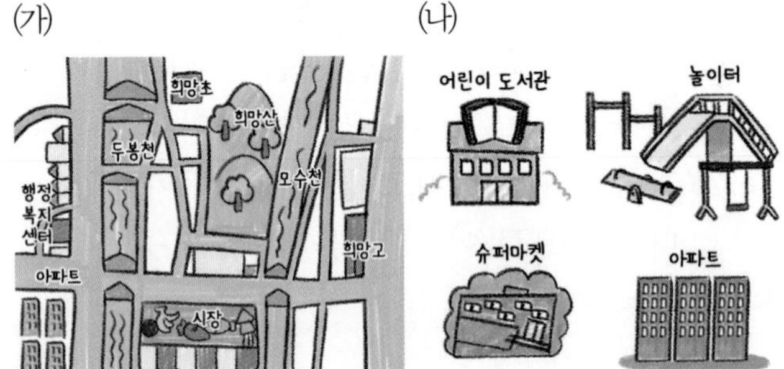

14 (가)와 (나) 그림에 공통적으로 있는 장소는 어디입니까? (　　)

① 시장
② 하천
③ 도서관
④ 아파트
⑤ 슈퍼마켓

15 (가)와 (나) 그림을 바르게 비교한 것을 두 가지 고르시오. (　　,　　)

① (가)는 (나)보다 그려진 장소가 더 많다.
② (가)는 단순하고, (나)는 좀 더 복잡하다.
③ (가)에는 길이 있고, (나)에는 길이 없다.
④ (가)와 (나)에 그려진 장소의 모습은 모두 같다.
⑤ (나)는 산, 강 등 자연의 장소를 위주로 그렸다.

[16~17] 다음 고장의 모습을 그린 그림을 보고, 물음에 답하시오.

16 위 그림에 있는 장소 중 다음과 같은 모습을 볼 수 있는 곳은 어디입니까? ( )

> 학교를 오고 가는 길에 주로 들르며, 공부에 필요한 여러 가지 준비물이나 학용품을 산다.

① 공원
② 서점
③ 문구점
④ 슈퍼마켓
⑤ 초등학교

17 ㉠은 고장의 어떤 장소를 그린 것입니까? ( )

① 은행
② 시장
③ 보건소
④ 기차역
⑤ 버스 터미널

18 다음과 같이 고장의 모습을 그린 그림을 비교하는 방법으로 알맞은 것은 어느 것입니까? ( )

> • 두 그림의 비슷한 점을 찾는다.
> • 두 그림에 모두 있는 장소를 찾는다.
> • 같은 모양이나 색으로 칠해진 장소를 찾는다.

① 공통점으로 비교하기
② 차이점으로 비교하기
③ 각자의 느낌으로 비교하기
④ 각자의 경험으로 비교하기
⑤ 장소에 대한 주제로 비교하기

중요
19 고장의 모습을 그린 그림이 서로 다른 까닭을 모두 고른 것은 어느 것입니까? ( )

> ㉠ 사람마다 경험이 다를 수 있다.
> ㉡ 사람마다 떠올리는 장소가 다를 수 있다.
> ㉢ 사람마다 중요하게 생각하는 것이 다를 수 있다.

① ㉠
② ㉠, ㉡
③ ㉠, ㉢
④ ㉡, ㉢
⑤ ㉠, ㉡, ㉢

서술형
20 고장에 대한 생각과 느낌을 나눌 때 필요한 태도는 무엇인지 쓰시오.

___

___

중단원 핵심 복습 1단원 (2)

1 우리 고장의 모습을 살펴보는 방법

(1) 높은 곳에 올라가서 살펴봄.
(2) 우리나라 지도로 살펴봄.
(3) 고장의 안내도로 살펴봄.
(4) 드론을 이용해 살펴봄.
(5) 디지털 영상 지도로 살펴봄.

2 디지털 영상 지도로 우리 고장의 모습 살펴보기

(1) 디지털 영상 지도

디지털 영상 지도	• 비행기와 인공위성을 이용해서 찍은 사진으로 만든 지도임. • 디지털 영상 지도를 이용하면 우주에서 내려다본 것처럼 고장을 살펴볼 수 있음.
편리한 점	• 컴퓨터와 스마트폰에서 쉽게 이용할 수 있음. • 고장의 위치를 쉽게 파악할 수 있음. • 고장의 전체적인 모습을 살펴보기 편리함. • 고장의 다양한 장소를 빠르게 찾을 수 있음. • 고장의 실제 모습을 자세하고 생생하게 살펴볼 수 있음.
생활 속의 이용	• 인터넷으로 위치 찾기 • 운전할 때 길 찾기 • 지도에서 위치 찾기 ▲ 길 도우미(내비게이션)

(2) 디지털 영상 지도로 살펴본 고장의 모습

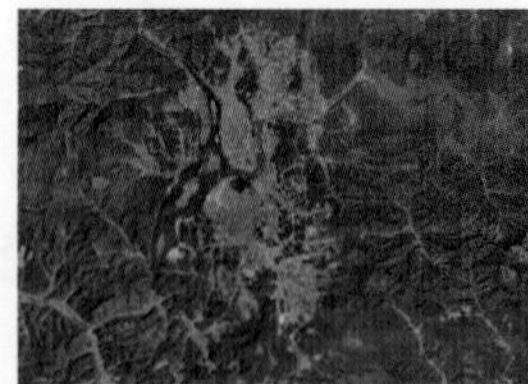
▲ 디지털 영상 지도로 살펴본 고장의 전체적인 모습

▲ 디지털 영상 지도로 살펴본 고장의 자세한 모습

3 디지털 영상 지도를 이용하는 방법

(1) 국토 지리 정보원의 디지털 영상 지도를 이용하는 방법
국토 지리 정보원 누리집(www.ngii.go.kr)에 접속하기 ➡ '국토 정보 플랫폼'을 누르기 ➡ '국토 정보 맵' → '통합 지도 검색'에 들어가기 ➡ '지도 선택'에서 '영상 지도'를 누르고 검색창에 장소 입력하기 ➡ 지도를 확대, 축소, 이동하며 살펴보기
(2) 위치 찾기 기능, 이동 기능, 확대와 축소 기능, 다른 종류의 지도로 바꾸는 기능 등 디지털 영상 지도의 다양한 기능을 이용해 고장의 모습을 살펴봄.

4 우리 고장의 주요 장소를 백지도에 나타내기

백지도	산, 강, 길 등 주요 지형지물의 윤곽이 밑그림으로 그려져 있는 지도임.
나타내는 방법	백지도에 나타내고 싶은 장소 정하기 → 디지털 영상 지도에서 선택한 장소 찾기 → 백지도에 찾은 장소 표시하기 → 다양한 방법으로 표현해 완성하기

▲ 고장의 주요 장소를 백지도에 표시함.

5 우리 고장 소개하기

(1) 고장의 자랑할 만한 장소를 조사하는 방법
- 고장의 누리집이나 관광 누리집 찾아보기
- 고장의 안내 책자나 홍보물 찾아보기
- 면담이나 답사로 찾아보기

(2) 고장의 안내도 만드는 방법: 고장의 백지도 준비하기 ➡ 표시하고 싶은 건물이나 장소를 백지도에 표시하기 ➡ 주요 장소의 위치나 특징을 정리한 장소 카드 붙이기

중단원 쪽지 시험

1 (2) 하늘에서 내려다본 고장의 모습

정답과 해설 34쪽

01 우리 고장의 모습을 살펴보려면 (높은 , 낮은) 곳에 가서 고장의 전체 모습을 보도록 합니다.

02 비행기와 인공위성을 이용해 찍은 사진으로 만든 지도를 무엇이라고 부릅니까?

( )

03 디지털 영상 지도를 이용하면 고장의 실제 모습을 (간단하게 , 자세하게) 살펴볼 수 있습니다.

04 디지털 영상 지도를 이용하면 고장의 (위치 , 유래)를 쉽게 파악할 수 있습니다.

05 디지털 영상 지도에서 어떤 장소나 건물을 찾을 때 (검색 , 삭제) 기능을 이용합니다.

06 디지털 영상 지도에서 특정 위치의 모습을 좀 더 자세히 살펴보려면 (축소 , 확대) 기능을 이용합니다.

07 산, 강, 큰길 등의 밑그림만 그려져 있고, 글자나 기호가 표시되어 있지 않은 지도를 무엇이라고 합니까?

( )

08 백지도에 고장의 주요 장소를 나타낼 때 (세계 지도 , 디지털 영상 지도)에서 선택한 장소를 찾아봅니다.

09 우리 고장의 자랑할 만한 장소를 조사할 때는 고장을 소개하는 (누리집 , 일기장)을 찾아봅니다.

10 고장의 백지도에 주요 장소의 위치나 특징을 표시해 고장의 (안내도 , 인구분포도)를 만들 수 있습니다.

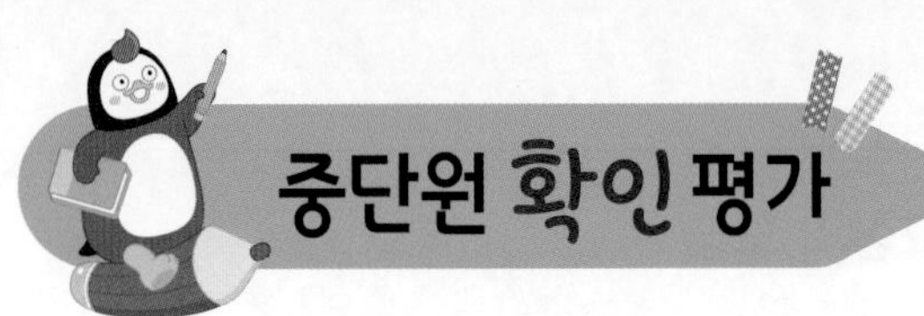

중단원 확인 평가

01 다음은 우리 고장의 같은 장소를 여러 방향에서 찍은 것입니다. 위에서 내려다보고 찍은 것은 어느 것입니까? (　　)

㉠

㉡

㉢

㉣

① ㉠　② ㉡
③ ㉢　④ ㉣
⑤ ㉡, ㉢

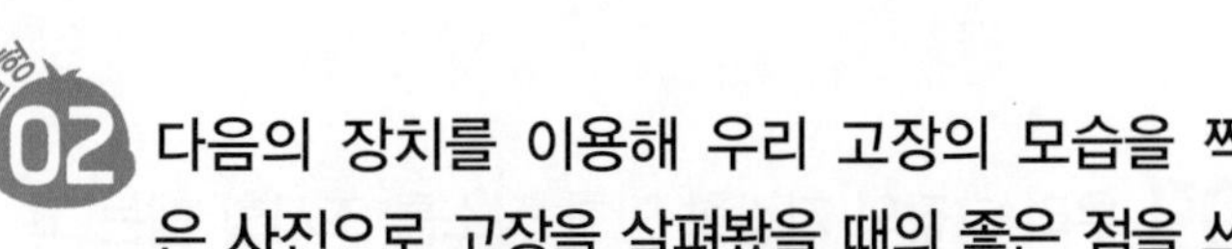

서술형 **02** 다음의 장치를 이용해 우리 고장의 모습을 찍은 사진으로 고장을 살펴봤을 때의 좋은 점을 쓰시오.

▲ 인공위성

____

____

03 고장의 실제 모습을 생생하게 살펴보려고 할 때 이용할 수 있는 것은 어느 것입니까? (　　)

① 드론
② 신문
③ 안내도
④ 백지도
⑤ 백과사전

[04~05] 다음은 성주네 고장을 찍은 모습입니다. 물음에 답하시오.

(가)

(나)

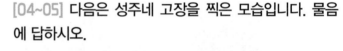

04 위와 같은 지도를 무엇이라고 합니까? (　　)

① 전도
② 안내도
③ 백지도
④ 입체 지도
⑤ 디지털 영상 지도

05 (가)와 (나) 중 성주네 고장의 전체적인 모습을 살펴보기에 알맞은 것은 어느 것인지 기호를 쓰시오.

(　　　　　　　　)

중요

06 디지털 영상 지도를 이용해 우리 고장을 살펴볼 때의 편리한 점을 두 가지 고르시오.

(,)

① 고장의 유래를 알 수 있다.
② 고장의 인구수를 알 수 있다.
③ 고장의 유명한 인물을 알 수 있다.
④ 고장의 모습을 생생하게 볼 수 있다.
⑤ 컴퓨터나 스마트폰으로 쉽게 이용할 수 있다.

07 다음 디지털 영상 지도로 우리 고장의 주요 장소를 찾으려 합니다. 순서에 맞게 기호를 쓰시오.

> ㉠ '지도 선택'에서 '영상 지도' 누르기
> ㉡ 국토 지리 정보원 누리집 접속하기
> ㉢ 검색창에 찾고자 하는 장소 입력하기

(→ →)

08 다음은 디지털 영상 지도를 이용하는 방법입니다. ( ) 안에 들어갈 알맞은 말은 무엇입니까?

( )

> 디지털 영상 지도 누리집의 검색창에서 찾고자 하는 장소를 입력하면 지도에서 ( ) 를 찾을 수 있다.

① 유래 ② 높이 ③ 위치
④ 넓이 ⑤ 길이

09 디지털 영상 지도로 우리 고장의 모습을 살펴볼 때, 다음의 단추들을 이용하면 좋은 점은 무엇입니까? ( )

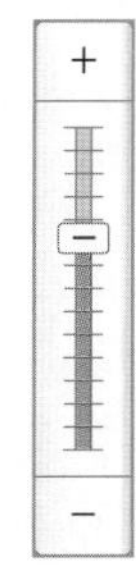

① 지도의 종류를 바꿀 수 있다.
② 디지털 영상 지도에 접속할 수 있다.
③ 고장의 주요 시설만 골라서 볼 수 있다.
④ 지도에서 원하는 위치로 이동할 수 있다.
⑤ 고장의 모습을 확대하거나 축소해서 볼 수 있다.

10 생활 속에서 디지털 영상 지도를 이용하는 모습으로 알맞은 것은 어느 것입니까? ( )

① 인터넷 쇼핑으로 필요한 물건을 산다.
② 올림픽 경기에 출전한 우리나라 선수를 응원한다.
③ 할머니께 우리 고장에 전해져 오는 이야기를 듣는다.
④ 스마트폰 지도로 기차역까지 가는 가장 빠른 길을 찾는다.
⑤ 다른 고장의 친구에게 우리 고장의 소식을 알리는 편지를 쓴다.

11 ( ) 안에 들어갈 알맞은 말은 어느 것입니까? ( )

> 고장에 있는 여러 장소 중 주요 장소는 시청, 보건소, 우체국, 시장 등과 같은 곳이다. 이곳은 ( ) 장소들이다.

① 눈에 잘 띄지 않는
② 사람들이 자주 찾는
③ 사람들이 잘 모르는
④ 아직 알려지지 않은
⑤ 사람들이 자주 가지 않는

중요
12 다음은 승훈이네 모둠 친구들이 찾은 고장의 장소들입니다. 어떤 주제와 관련된 장소들입니까? ( )

① 물건을 사고파는 곳
② 자연과 관련 있는 곳
③ 오래된 문화재가 있는 곳
④ 유명한 관광지가 있는 곳
⑤ 다른 고장으로 이동할 때 이용하는 곳

13 다음 주제로 고장의 주요 장소를 찾으려고 합니다. 알맞은 장소가 아닌 곳은 어디입니까? ( )

> 주제: 사람들의 생활을 편리하게 도와주는 곳

① 시청
② 병원
③ 소방서
④ 놀이터
⑤ 행정 복지 센터

서술형
14 고장의 주요 장소 중, 다음 장소에서 사람들은 주로 어떤 일을 하는지 쓰시오.

____

____

15 다음은 송윤이네 고장의 주요 장소입니다. 이 장소들의 공통점은 무엇입니까? ( )

> 도덕산, 안양천, 광명 동굴

① 자연과 관련이 있다.
② 사람들이 만든 것이다.
③ 교통이 발달한 곳이다.
④ 사람들이 많이 사는 곳이다.
⑤ 다른 고장과 교류하는 곳이다.

16 다음 지도를 보고, 물음에 답하시오.

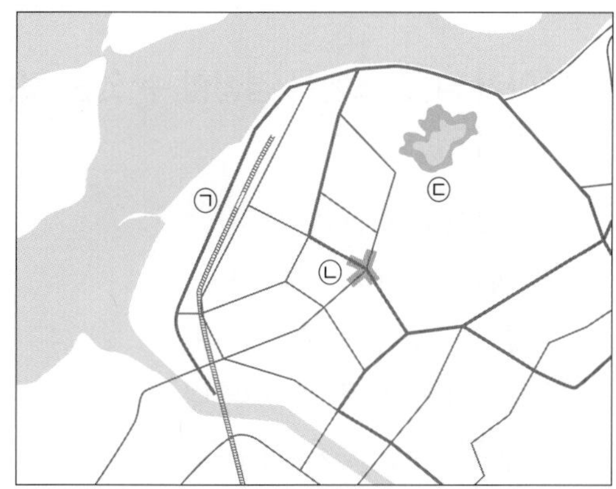

(1) 위와 같이 산, 강, 큰길 등의 밑그림만 그려져 있는 지도를 무엇이라고 하는지 쓰시오.

( )

(2) 효준이는 위 지도에 다음의 장소를 나타내려고 합니다. ㉠~㉢ 중 알맞은 장소의 기호를 쓰시오.

나는 도청을 나타내고 싶어. 도청은 산 바로 아래쪽에 있어.
효준

( )

17 [문제 16번]과 같은 지도의 특징으로 알맞은 것은 어느 것입니까? ( )

① 등고선이 나타나 있다.
② 모든 건물이 그려져 있다.
③ 우리 집이 표시되어 있다.
④ 도로 이름이 자세히 나타나 있다.
⑤ 글자나 기호가 표시되어 있지 않다.

18 다음은 우리 고장의 자랑할 만한 장소를 어떤 방법으로 조사하고 있는 모습입니까? ( )

① 직접 답사하기
② 마음으로 상상하기
③ 안내 책자에서 찾기
④ 고장의 누리집 방문하기
⑤ 고장을 잘 알고 있는 사람과 면담하기

19 우리 고장을 소개하는 자료에 들어갈 내용으로 알맞지 않은 것은 어느 것입니까? ( )

① 주요 산과 하천을 소개한다.
② 고장의 자랑거리를 소개한다.
③ 고장을 대표하는 장소를 소개한다.
④ 나만 알고 있는 비밀 장소를 소개한다.
⑤ 고장 사람들이 많이 찾는 곳을 소개한다.

20 ( ) 안에 들어갈 알맞은 말은 무엇입니까?

( )

> 우리 고장에서 자랑할 만한 장소의 모습이나 위치를 표시한 고장의 ( )을(를) 만들어 다른 고장 사람들에게 소개할 수 있다.

① 기념품 ② 기후도
③ 안내도 ④ 분포도
⑤ 보물 지도

대단원 종합 평가

01 (　　) 안에 공통으로 들어갈 알맞은 말은 무엇입니까? (　　)

> 사람들이 모여 사는 곳을 (　　　　)(이)라고 한다. (　　　　)에는 산, 강과 같은 자연의 모습이 있고 집, 학교와 같이 사람들이 만든 곳도 있다.

① 고장　② 외국
③ 건물　④ 광역시
⑤ 특별시

[02~03] 다음은 효아가 떠올린 고장의 다양한 장소입니다. 물음에 답하시오.

(가)

(나)

(다)

(라)

02 (가)~(라) 중 자연을 즐기기 위해 찾는 장소는 어디입니까? (　　)

① (가)　② (나)
③ (다)　④ (라)
⑤ (가), (나)

03 효아가 (다) 장소에서 경험할 수 있는 것은 어느 것입니까? (　　)

① 필요한 물건을 산다.
② 책을 읽거나 빌린다.
③ 땀을 흘리며 운동한다.
④ 긴 머리를 짧게 자른다.
⑤ 친구들과 놀이 기구를 탄다.

중요

04 하진이와 석훈이는 고장의 장소인 '병원'에 대해 떠오르는 생각을 이야기하고 있습니다. 이를 통해 알 수 있는 사실은 무엇입니까? (　　)

> 하진: 몹시 아픈 주사를 맞은 적이 있어서 무섭게 느껴져.
> 석훈: 진찰을 받고 나서 아픈 배가 금방 나아져서 고맙게 느껴져.

① 장소에 대한 느낌은 다르면 안 된다.
② 한 장소에서는 한 가지 경험만 한다.
③ 장소에 대해 떠오르는 경험은 모두 같다.
④ 장소에 대한 생각과 느낌은 사람마다 다르다.
⑤ 장소에 대한 생각과 느낌으로 즐거운 것만 떠올린다.

05 고장의 모습을 떠오르는 대로 그리려고 합니다. 그리는 방법으로 알맞지 않은 것은 어느 것입니까? (　　)

① 고장의 모든 장소를 그린다.
② 대강의 방향을 생각하며 그린다.
③ 떠오르는 장소를 중심으로 그린다.
④ 장소의 위치가 정확하지 않아도 된다.
⑤ 장소의 모습을 떠올리며 자유롭게 그린다.

[06~07] 다음은 민혁이가 그린 우리 고장의 모습입니다. 물음에 답하시오.

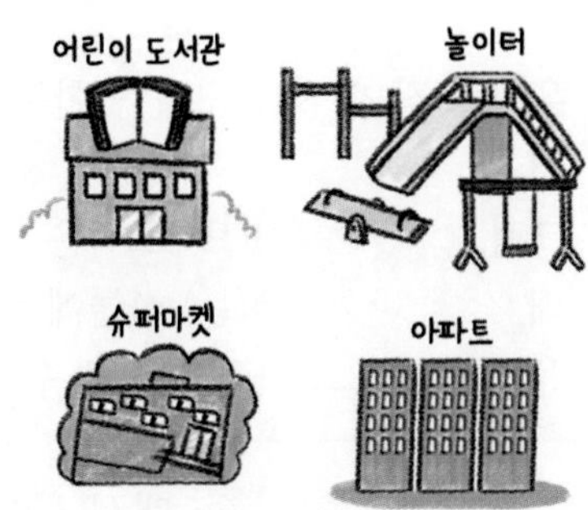

06 위 고장의 장소 중 필요한 물건을 사기 위해 찾는 곳은 어디입니까?(　　　)

① 아파트　　② 놀이터
③ 슈퍼마켓　　④ 어린이 도서관
⑤ 아파트와 놀이터

07 민혁이가 그린 고장의 모습에 대한 설명으로 알맞은 것은 어느 것입니까? (　　　)

① 길이 있다.
② 방향 표시가 있다.
③ 주로 자연을 그렸다.
④ 장소를 위주로 그렸다.
⑤ 어른들이 좋아하는 장소를 그렸다.

08 고장의 모습을 그리는 활동을 할 때 가장 먼저 해야 할 일은 무엇입니까? (　　　)

① 색칠하기
② 길과 건물 그려 넣기
③ 장소에 대한 설명 쓰기
④ 그리고 싶은 장소 정하기
⑤ 장소에 대한 느낌 표시하기

[09~10] 다음은 같은 고장의 모습을 그린 그림입니다. 물음에 답하시오.

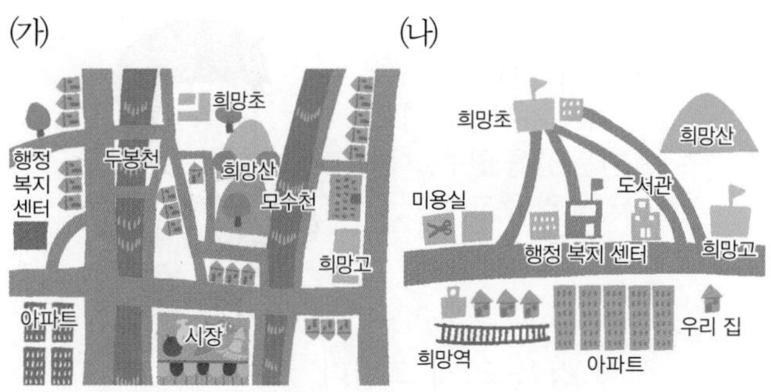

09 (가) 그림에는 있지만 (나) 그림에는 없는 장소는 어디입니까? (　　　)

① 산
② 시장
③ 아파트
④ 도서관
⑤ 행정 복지 센터

10 위의 두 그림에 대한 설명으로 알맞지 않은 것은 어느 것입니까? (　　　)

① 무엇을 중심으로 그렸는지 비교해 본다.
② 두 그림에 공통적으로 있는 장소를 찾아본다.
③ 한 그림에는 있고, 다른 그림에는 없는 곳을 찾아본다.
④ 다르게 그려진 부분을 찾아내서 똑같은 모습으로 바꾼다.
⑤ 경험이 다르기 때문에 그림도 다르게 그릴 수 있음을 이해한다.

11 다음과 같은 생각이 떠오른다면 고장의 모습을 어떻게 그리는 것이 좋습니까? (　　)

우리 집에서 도서관
까지 자전거를 타고
가는 길을 친구들에게
알려 주고 싶어.

① 산과 강을 크게 그린다.
② 도로를 중심으로 그린다.
③ 사람들의 표정을 자세히 그린다.
④ 학교 주변의 건물을 자세히 그린다.
⑤ 내가 좋아하는 장소를 강조해서 그린다.

12 다음은 혜원이와 송윤이가 각각 그린 고장의 모습에 있는 같은 건물의 모습입니다. 이를 통해 알 수 있는 점은 무엇입니까? (　　)

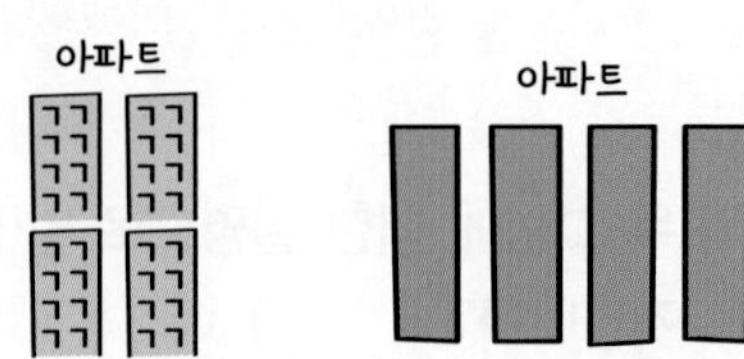

① 둘 다 하늘에서 내려다본 모습이다.
② 같은 건물이라도 각자 다르게 표현할 수 있다.
③ 다른 고장으로 이동하기 위해 이용하는 건물이다.
④ 고장의 모습에는 반드시 아파트가 들어가야 한다.
⑤ 한 사람은 바르게 그리고, 다른 사람은 틀리게 그렸다.

13 (　　) 안에 공통으로 들어갈 알맞은 말을 두 가지 고르시오. (　　,　　)

> 하빈: 우리 고장의 실제 모습을 한눈에 보고 싶어.
> 민혁: 그럼, (　　　)(으)로 찍은 사진을 보면 돼. (　　　)은(는) 하늘에서 우리 고장을 내려다보고 사진을 찍을 수 있거든.

① 드론　　② 택시
③ 자전거　　④ 비행기
⑤ 고속 열차

중요

14 다음 지도의 특징으로 알맞지 않은 것은 어느 것입니까? (　　)

① 항공 사진을 이용한다.
② 위성 영상 정보를 활용한다.
③ 고장의 실제 모습을 살필 수 있다.
④ 고장의 여러 가지 장소를 알 수 있다.
⑤ 고장의 모습을 간단히 나타내고 있다.

15 디지털 영상 지도에서 우리 고장의 주요 장소를 찾아보려고 할 때, 다음과 같이 이용하는 기능은 무엇입니까? (　　)

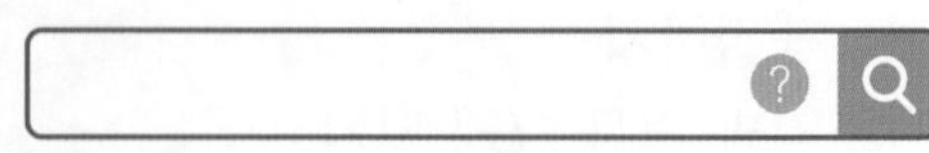

① 종료 기능　　② 검색 기능
③ 확대 기능　　④ 축소 기능
⑤ 삭제 기능

[16~17] 다음을 보고, 물음에 답하시오.

16 위 지도에서 볼 수 없는 것은 어느 것입니까? ( )

① 강 ② 산 ③ 도청
④ 바다 ⑤ 기차역

17 위 지도에 대한 설명으로 알맞은 것은 어느 것입니까? ( )

① 백지도이다.
② 길은 찾아볼 수 없다.
③ 아래에서 올려다본 모습이다.
④ 주요 장소를 간단히 표시한 것이다.
⑤ 고장의 전체적인 모습을 볼 수 있다.

18 다음과 같이 위치하는 장소는 ㉠~㉤ 중 어디에 표시해야 합니까? ( )

역과 중앙 로터리 사이에 생태 공원이 있어.

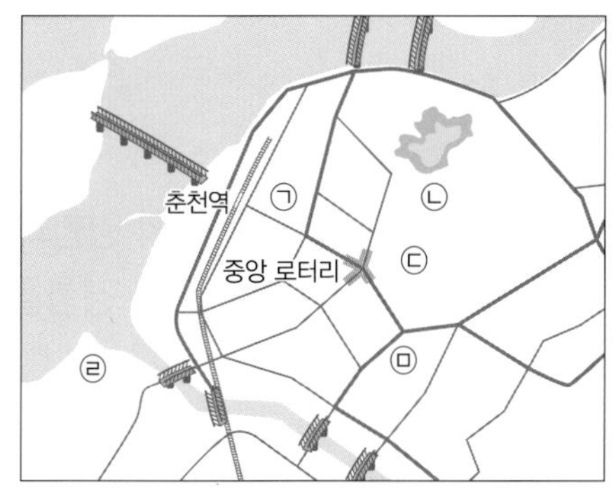

① ㉠ ② ㉡ ③ ㉢ ④ ㉣ ⑤ ㉤

19 원호네 모둠은 고장의 안내도에 붙일 다음 사진을 찾았습니다. 이 사진에 어울리는 소개글은 어느 것입니까? ( )

▲ 공지천 유원지

① 고장의 살림살이를 도맡아 한다.
② 아플 때 바로 치료를 받을 수 있다.
③ 필요한 물건을 구입하기 편리하다.
④ 시민들이 쉴 수 있는 산책로가 있다.
⑤ 다른 고장으로 갈 수 있는 기차를 탈 수 있다.

중요
20 고장의 자랑할 만한 장소를 안내도로 만드는 방법이 순서대로 바르게 나열된 것은 어느 것입니까? ( )

㉠ 사진, 그림, 설명을 덧붙이기
㉡ 고장의 자랑할 만한 장소 정하기
㉢ 백지도에 자랑할 만한 장소 표시하기

① ㉠ → ㉡ → ㉢
② ㉠ → ㉢ → ㉡
③ ㉡ → ㉠ → ㉢
④ ㉡ → ㉢ → ㉠
⑤ ㉢ → ㉡ → ㉠

서술형 평가 1단원

01 다음은 성주와 명찬이가 떠올린 장소에 대한 경험을 발표한 것입니다. 물음에 답하시오.

(1) 두 사람은 어떤 장소를 떠올렸을지 보기 에서 골라 쓰시오.

> 성주: 선생님과 친구들을 만날 수 있어.
> 명찬: 새로운 것을 공부하게 되어서 좋아.

보기

> 시장, 학교, 공원, 미술관

( )

(2) (1)번에서 떠올린 장소에서 할 수 있는 경험을 발표한 것 외에 한 가지만 더 쓰시오.

02 다음은 머릿속에 떠오르는 우리 고장의 모습을 발표하고 있는 모습입니다. 빈칸에 들어갈 알맞은 말을 쓰시오.

가족과 함께 갔던
공원이 생각나요.
공원에서 사람들이
_______ 모습을(를)
볼 수 있었어요.

[03~05] 다음 은수가 그린 고장의 모습을 보고, 물음에 답하시오.

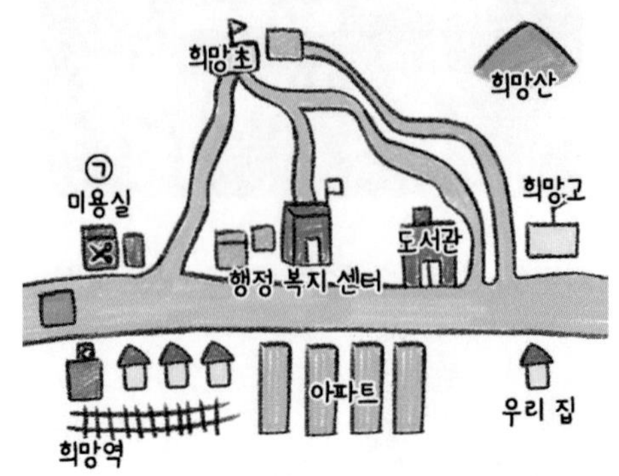

03 위 그림에서 다음과 같은 경험을 하는 사람들을 볼 수 있는 장소는 어디인지 찾아 쓰시오.

> 이사를 와서 주소를 옮기기 위해 오는 사람들도 있고, 생활에 필요한 여러 가지 서류를 발급받기 위해 오는 사람들도 있다.

( )

04 ㉠ 장소를 찾는 사람들이 주로 하는 일은 무엇인지 쓰시오.

05 위 그림에 있는 장소 중 나의 경험과 관련된 장소를 한 곳 골라, 장소의 이름과 경험을 쓰시오.

(1) 장소의 이름: ( )

(2) 장소에서의 경험:

정답과 해설 36쪽

[06~07] 다음은 소정이네 고장의 모습을 디지털 영상 지도로 살펴본 것입니다. 물음에 답하시오.

06 다음은 위와 같은 지도의 특징을 설명한 것입니다. (   ) 안에 들어갈 알맞은 말에 ○표 하시오.

> 디지털 영상 지도는 인공위성 사진을 이용해 만들었다. 그래서 우리 고장을 우주에서 (내려다본 , 올려다본) 것처럼 살펴볼 수 있다.

07 위 지도를 보며 준우와 민지가 나눈 대화입니다. 대화를 읽고, 밑줄 친 곳에 들어갈 알맞은 말을 쓰시오.

> 준우: 춘천 닭갈비 골목을 찾고 싶은데, 어디에 있지?
> 민지: 중앙 로터리 근처에 있는 명동 거리에 있는데, 잘 보이지 않네.
> 준우: 그럼, 디지털 영상 지도에서 중앙 로터리 지역을 좀 더 ______________________
> ______________________

____

____

[08~09] 다음은 같은 고장을 나타낸 두 지도입니다. 물음에 답하시오.

(가) (나)

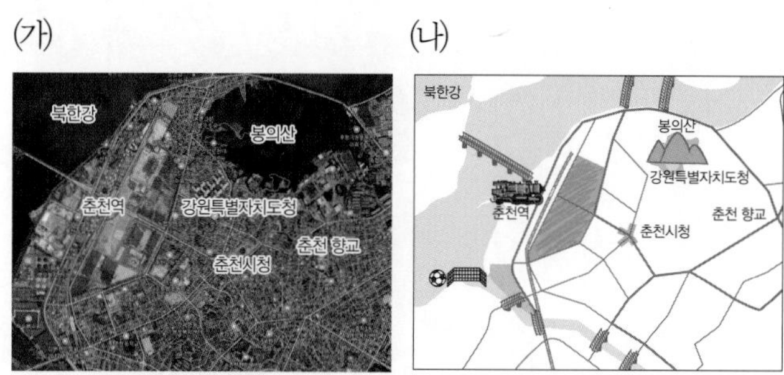

08 (가), (나) 지도와 관련 있는 지도의 종류를 다음에서 각각 골라 쓰시오.

> 백지도, 지형도, 디지털 영상 지도

(1) (가): (   )
(2) (나): (   )

09 (가)와 (나) 지도 중 고장의 주요 장소를 한눈에 보기에 더 편리한 지도의 기호와 그 까닭을 쓰시오.

(1) 기호: (   )
(2) 그 까닭: ______________________

____

10 우리 고장의 백지도에 자랑할 만한 장소를 소개하려고 합니다. 지금 내가 살고 있는 고장에서 장소를 한 곳 골라, 장소의 이름과 자랑하고 싶은 까닭을 쓰시오.

(1) 자랑하고 싶은 장소: (   )
(2) 그 까닭: ______________________

____

쉬어가기 

키가 쑥쑥 크는 10단계 체조

1단계 _ 목 운동

앞뒤 좌우로 고개를 움직이며 목을 운동해 보아요.

2단계 _ 어깨 운동

손으로 어깨를 짚고 앞뒤로 크게 원을 그리며 돌려 주세요.

3단계 _ 옆구리 운동

두 발을 붙이고 서서 두 손을 깍지 끼고 머리 위로 쭉 뻗은 다음 그대로 옆으로 구부려요.

4단계 _ 허벅지 운동

두 다리를 넓게 벌리고 무릎을 구부린 뒤 두 손으로 무릎을 밀면서 등 뒤를 향해 목을 돌려 주세요.

5단계 _ 가슴 등펴기

두 손을 깍지 끼고 머리 위로 올려 뒤로 젖히면서 가슴을 펴고, 다시 앞으로 숙여 손이 바닥에 닿도록 구부려 주세요.

6단계 _ 몸 비틀기

두 손을 깍지 낀 상태에서 윗몸을 굽혀 발 옆의 땅에 닿도록 허리를 비틀어 주세요.

7단계 _ 다리 늘리기

두 다리를 넓게 벌리고 한쪽 다리는 편 채로 다른 쪽 무릎을 구부리며 앉아요. 잠시 그대로 멈췄다가 발을 세워 발끝이 하늘을 보도록 하세요.

8단계 _ 쑥쑥 운동

양팔을 크게 원을 그리며 팔이 귀에 닿을 정도로 들어올리면서 동시에 발꿈치를 들고 온몸을 쭉 펴 보아요.

9단계 _ 줄넘기

가볍게 뛰면서 줄넘기를 하듯 양손을 빙글빙글 돌려 주세요.

10단계 _ 숨쉬기

온몸에 힘을 빼고 편안하게 서서 두 팔을 크게 올리며 숨을 들이쉬고, 팔을 내리면서 숨을 내쉬어요.

중단원 핵심 복습 2단원 (1)

1 우리 고장 옛이야기의 의미와 내용 살펴보기

(1) 고장의 옛이야기란 고장에서 옛날부터 전해 내려오는 이야기를 말함.

(2) 고장의 옛이야기는 고장의 지명, 민요, 민담, 전설, 축제, 고사성어 등에 담겨 있음.

(3) 고장의 옛이야기를 통해 고장의 자연환경, 옛사람들의 생활 모습, 고장의 중요한 인물 등을 알 수 있음.

2 옛이야기에 담긴 우리 고장의 모습 알아보기

(1) 지명에 담긴 옛이야기

마이산	두 개의 산봉우리가 말의 귀 모양을 닮아서 붙여진 이름(전북 진안)
두물머리	두 개의 물길이 합쳐져 하나의 강을 이루는 곳이어서 붙여진 이름(경기 양평)
서빙고동	옛날에 얼음 창고가 있던 곳이어서 붙여진 이름(서울 용산)
말죽거리	옛날에 길을 가다 쉬면서 말에게 죽을 끓여 먹이던 곳이어서 붙여진 이름(서울 서초)

➡ 이외에도 피맛골, 잠실, 염창, 황지, 마포, 다산, 사임당로, 율곡로 등에 담긴 옛이야기도 있음.

(2) 민요에 담긴 옛이야기

강강술래	이순신 장군이 일본군을 무찌른 업적을 기리는 내용이 담긴 노랫말(전남 해안 지방)
정선 아리랑	㉠ 불어난 강물로 인해 만나지 못하게 된 두 남녀의 안타까운 사연이 담긴 노랫말(강원 정선)

(3) 민담이나 전설에 담긴 옛이야기

삼성혈	세 개의 구멍인 삼성혈에서 나온 세 사람이 '탐라'를 건국했다는 이야기(제주)
섬진강	엄청나게 많은 두꺼비 떼가 몰려와 왜적을 내쫓았다는 이야기(섬진강 일대)
설문대 할망	설문대 할망이 바닷속 흙으로 한라산과 오름을 만들었다는 이야기(제주)
의좋은 형제	형과 아우가 추수를 끝내고 서로에게 볏단을 몰래 옮겨 놓았다는 이야기(충남 예산)

(4) 축제에 담긴 옛이야기

남강 유등 축제	일본과의 전쟁에서 우리 군이 남강에 등을 띄워 신호를 주고받았다는 이야기로부터 비롯됨(경남 진주).
율곡 문화제	조선 시대의 훌륭한 학자인 율곡 이이가 어렸을 때 파주에서 열심히 공부했다는 사실로부터 비롯됨(경기 파주).

➡ 옛이야기를 통해 고장에 있었던 과거의 중요한 일이나 인물에 대해 알 수 있음.

(5) 고사성어에 담긴 옛이야기

안성맞춤	옛날 안성에서 맞춘 유기가 품질이 좋다는 것에서 유래한 말로, 좋은 물건이나 일이 잘 풀리는 상황을 가리켜 사용함(경기 안성).

➡ 옛이야기를 통해 고장 사람들의 과거 생활 모습을 알 수 있음.

3 우리 고장의 옛이야기 조사하기

(1) 옛이야기를 조사하는 과정: '조사 계획 세우기 ➡ 조사하기 ➡ 조사 보고서 작성하기'의 순서임.

(2) 조사 계획 세우기: 조사 주제, 조사 날짜, 조사 장소, 조사 내용, 조사 방법, 맡을 역할 등을 계획함.

(3) 조사하기: 조사 계획에 따라 누리집 검색, 면담, 독서, 답사 등으로 조사할 내용을 알아보고, 중요 내용을 사진, 동영상, 글 등으로 기록함.

(4) 조사 보고서 작성하기: 조사한 결과를 바탕으로 조사 주제, 조사 날짜, 조사 장소, 조사 방법, 알게 된 내용, 느낀 점, 더 알고 싶은 점 등을 정리함.

4 우리 고장의 옛이야기 소개하기

(1) 조사한 내용을 안내 책자 만들기, 이야기책 만들기, 역할극 하기, 구연동화 하기, 노래 가사 바꿔 부르기, 동영상 보여 주기 등으로 소개함.

(2) 소개하면서 우리 고장을 소중하고 자랑스럽게 생각하는 마음을 기를 수 있음.

중단원 쪽지 시험 2 (1) 우리 고장의 옛이야기

정답과 해설 37쪽

01 고장에서 옛날부터 전해 내려오는 이야기를 고장의 (   )(이)라고 부릅니다.

02 마을이나 지방, 산, 하천 등에 붙여진 이름을 무엇이라고 합니까?

(   )

03 두 개의 산봉우리가 말의 귀 모양을 닮아서 마이산이라고 불린 옛이야기를 통해 우리 고장의 (자연환경 , 생활 모습)을 알 수 있습니다.

04 서울특별시 용산구에 있으며, 옛날에 얼음 창고가 있던 이곳을 무엇이라고 부릅니까?

(   )동

05 옛날에 소금을 보관하던 창고가 있던 '염창동'이나 나룻배가 드나들던 포구가 있던 '마포'에 담긴 옛이야기를 통해 우리 고장 사람들의 (생김새 , 생활 모습)을(를) 알 수 있습니다.

06 강강술래, 정선 아리랑과 같이 옛날부터 사람들 사이에 불려 오는 (민요 , 축제)에 담긴 옛이야기를 통해 고장의 모습을 알 수 있습니다.

07 (울릉도 , 제주도)에 있는 삼성혈과 설문대 할망에 관한 옛이야기를 통해 고장 자연환경의 특징을 알 수 있습니다.

08 (   )은(는) 생각한 대로 아주 튼튼하게 잘 만들어진 물건이나 잘 풀린 일을 뜻하는데, 옛날에 경기도 안성에서 주문한 유기의 품질이 좋았기 때문에 만들어진 말입니다.

09 고장의 옛이야기를 조사할 때, 고장에서 오랫동안 살아오신 분이나 문화 관광 해설사를 만나 궁금한 점을 직접 묻는 방법을 무엇이라고 합니까?

(   )

10 조사한 내용을 바탕으로 조사 주제, 조사 날짜, 조사 장소, 조사 방법, 알게 된 점, 느낀 점 등을 정리한 자료를 무엇이라고 합니까?

(   )

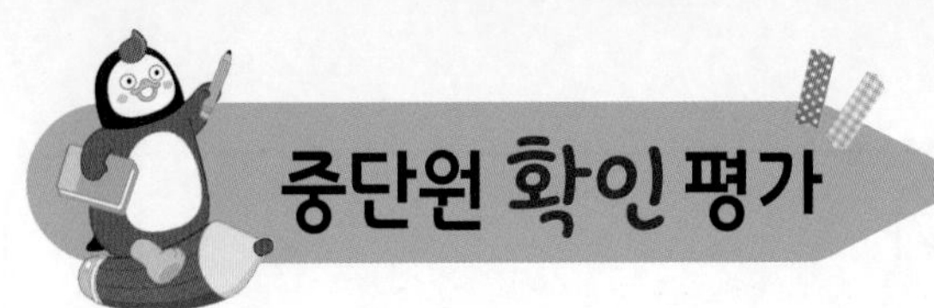

중단원 확인 평가

01 고장의 옛이야기에 대해 바르게 말한 사람은 누구입니까? (　　)

① 효준: 고장 사람들이 숨기려 하는 이야기야.
② 정서: 고장에서 옛날부터 전해 내려오는 이야기야.
③ 규민: 책에서만 찾아볼 수 있는 고장의 이야기야.
④ 대준: 옛이야기를 지은 사람을 분명히 알 수 있어.
⑤ 라현: 고장의 주요 장소에 관한 사실만 담겨 있어.

02 다음을 보고, (　　) 안에 공통으로 들어갈 알맞은 말을 쓰시오.

▲ 마이산

▲ 두물머리

- 마을이나 고장, 산, 강, 길 등에 붙여진 이름을 (　　　　)(이)라고 한다.
- 마이산, 두물머리와 같이 (　　　　)에 관한 옛이야기를 통해 자연환경의 특징을 알 수 있다.

(　　　　　　　　　　)

[03~04] 다음을 읽고, 물음에 답하시오.

서울특별시 종로구에 있는 (　　　　)에는 '말이나 가마를 피한다.'라는 의미가 담겨 있다.
옛날에는 길을 오갈 때 신분이 높은 사람이 말이나 가마를 타고 지나가면 신분이 낮은 사람은 엎드려야 했다. 그러자 사람들은 신분이 높은 사람과 마주치지 않으려고 큰길이 아닌 좁은 길로 다니기 시작했다.

03 (　　) 안에 들어갈 알맞은 말은 무엇입니까? (　　)

① 잠실　② 여의도
③ 피맛골　④ 염창동
⑤ 말죽거리

04 위와 같은 옛이야기를 통해 알 수 있는 사실은 무엇입니까? (　　)

① 옛사람들은 모두 가마를 타고 다녔다.
② 옛날 서울에는 다른 나라 손님이 자주 왔다.
③ 옛사람들은 서로 다툼이 생기면 쉽게 화해했다.
④ 옛날 우리나라에는 자동차가 다니는 길이 있었다.
⑤ 옛날에는 신분이 높은 사람과 낮은 사람이 있었다.

05 다음 대화에서 ㉠에 해당하는 것은 무엇입니까? (　　)

효아: 아빠, 옛날 사람들은 배를 이용해 물건을 많이 날랐어요?
아빠: 그렇단다. 서울에도 지역 이름에 그 흔적이 남아 있는 곳이 있단다. 예를 들면, ㉠ 배가 드나드는 '포구'라는 뜻을 가진 지역 이름이 있어.

① 강릉　② 뚝섬
③ 북한산　④ 영등포
⑤ 난지도

[06~07] 다음을 읽고, 물음에 답하시오.

(가): '(　　　　　)'은(는) 조선 시대 학자였던 정약용의 호이다. 경기도 남양주는 정약용이 태어난 곳으로, 이곳에는 정약용의 호를 딴 다양한 시설들이 있다.

(나): '(　　　　　)'은(는) 조선 시대 학자였던 이이의 호이다. 경기도 파주는 이이가 어렸을 적에 공부하던 곳으로, 이곳에는 이이의 호를 딴 도로나 건물 이름이 있다.

06 (　　) 안에 들어갈 말을 참고해 (가), (나)와 관련 있는 것의 기호를 각각 쓰시오.

㉠ 

㉡ 

㉢ 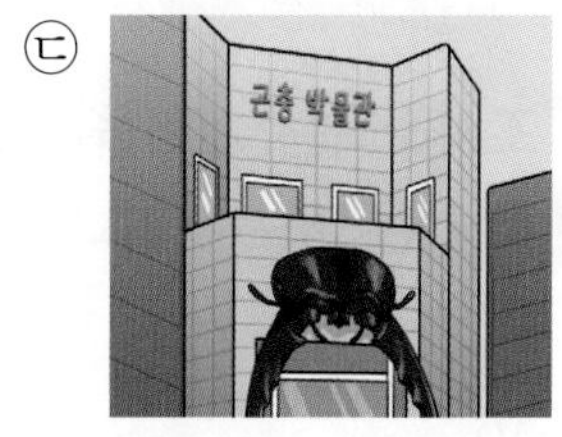

㉣ 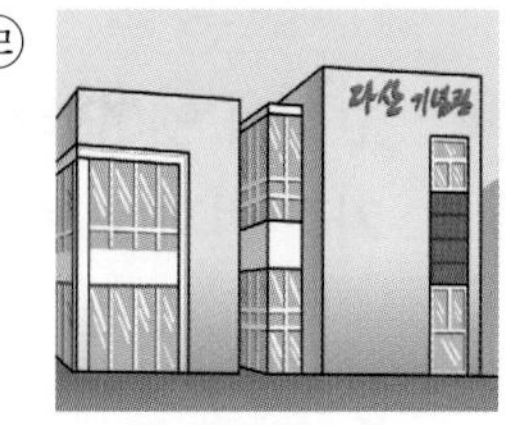

(1) (가): (　　　　　　　　　　)

(2) (나): (　　　　　　　　　　)

중요 **07** (가)와 (나)를 통해 알 수 있는 사실은 무엇입니까? (　　)

① 고장의 축제는 역사적 사건과 큰 관련이 있다.

② 고장의 유명한 자연환경을 알 수 있는 지명이 있다.

③ 고장의 공원에는 운동을 할 수 있는 시설들이 많이 있다.

④ 고장에는 오래 전부터 사람들 사이에서 불려 오는 민요가 있다.

⑤ 고장에는 그 고장의 유명한 인물을 기념하는 시설들과 건물 이름이 있다.

[08~09] 다음을 읽고, 물음에 답하시오.

옛날에 황부자라는 사람이 살았다. 어느 날 황부자는 도움을 요청한 스님에게 소똥을 주었다. 그러자 황부자가 살던 집이 땅 밑으로 꺼져 연못이 되었다. 사람들은 이 연못을 '황지'라고 불렀다.

08 위 옛이야기와 관련 있는 장소의 모습을 골라, 기호를 쓰시오.

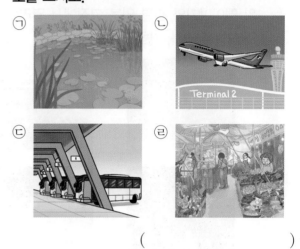

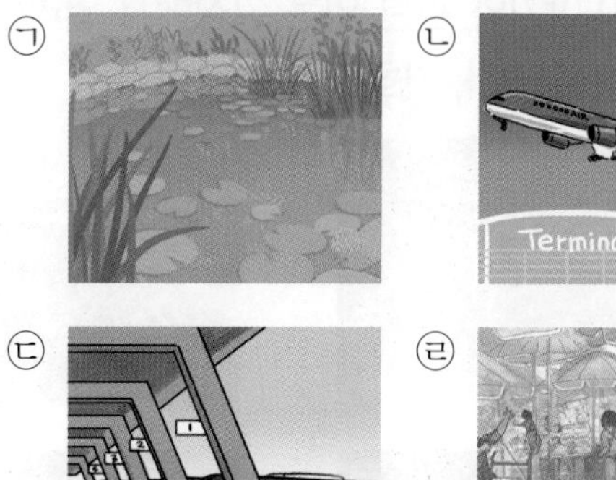

(　　　　　　　　　　)

09 위 옛이야기의 고장과 관련 있는 것입니다. (　　) 안에 공통으로 들어갈 알맞은 말을 쓰시오.

• (　　　　)로　　　• (　　　　)동 우체국

(　　　　　　　　　　)

10 다음의 옛이야기를 통해 알 수 있는 것은 무엇입니까? (　　)

전라남도 해안 지방에는 보름달을 보며 강강술래를 즐기는 풍습이 있다. 이때 부르는 노래에는 이순신 장군이 일본군을 무찌른 업적을 기리는 내용이 담겨 있다.

① 민요의 유래　② 축제의 특징
③ 강에 있는 시설　④ 주요 관광지의 위치
⑤ 고사성어에 담긴 뜻

[11~12] 다음을 읽고, 물음에 답하시오.

옛날에 일본군이 우리나라에 쳐들어왔을 때의 이야기이다.
당시 진주에서는 일본군에 맞서 큰 전투가 벌어졌다. 우리 군은 진주에 있는 남강에 등을 띄워 전쟁에 필요한 신호를 주고받았다. 또한 전쟁에서 목숨을 잃은 사람들을 기리기 위해 남강에 등을 띄우기도 했다.

11 위 옛이야기와 관련 있는 고장에서 열리는 축제의 모습을 골라, 기호를 쓰시오.

㉠ 
㉡ 
㉢ 
㉣ 

( )

중요
12 오늘날 진주시에서 위 옛이야기와 관련된 축제를 여는 까닭은 무엇입니까? ( )

① 고장의 전통 음식을 맛보기 위해서
② 고장의 자연환경을 보전하기 위해서
③ 고장의 뜻깊은 역사를 기념하기 위해서
④ 고장의 학생들이 축제를 즐기기 위해서
⑤ 고장 사람들에게 운동을 권장하기 위해서

13 ( ) 안에 들어갈 알맞은 고사성어를 쓰시오.

연주: 이 책장은 정말 ( )이구나.
민혁: 맞아. 옛날 안성에서 만들어진 유기가 품질이 좋았던 것처럼 참 튼튼하고 방 구조에도 딱 알맞은 가구야.

( )

서술형
14 다음의 옛이야기를 통해 알 수 있는 제주도 자연환경의 특징을 쓰시오.

옛날 제주도에는 설문대 할망이 살고 있었다. 설문대 할망은 바닷속 흙을 치마폭에 담아 옮겨 제주도를 만들었다. 그리고 제주도에서 가장 높은 한라산도 만들었다. 할망은 치맛자락에서 흘러내린 흙을 모아 한라산 주변에 작은 산봉우리를 만들었는데, 이것이 오늘날의 '오름'이다.

____

____

15 고장의 옛이야기를 조사하려는 계획을 세울 때, 가장 먼저 고려해야 할 것은 어느 것입니까? ( )

① 언제 조사를 할까?
② 어디에서 조사를 할까?
③ 주제를 무엇으로 정할까?
④ 어떤 방법으로 조사를 할까?
⑤ 조사할 때 필요한 준비물은 무엇일까?

중요
16 다음 주제에 알맞은 조사 내용을 보기 에서 두 가지 골라, 기호를 쓰시오.

주제: 우리 고장의 지명에 담긴 옛이야기

보기
㉠ 내 이름에 담긴 옛이야기
㉡ 거리 이름에 담긴 옛이야기
㉢ 학교 교문에 담긴 옛이야기
㉣ 주요 산, 강에 담긴 옛이야기

(,)

17 다음과 같은 방법으로 조사할 때 주의할 점으로 알맞지 않은 것은 어느 것입니까? (   )

고장의 옛이야기와 관련된 장소를 직접 찾아가 보자.

① 뛰어다니지 않는다.
② 소란을 피우지 않는다.
③ 중요한 내용은 기록한다.
④ 출입이 허락된 곳만 들어간다.
⑤ 어느 곳에서든 자유롭게 사진을 찍는다.

[18~19] 다음은 선형이네 모둠이 고장의 옛이야기를 조사한 내용입니다. 물음에 답하시오.

조사 날짜	20△△년 △△월 △△일
조사 장소	정선 아우라지, ㉠ 정선 아리랑 전수관
알게 된 점	• 아우라지는 두 개의 물줄기가 하나로 합쳐지는 곳을 가리키는 말이다. • 옛날에 비가 많이 와 강물이 크게 불어나자, 이 강을 사이에 두고 서로 사랑하던 남녀가 만날 수 없게 되었다는 이야기가 전해진다. • ㉡ 정선 아리랑은 두 남녀의 안타까운 사연이 담겨 있는 민요이다.

18 다음의 대화를 통해 볼 때, 선형이가 ㉠에서 활용한 조사 방법은 무엇입니까? (   )

선형: 안녕하세요. 정선 아리랑에 얽힌 옛이야기에 대해 여쭤보고 싶은 게 있어요.
문화 관광 해설사: 네, 무엇이든 물어보세요.

① 면담하기
② 책 찾아보기
③ 문화원 방문하기
④ 누리집 조사하기
⑤ 동영상 촬영하기

19 ㉡에 해당하는 노랫말의 일부로 알맞은 것은 어느 것입니까? (   )

① 꼬부랑 할머니가 꼬부랑 고갯길을
② 아우라지 뱃사공아 배 좀 건네주게
③ 강강술래 강강술래 전라도 우수영은
④ 두껍아 두껍아 헌 집 줄게 새 집 다오
⑤ 새야 새야 파랑새야 녹두밭에 앉지 마라

20 다음의 대화를 통해 볼 때, 석훈이네 모둠이 이용하기에 알맞은 고장의 옛이야기를 소개하는 방법은 무엇입니까? (   )

석훈: 우리가 조사한 옛이야기를 어떻게 소개하면 좋을까?
승민: 우리가 옛이야기와 관련된 장소에서 직접 찍은 영상을 보여 주면 좋을 것 같아.
유나: 문화 관광 해설사와 면담하는 모습을 찍은 영상을 편집해서 보여 주면 더욱 실감 날 거야.

①

▲ 사진첩 제작하기

②

▲ 역할극 시연하기

③

▲ 동영상 보여 주기

④

우리 고장
이야기책
문헌
▲ 이야기책 전시하기

⑤

안내
▲ 안내 책자 보여 주기

중단원 핵심 복습 2단원 (2)

1 우리 고장의 문화유산

(1) 문화유산의 의미: 조상들로부터 전해 내려온 문화 중 후손에게 물려줄 만한 가치가 있는 것을 말함.

(2) 문화유산의 종류

유형 문화유산	무형 문화유산
• 일정한 형태가 있는 것 • 공예품, 과학 발명품, 건축물, 그림, 책 등	• 일정한 형태가 없는 것 • 기술, 놀이, 노래, 춤, 연극 등
▲ 상감 청자 ▲ 남한산성	▲ 판소리 ▲ 옹기장

2 우리 고장의 문화유산을 통해 알 수 있는 것

(1) 고장의 옛 모습과 조상들의 생활 모습을 알 수 있음.

(2) 조상들의 슬기와 멋을 느낄 수 있음.

(3) 조상들이 중요하게 생각한 것을 알 수 있음.

(4) 문화유산을 통해 알 수 있는 것

효자비	마을의 효자를 기리는 비석으로, 조상들이 효도를 중요시했다는 것을 알 수 있음.
해녀 문화	해녀의 잠수 기술, 옷과 도구, 노래 등으로, 바다를 대하는 지혜와 서로 도와 일하는 기술을 배울 수 있음.
관아	고을을 다스리던 관청으로, 옛날 고장의 중심지가 어디였는지를 알 수 있음.
장승	마을 입구에 세운 사람 모양의 기둥으로, 마을을 지켜 달라는 조상들의 마음을 알 수 있음.
농요와 농악	농사일을 할 때 부르던 노래와 음악으로, 힘든 일을 협동해서 하기 위한 지혜를 배울 수 있음.
탈춤	탈을 쓰고 춤추며 노래와 이야기를 하는 놀이로, 양반에 대한 백성의 마음을 알 수 있음.
김장	김치를 한꺼번에 많이 담그는 일로, 쉽게 상하지 않게 하는 저장 방식과 겨울철에도 채소를 먹기 위한 조상들의 슬기를 알 수 있음.
누비	두 겹의 천 사이에 솜을 넣고 꿰매는 손바느질로, 조상들의 멋과 슬기가 담겨 있음.
향교	옛날에 공부를 하던 학교로, 교육을 중요시했다는 것을 알 수 있음.

3 우리 고장의 문화유산 조사하기

(1) 문화유산을 조사하는 방법

- 고장의 관광 안내도 살펴보기
- 문화재청, 시 · 군 · 구청 누리집 검색하기
- 고장의 문화유산을 잘 아는 어른, 문화 관광 해설사와 면담하기
- 고장의 문화유산과 관련된 책, 소개 자료 찾아보기
- 박물관, 유적지 등 문화유산이 있는 장소 답사하기

(2) 문화유산 답사 과정

답사할 문화유산 정하기	고장의 문화유산 중 더 알아보고 싶은 문화유산을 정함.
답사할 문화유산 관련 자료 찾기	답사할 문화유산의 생김새나 특징 등의 정보를 찾아봄.
답사 계획 세우기	답사로 알고 싶은 내용, 답사 방법과 맡을 역할, 주의할 점 등을 정함.
답사하기	답사 계획을 바탕으로 문화유산을 살펴봄.
답사 보고서 작성하기	답사 결과를 바탕으로 알게 된 점, 느낀 점 등을 정리함.

(3) 문화유산 답사의 장점: 고장의 문화유산을 직접 체험해 보다 생생한 지식을 얻을 수 있음.

(4) 문화유산을 답사할 때 주의할 점: 문화유산 함부로 만지지 않기, 사진은 정해진 곳에서만 찍기, 질서 잘 지키기, 중요한 내용은 기록하기 등이 있음.

4 우리 고장의 문화유산 소개하기

(1) 문화유산 소개 방법

- 그림, 사진 전시하기
- 동영상 만들기
- 책자 만들기
- 모형 만들기
- 신문, 광고 만들기
- 문화 관광 해설사 되어 보기

(2) 문화유산의 특징과 가치가 잘 드러나도록 함.

(3) 고장의 문화유산에 대한 소중함과 고장에 대한 자긍심을 느낄 수 있음.

정답과 해설 38쪽

01 조상들로부터 전해 내려온 문화 중 후손에게 물려줄 만한 가치가 있는 것을 무엇이라고 합니까?

( )

02 탈춤, 판소리와 같이 일정한 모양이나 생김새가 없는 문화유산을 (유형 , 무형) 문화유산이라고 합니다.

03 ( )은(는) 마을의 입구에 세운 돌이나 나무로 만든 사람 모양의 기둥으로, 조상들은 마을을 지켜 달라는 마음을 담아 수호신으로 삼았습니다.

04 마을의 이름난 효자를 기리기 위해 세운 비석으로, 조상들이 효도를 중요하게 생각했다는 것을 알 수 있는 것은 무엇입니까?

( )

05 겨울철의 김장 문화를 통해 (옷차림 , 음식)과 관련된 조상들의 생활 모습을 알 수 있습니다.

06 다음과 같이 관리들이 고을을 다스리던 곳으로, 옛날 고장의 중심지가 어디였는지를 알 수 있는 문화유산은 무엇입니까?

( )

07 문화유산이 있는 장소에 방문해 직접 관찰하고 알아보는 조사 방법을 (면담 , 답사)(이)라고 합니다.

08 문화유산을 안내하고 문화유산에 대해 쉽게 이해할 수 있도록 설명을 해 주는 전문가를 무엇이라고 부릅니까?

( )

09 문화유산 답사 과정 중 답사 내용과 답사 방법, 맡을 역할, 필요한 준비물, 주의할 점 등을 정하는 것은 (답사 계획 세우기 , 답사 보고서 작성하기) 단계에서 합니다.

10 경주 석굴암의 실제 모습을 작게 만들어 문화유산을 소개하는 방법은 (모형 만들기 , 동영상 만들기)입니다.

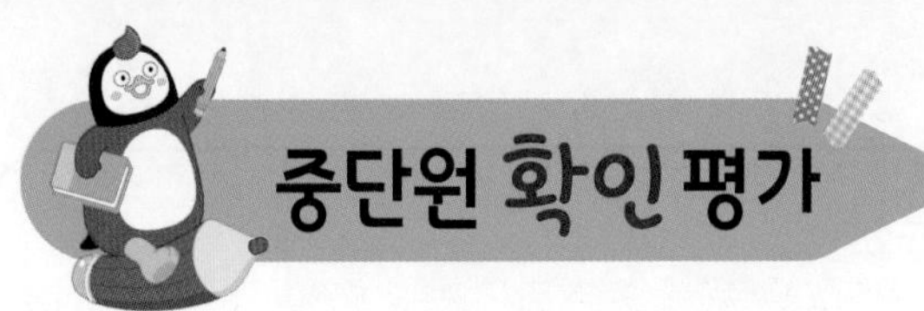

[01~02] 다음 문화유산을 보고, 물음에 답하시오.

중요

01 위 문화유산의 공통점으로 알맞은 것은 어느 것입니까? (　　)

① 모두 정해진 모양이나 생김새가 있다.
② 옛날부터 지금까지 사용하는 물건이다.
③ 현대의 생활을 편리하게 해 주는 것이다.
④ 옛날 신분이 높은 사람들만 쓰던 물건이다.
⑤ 후손에게 물려줄 만한 가치가 있는 것이다.

서술형

02 위 문화유산과 달리 다음의 물건이 문화유산이 될 수 없는 까닭은 무엇인지 쓰시오.

____

____

03 유형 문화유산에 대한 설명으로 알맞은 것은 어느 것입니까? (　　)

① 일정한 형태가 없는 문화유산이다.
② 기술, 노래, 춤이나 연극 등을 말한다.
③ 가르치고 배우는 사람을 통해서 전해진다.
④ 과학 발명품, 공예품, 건축물 등을 말한다.
⑤ 관리를 하지 않아도 쉽게 훼손되지 않는다.

04 다음에서 설명하는 문화유산은 무엇입니까? (　　)

흙으로 모양을 빚어 불에 굽는 그릇을 만드는 전통 기술을 가진 사람을 말한다.

① 농요　　② 김장
③ 해녀　　④ 판소리
⑤ 옹기장

05 조상들이 협동해서 농사일을 하는 지혜를 느낄 수 있는 문화유산 체험 행사로 알맞은 것은 어느 것입니까? (　　)

① 탈 만들기 체험
② 농요 부르기 체험
③ 한지 만들기 체험
④ 판소리 배우기 체험
⑤ 도자기 만들기 체험

[06~07] 다음을 보고, 물음에 답하시오.

탈춤은 탈을 쓰고 춤추며 노래와 이야기를 하는 마당놀이로, 주로 서민들이 양반이나 하인 등으로 분장해 못된 사람들을 혼내 주는 내용이 나온다. 서민들은 탈춤을 보면서 마음속의 불만을 풀었다.

중요

06 위 탈춤과 같은 종류의 문화유산에 속하는 것은 어느 것입니까? (　　)

① 장승　② 측우기
③ 도자기　④ 남한산성
⑤ 농요와 농악

07 위 문화유산을 통해 알 수 있는 사실은 무엇입니까? (　　)

① 옛날에는 신분의 차이가 없었다.
② 옛날 서민들의 마음을 알 수 있다.
③ 탈춤의 탈은 전시하기 위한 도구이다.
④ 탈춤은 어린아이들이 즐기던 놀이이다.
⑤ 탈춤은 일정한 형태가 있는 문화유산이다.

08 다음에서 설명하는 문화유산은 무엇인지 쓰시오.

바다에 들어가 해산물을 채취하는 물질 기술, 물질 도구, 물질할 때 입는 옷, 물질할 때 부르는 노래 등을 말한다.

(　　　　　　　　　　)

09 다음 문화유산의 이름과 조상들이 중요하게 여긴 것을 알맞게 짝지은 것은 어느 것입니까? (　　)

▲ 마을에서 이름난 효자를 기리기 위해 세운 비석

	이름	중요시한 것
①	장승	예의
②	탈춤	교육
③	효자비	효도
④	측우기	과학
⑤	효자비	애국심

10 다음의 문화유산에 대한 설명으로 알맞은 것은 어느 것입니까? (　　)

▲ 관아

① 소원을 빌기 위해 쌓은 탑이다.
② 적의 침입을 막기 위해 만든 성이다.
③ 고장의 학생들을 교육하던 기관이다.
④ 조상들이 부처님께 기도하던 곳이다.
⑤ 옛 관리들이 고을을 다스리던 관청이다.

11 고장의 문화유산과 이를 통해 알 수 있는 것을 바르게 선으로 이으시오.

(1)  • • ㉠ 조상들이 불교를 믿었다는 것을 알 수 있다.

(2)  • • ㉡ 옛날 마을의 입구가 어디였는지를 알 수 있다.

(3) 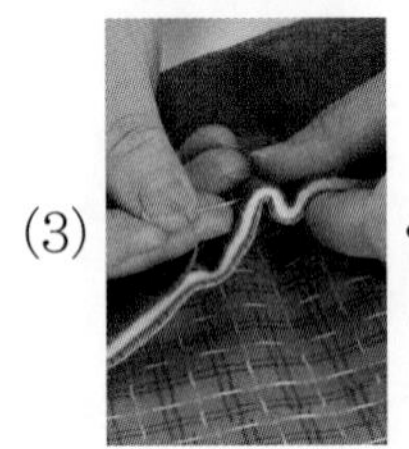 • • ㉢ 튼튼하고 따뜻한 옷을 만들던 조상들의 슬기를 알 수 있다.

12 고장의 문화유산을 조사하는 방법으로 알맞은 것을 보기 에서 두 가지 골라, 기호를 쓰시오.

보기

㉠ 학교 누리집 검색하기
㉡ 고장의 소개 자료 찾아보기
㉢ 세계 지도에서 고장의 위치 찾기
㉣ 고장에 대해 잘 아는 어른께 여쭤보기

(,)

[13~14] 다음은 강원특별자치도 속초시의 문화유산을 나타낸 것입니다. 물음에 답하시오.

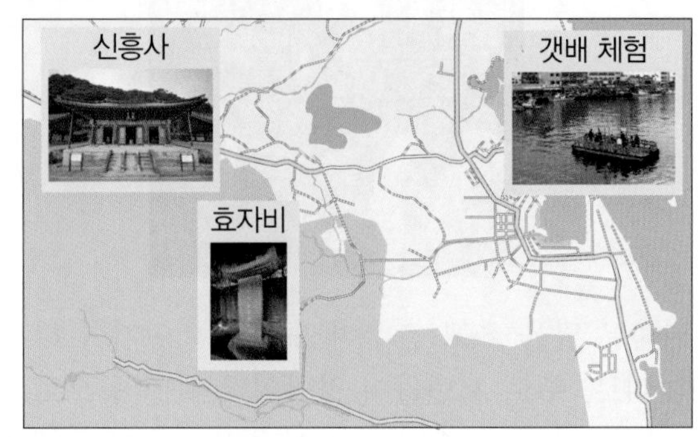

13 위와 관련 있는 문화유산 조사 방법은 무엇입니까? ( )

① 문화유산 답사하기
② 문화유산 사진첩 찾아보기
③ 문화유산 안내도 살펴보기
④ 문화재청 누리집 검색하기
⑤ 문화 관광 해설사와 면담하기

14 위 자료를 통해 알 수 있는 고장의 문화유산과 관련된 사실이 아닌 것은 어느 것입니까? ( )

① 문화유산의 이름을 알 수 있다.
② 각 문화유산의 위치를 파악할 수 있다.
③ 문화유산과 관련된 체험 활동을 알 수 있다.
④ 고장에 어떤 문화유산이 있는지 알 수 있다.
⑤ 문화유산에 대해 사람들이 느낀 점을 알 수 있다.

15 다음은 문화재청 누리집에서 고장의 문화유산을 조사하는 방법입니다. 순서에 맞게 기호를 쓰시오.

㉠ 우리 고장 선택하기
㉡ 문화재청 누리집 접속하기
㉢ '문화재 지역별 검색' 선택하기
㉣ 우리 고장의 문화유산 살펴보기

(→ → →)

중요

16 모둠 친구들과 고장의 문화유산 답사 계획을 세울 때 해야 할 일이 아닌 것은 어느 것입니까? ( )

① 답사할 때 필요한 준비물을 확인한다.
② 효과적인 문화유산 소개 방법을 정한다.
③ 답사할 문화유산의 위치를 미리 확인한다.
④ 답사 방법에 따라 모둠원과 역할을 나눈다.
⑤ 답사로 알고 싶은 내용에 대해 의견을 나눈다.

17 성주와 같은 방법으로 문화유산 답사를 할 때 필요한 준비물은 무엇입니까? ( )

성주: 문화유산의 안내판을 자세히 읽고 중요한 내용을 기록해야겠어.

① 손전등
② 녹음기
③ 손수건
④ 필기도구
⑤ 비상 약품

서술형

18 고장의 문화유산을 답사해 조사하는 방법의 장점은 무엇인지 한 가지만 쓰시오.

____

____

19 다음과 관련 있는 문화유산 소개 방법은 무엇입니까? ( )

- 문화유산 관련 사진
- 문화유산의 우수성을 알리는 광고
- 문화유산의 특징을 설명하는 기사

① 신문 만들기
② 모형 만들기
③ 사진 전시하기
④ 동영상 제작하기
⑤ 문화 관광 해설사 되어 보기

20 고장의 문화유산 소개하기를 하고 난 후의 소감으로 알맞은 것에 ○표 하시오.

(1) 고장의 문화유산이 훼손되지 않도록 잘 보존해야 한다. ( )
(2) 우리 고장의 문화유산을 다른 고장에 알릴 필요가 없다. ( )
(3) 세계 문화유산으로 지정되지 않은 고장의 문화유산은 가치가 없다. ( )

대단원 종합 평가

01 다음에서 설명하는 것은 무엇입니까? (　　)

- 지역에서 특정한 일을 기념하거나 축하하기 위해 열리는 행사이다.
- 고장의 옛이야기나 문화유산과 관련된 행사가 열리기도 한다.

① 지명　② 축제　③ 민담　④ 민요　⑤ 영화

02 다음 장소와 관련 있는 지명은 무엇입니까? (　　)

▲ 두 물줄기가 하나로 합쳐지는 곳

① 설악산　② 지평선　③ 두물머리　④ 말죽거리　⑤ 국립 중앙 박물관

03 다음 지명과 관련된 옛사람들의 생활 모습은 어느 것입니까? (　　)

① 얼음을 보관하는 창고가 많이 있었다.
② 소금을 보관하는 창고가 많이 있었다.
③ 뽕나무를 심고 누에고치로 실을 만들었다.
④ 농사를 짓다가 소에게 죽을 먹이면서 쉬었다.
⑤ 먼 길을 가다가 말에게 죽을 먹이면서 쉬었다.

04 다음과 같은 지명이 붙은 까닭으로 알맞은 것은 어느 것입니까? (　　)

사임당로
Saimdang-ro

① 신사임당과 관련된 곳이므로
② 세종 대왕이 태어난 곳이므로
③ 이순신 장군이 살던 곳이므로
④ 율곡 이이가 공부하던 곳이므로
⑤ 옛날에 사람들이 모여 살던 곳이므로

05 보기 와 관련 있는 민요는 무엇입니까? (　　)

보기
- 이순신 장군
- 일본군과 전투
- 전라남도 해안 지방

① 교가　② 애국가　③ 한오백년　④ 강강술래　⑤ 정선 아리랑

06 다음 장소와 어울리는 옛이야기는 무엇입니까? (　　)

① 피맛골에 관한 옛이야기
② 삼성혈에 관한 옛이야기
③ 섬진강에 관한 옛이야기
④ 설문대 할망에 관한 옛이야기
⑤ 정선 아리랑에 관한 옛이야기

[07~08] 다음을 읽고, 물음에 답하시오.

안성맞춤이라는 말을 들어본 적 있나요? 이 말은 아주 튼튼하게 잘 만들어진 물건이나 잘 풀린 일을 뜻합니다. 옛날에 경기도 안성에서 만든 유기의 품질이 좋다는 소문이 자자했습니다. 그래서 많은 사람이 안성에 유기를 제작해 달라고 주문했는데, 제작된 유기를 보고 매우 만족했다고 합니다.

이렇게 해서 안성맞춤이라는 말이 사람들 사이에서 쓰이게 되었습니다.

▲ 안성 유기

07 윗글을 통해 알 수 있는 것은 무엇입니까? (   )

① 지명에 담긴 옛이야기
② 축제에 담긴 옛이야기
③ 민담에 담긴 옛이야기
④ 민요에 담긴 옛이야기
⑤ 고사성어에 담긴 옛이야기

08 윗글을 통해 알 수 있는 '안성맞춤'과 관련된 사실은 무엇입니까? (   )

① 안성은 교통이 불편한 곳이다.
② 안성은 우리나라의 옛 수도이다.
③ 안성에서 좋은 유기를 만들었다.
④ 안성 유기는 가장 저렴한 그릇이다.
⑤ 유기를 만들기 위해 로봇이 필요했다.

[09~10] 다음 조사 계획서를 보고, 물음에 답하시오.

주제	의좋은 형제 이야기에 담긴 고장의 모습
조사 날짜	20△△년 △△월 △△일
조사 장소	△△ 문화원
조사 방법	㉠ <u>면담하기</u>
질문 내용	㉡ [ ]

09 ㉠의 면담 대상으로 알맞은 사람은 누구입니까? (   )

① 유치원생
② 다른 방문객
③ 안전 관리원
④ 아파트 경비원
⑤ 문화 관광 해설사

10 ㉡에 들어갈 내용으로 적절하지 <u>않은</u> 것은 어느 것입니까? (   )

① 의좋은 형제 이야기의 주요 내용이 무엇일까?
② 의좋은 형제 이야기와 관련된 장소가 있을까?
③ 의좋은 형제 이야기와 관련된 축제가 있을까?
④ 의좋은 형제 이야기의 동생은 지금 몇 살일까?
⑤ 의좋은 형제 이야기와 관련된 기념 사업이 있을까?

중요
11 같은 종류의 문화유산끼리 바르게 짝지어진 것은 어느 것입니까? (   )

① 석굴암 – 탈춤
② 측우기 – 김장
③ 줄타기 – 옹기장
④ 가야금 – 판소리
⑤ 효자비 – 해녀 문화

12 조상들이 다음과 같은 방법으로 옷을 만든 까닭은 무엇입니까? (　　)

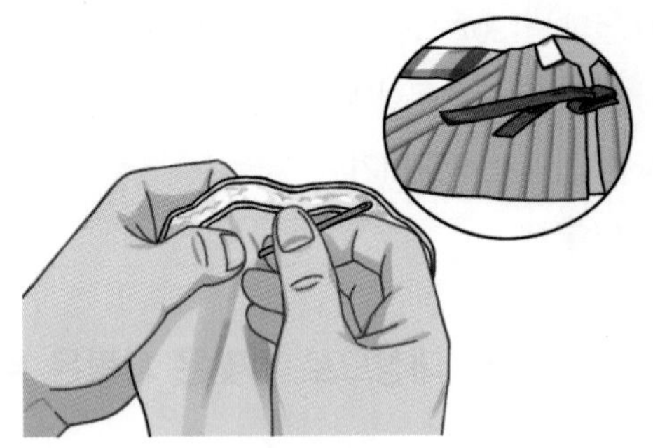

① 왕과 왕비가 입을 옷을 만들기 위해
② 비가 올 때 옷이 젖지 않게 하기 위해
③ 겨울철 튼튼하고 따뜻한 옷을 입기 위해
④ 더운 여름 바람이 잘 통하는 옷을 입기 위해
⑤ 운동을 할 때 땀이 잘 흡수되는 옷을 입기 위해

[13~15] 다음은 충청남도 공주시의 관광 안내도입니다. 물음에 답하시오.

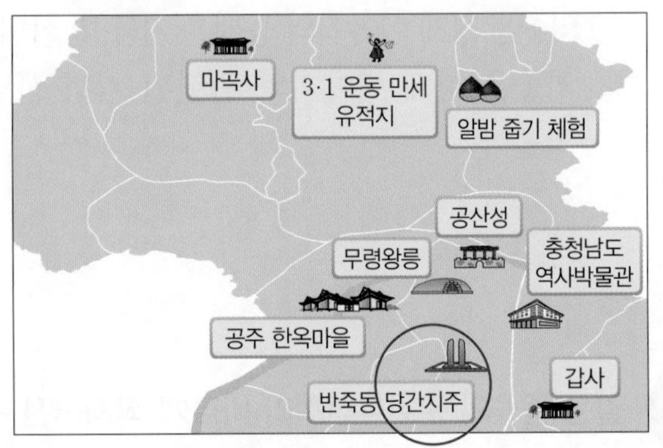

13 위 안내도에서 찾을 수 있는 문화유산이 아닌 것은 어느 것입니까? (　　)

① 마곡사　② 공산성
③ 무령왕릉　④ 알밤 줍기 체험
⑤ 반죽동 당간지주

14 위 안내도의 ○ 표시된 곳에 대한 설명입니다. 이와 관련해 알 수 있는 사실은 무엇입니까? (　　)

> 당간지주는 절에서 기도나 법회 등이 있을 때 깃발을 달아 두는 용도로 쓰였다.

① 이곳에 절이 있었다는 것을 알 수 있다.
② 적으로부터 고장을 지키기 위한 기둥이다.
③ 왕의 무덤이 있는 장소라는 것을 알 수 있다.
④ 조상들이 효도를 중요시했다는 것을 알 수 있다.
⑤ 옛날 고장의 입구가 있었던 곳이라는 것을 알 수 있다.

15 (　　) 안에 들어갈 말로 알맞지 않은 것은 어느 것입니까? (　　)

> 효아네 모둠은 공주시의 관광 안내도를 보고 답사를 하려고 한다. 먼저 답사를 하기 전에 (　　　　) 등을 의논해 답사 계획서를 작성했다.

① 답사 방법　② 역할 분담
③ 필요한 준비물　④ 답사를 통해 느낀 점
⑤ 답사로 알고 싶은 점

16 고장 문화 관광 해설사와의 면담을 통해 알 수 있는 내용으로 알맞지 않은 것은 어느 것입니까? (　　)

① 문화유산의 특징
② 문화유산의 우수성
③ 문화유산과 관련된 이야기
④ 문화유산이 만들어진 시대
⑤ 문화유산에 대한 친구의 생각

17 **다음과 같은 정보를 얻기에 알맞은 문화유산 조사 방법은 무엇입니까? (　　　)**

우리 고장 문화유산에
대한 설명뿐만 아니라
사진과 동영상을
보고 싶어.

① 고장의 안내도 찾아보기
② 고장의 어른께 여쭤보기
③ 문화재청 누리집 검색하기
④ 문화유산을 직접 찾아가기
⑤ 문화유산 소개 책자 찾아보기

18 **문화재청 누리집에서 고장의 문화유산을 조사할 때, 다음 화면에 나타난 단계에서 해야 할 일은 무엇입니까? (　　　)**

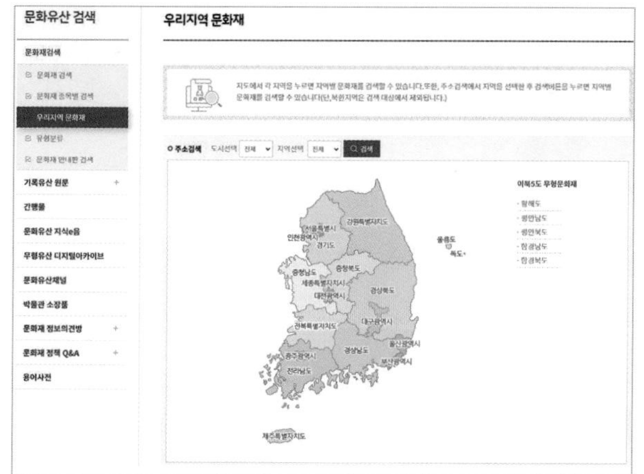

① 문화유산 목록 선택하기
② 문화재청 누리집 접속하기
③ 고장의 문화유산 살펴보기
④ 우리 고장을 찾아 선택하기
⑤ 문화유산에 대한 정보 살펴보기

19 **고장의 문화유산을 대하는 태도로 바람직하지 않은 것은 어느 것입니까? (　　　)**

① 고장의 문화유산에 관심을 갖는다.
② 고장의 문화유산에 자긍심을 갖는다.
③ 고장의 문화유산을 보존하기 위해 노력한다.
④ 고장 문화유산의 가치를 알리기 위해 노력한다.
⑤ 다른 고장의 문화유산과 비교해 순위를 매긴다.

20 **다음은 문화유산 소개 자료의 일부분입니다. 이와 관련 있는 문화유산 소개 방법은 무엇입니까? (　　　)**

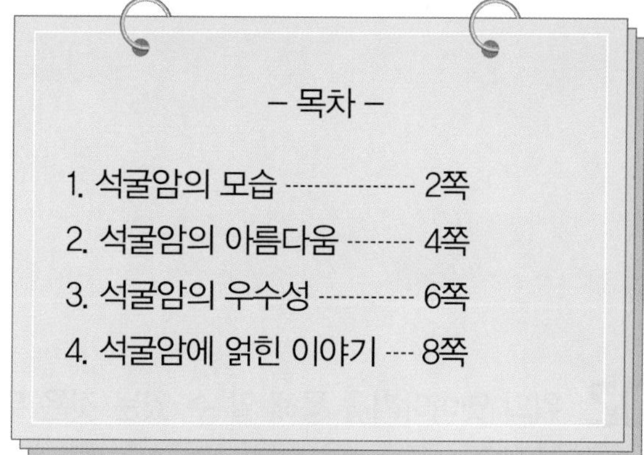

① 석굴암 모형 만들기
② 석굴암 사진 전시하기
③ 석굴암 소개 책자 만들기
④ 문화 관광 해설사 되어 보기
⑤ 석굴암을 찍은 동영상 상영하기

서술형 평가 2단원

[01~02] 다음을 읽고, 물음에 답하시오.

옛날 사람들은 누에고치에서 실을 뽑아 옷감을 만들었다. 누에고치란 누에가 번데기가 되면서 만드는 튼튼한 고치를 일컫는 말이다. 누에는 뽕나무 잎을 먹고 자라는데, 조선 시대에는 이 지역에 뽕나무를 심고 누에 기르는 방을 만들었다. 누에를 한자어로 '잠'이라고 하며, 누에를 기르는 방을 '잠실'이라고 부른다.

누에를 기르는 잠실이 많았던 지역, 지금도 이 지역을 '잠실'이라고 부른다.

01 위의 옛이야기를 읽고, 다음과 같이 정리했습니다. (　　) 안에 알맞은 말을 써넣으시오.

(1) 옛날 사람들은 (　　　　)에서 실을 뽑아 옷감을 만들었습니다.

(2) 조선 시대에는 이 지역에 (　　　　)을(를) 심어 누에를 기르도록 했습니다.

(3) 누에를 기르는 방을 뜻하는 (　　　　)은(는) 이 지역을 가리키는 지명이 되었습니다.

02 위의 옛이야기를 통해 알 수 있는 것은 무엇인지 쓰시오.

(1) 잠실의 뜻: ____________________

____

(2) 옛이야기로 알 수 있는 것: ____________________

____

[03~04] 다음을 보고, 물음에 답하시오.

(가)	(나)
일본군을 무찌른 이순신 장군의 업적을 기리는 내용이 담긴 민요	예 두 남녀가 불어난 강물로 만날 수 없게 된 사연이 담긴 민요

03 (가)와 (나)에 해당하는 민요의 이름을 각각 쓰시오.

(1) (가): (　　　　　　　　　　)

(2) (나): (　　　　　　　　　　)

04 위 내용과 관련 있는 민요를 통해 알 수 있는 각 고장의 자연환경을 쓰시오.

(1) (가): ____________________

____

(2) (나): ____________________

____

[05~06] 다음 문화유산과 관련된 글을 읽고, 물음에 답하시오.

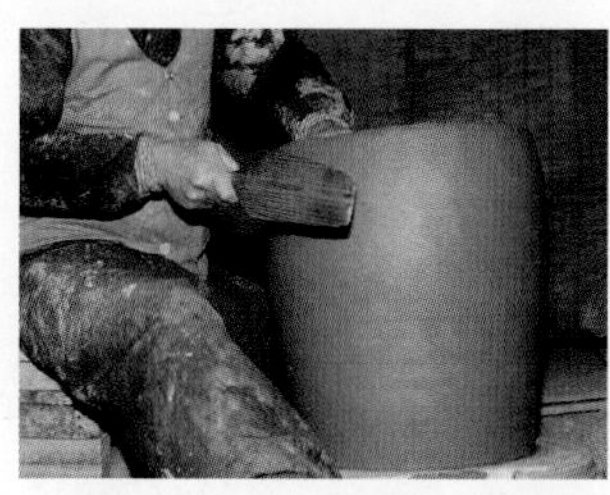

흙으로 빚어 불에 구워 만드는 독과 항아리를 만드는 기술을 가진 사람을 옹기장이라고 한다.

옹기는 숨을 쉬는 그릇으로, 예로부터 음식을 저장하고 간장이나 된장과 같은 발효 식품을 만드는 데 널리 사용했다. 옹기를 만들기 위해서는 물레의 속도, 손놀림, 불질의 정도 등 특별한 기술이 필요하다.

우리나라에서는 옹기 기술을 가진 사람을 인간문화재로 지정해 전통적인 옹기 제작 문화유산을 보존하기 위해 노력하고 있다.

05 윗글을 읽고, 다음과 같이 정리했습니다. (　　) 안에 알맞은 말을 써넣으시오.

(1) 흙으로 빚어 불에 구워 만드는 독과 항아리를 만드는 기술을 가진 사람을 (　　　　)(이)라고 합니다.

(2) 우리나라는 옛날부터 음식을 저장하고 간장, 된장 등의 (　　　　) 식품을 만들기 위해 옹기를 널리 사용해 왔습니다.

06 위와 같은 기술은 어떻게 전해 내려오는지 쓰시오.

[07~08] 다음은 고장의 문화유산인 송파 산대놀이를 소개하기 위한 계획서입니다. 물음에 답하시오.

소개할 문화유산	송파 산대놀이
소개할 내용	• 송파 산대놀이의 공연 모습과 이야기 • 송파 산대놀이의 재미와 가치
소개 방법	동영상 뉴스
준비물	카메라, 마이크 등

07 위의 계획서에 따라 다음과 같이 역할을 나누었습니다. 역할 분담으로 알맞은 것에 모두 ○표 하시오.

(1) 송파 산대놀이를 본 관광객과 인터뷰하기 (　　)

(2) 송파 산대놀이 공연 현장을 동영상으로 촬영하기 (　　)

(3) 송파 산대놀이에서 쓰는 탈 모형을 만들어 전시하기 (　　)

08 위의 소개 계획서를 참고해, 고장의 문화유산 소개 자료를 만들 때 주의해야 할 점은 무엇인지 한 가지만 쓰시오.

쉬어가기 집중력이 떨어질 때 먹으면 좋은 간식

공부를 하다 보면 졸음이 오고 나른해질 때가 있죠?
그럴 때 뇌 활동을 촉진하는 음식을 먹으면 나른해진 정신을 깨우는 데 도움이 된다고 해요.
만점왕 친구들에게 집중력 강화에 도움이 된다고 알려진 간식 6가지를 소개합니다.

호두

호두는 뇌를 건강하게 해 집중력과 사고력을 높여 줍니다. 호두에는 단백질, 칼슘을 비롯해 철분, 아연, 마그네슘 등 각종 영양소가 풍부하답니다. 특히 호두에는 오메가3가 가득해 혈관 속 콜레스테롤을 몸 밖으로 내보내는 역할을 한답니다. 호두는 항산화 물질인 비타민E도 풍부해 기억력 감퇴, 치매 등 노화로 인한 뇌 질환도 막아 줍니다.

블루베리

베리류는 눈 건강에 도움이 되는 안토시아닌 성분이 풍부하다고 합니다. 따라서 오랜 시간 동안 모니터나 책을 보느라 쌓인 눈의 피로를 풀어 주는 데 효과적입니다. 눈이 편안해지면 집중력이 향상되는 효과가 있다고 하니, 하루에 20알 정도씩 블루베리를 먹으면 좋겠습니다.

생선

생선은 다양한 영양소를 품고 있습니다. 그중 연어는 오메가3가 풍부해서 뇌세포를 살려 주어 두뇌 회전을 빠르게 한다고 합니다. 고등어에는 오메가3가 풍부하고 그 외에도 DHA, EPA 성분들이 풍부해 기억력을 개선하거나 뇌 기능 활성화에도 도움이 됩니다. 기름을 빼서 담백하게 조리하여 섭취해 보세요.

다크초콜릿

다크초콜릿은 뇌의 피 흐름을 원활하게 해 사고력 증진에 도움을 준다고 합니다. 특히 초콜릿의 주원료인 카카오에는 플라바놀이라는 항산화 물질이 풍부해 뇌로 가는 산소와 영양소의 양이 늘어나도록 혈액 순환을 촉진합니다. 또 초콜릿 속 테오브로민 성분이 대뇌 피질을 부드럽게 해 집중력을 높이는 효과가 있다고 합니다. 단, 열량이 높은 밀크초콜릿보다는 카카오 함량이 70% 이상인 것이 좋습니다. 더불어 치아 건강과 질 높은 수면을 위해 너무 많은 양을 섭취하는 것은 피해야 한다는 점, 잊지 마세요.

유산균

유산균은 소화를 도와 불편한 속이 개선되는 데 도움을 줄 뿐만 아니라 기억력과 집중력 향상에도 영향을 줍니다. 장 내 유익한 균의 비율이 높은 경우 기억력 테스트 점수가 높다는 연구 결과도 있다고 합니다. 신경 전달 물질 세로토닌의 경우 정상 분비되지 않으면 스트레스 상황에서 흥분 작용을 억제할 수 없어 집중력을 방해한다고 하는데요. 장 내 유익한 균이 있으면 이 세로토닌의 활동이 활발해질 수 있다고 합니다.

계란

단백질이 풍부한 계란은 식단 관리뿐만 아니라 집중력을 높이는 데 도움을 주는 음식입니다. 계란에는 단백질을 비롯해 비타민이나 무기질 등이 풍부해 완전 식품이라고 불리기도 하는데요. 생선처럼 오메가3 지방산인 DHA가 풍부해 기억력과 집중력 향상에 효과적입니다. 계란 노른자에 있는 콜린 성분은 뇌세포 막을 건강하게 유지하게 하는 성분이며, 뇌의 활발한 활동을 돕는다고 합니다.

중단원 핵심 복습 3단원 (1)

1 옛날 사람들이 이용하던 교통수단

(1) 옛날 교통수단의 종류

땅에서 이용	• 사람이 이동할 때: 말, 당나귀, 가마, 인력거 등 • 물건을 옮길 때: 소달구지, 수레 등
물에서 이용	뗏목, 나룻배, 돛단배 등

▲ 가마

▲ 소달구지

▲ 나룻배

(2) 옛날 교통수단의 특징
- 사람이나 동물, 자연의 힘을 이용함.
- 자연에서 쉽게 구할 수 있는 재료를 사용함.
- 환경이 오염되지 않으나, 환경의 영향을 많이 받음.
- 힘이 많이 들고, 시간이 오래 걸림.
- 한 번에 많은 사람이나 물건을 이동시키기 어려움.

(3) 기계의 힘을 이용한 초기의 교통수단
- 전차, 증기선, 증기 기관차, 비행기 등이 있음.
- 수증기나 전기의 힘을 이용함.
- 사람이나 동물의 힘을 빌리지 않고 기계의 힘을 이용해 움직임.
- 더 많은 사람이 쉽고 빠르게 먼 곳으로 갈 수 있게 됨.

2 오늘날 사람들이 이용하는 교통수단

(1) 오늘날 교통수단의 종류: 자동차, 기차, 버스, 비행기, 지하철, 배, 트럭, 자전거, 오토바이 등이 있음.

(2) 오늘날 교통수단의 특징
- 교통수단의 연료로 석유, 가스, 전기 등을 이용함.
- 먼 곳까지 빠르고 편하게 갈 수 있음.
- 이동 시간이 크게 줄어듦.
- 한 번에 많은 사람과 물건을 실어 나를 수 있음.

3 교통수단의 발달로 달라진 사람들의 생활 모습

(1) 고장의 변화
- 터미널, 공항, 주유소 등 다양한 시설이 들어섬.
- 여러 가지 새로운 직업들이 생겨남.
- 사람들이 점점 많아짐.
- 큰 도시로 발달함.

(2) 사람들의 생활 모습
- 사람들이 먼 곳으로 편리하게 갈 수 있게 됨.
- 무거운 짐을 한 번에 먼 곳까지 옮길 수 있게 됨.
- 예전에는 가기 어려웠던 곳을 편리하게 갈 수 있게 됨.

4 고장의 환경에 따라 사람들이 이용하는 교통수단

(1) 고장의 환경에 따른 교통수단

갯배	바다를 사이에 두고 두 마을을 오갈 때 이용함.
널배	갯벌에서 잡은 조개 등을 운반할 때 이용함.
모노레일	가파른 길을 오르내리거나 농작물을 수확해 운반할 때 이용함.
경운기	농촌 지역에서 농사 도구, 농산물을 운반할 때 이용함.
케이블카	산이나 높은 곳을 쉽고 빠르게 오르내리는 데 이용함.
지프 택시	길이 가파르고 눈이 많이 오는 지역에서 이용함.
카페리	사람과 함께 자동차를 배에 실어 섬이나 육지로 운반할 때 이용함.

▲ 널배

▲ 모노레일

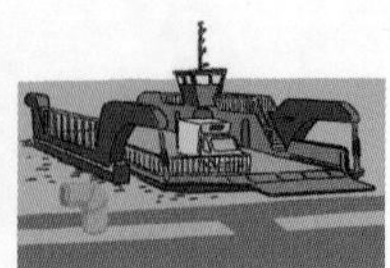
▲ 카페리

(2) 목적에 따른 교통수단

관광	레일 자전거, 관광 열차, 관광 유람선, 시내 관광버스 등
구조	구조용 특수 소방차, 산악 구조 헬리콥터, 해상 구조 보트 등

5 교통수단의 발달로 달라질 미래의 생활 모습

(1) 먼 곳까지 더 빠르게 갈 수 있음.
(2) 자율 주행 자동차로 편하게 목적지까지 갈 수 있음.
(3) 몸이 불편한 사람도 자유롭게 이동할 수 있음.
(4) 화석 연료의 사용이 줄어 환경 오염이 줄어들 것임.

중단원 쪽지 시험

3 (1) 교통수단의 발달과 생활 모습의 변화

정답과 해설 42쪽

01 옛날에 소를 이용해 짐을 나를 때 이용한 교통수단은 무엇입니까?

( )

02 다음과 같이 옛날에 물에서 이용하던 교통수단은 무엇입니까?

( )

03 전차는 (수증기 , 전기)의 힘을 이용해 움직였습니다.

04 옛날에 수증기의 힘을 이용해 움직이던 배를 무엇이라고 합니까?

( )

05 다음 시설들과 관련 있는 오늘날의 교통수단은 무엇입니까?

주차장, 휴게소, 주유소

( )

06 선착장, 여객선 터미널 등의 시설과 관련 있는 오늘날의 교통수단은 무엇입니까?

( )

07 학교에서 학급별로 현장 체험 학습을 갈 때, 가장 많이 이용하는 교통수단은 무엇입니까?

( )

08 다음과 같이 농촌에서 농사 도구나 농산물을 운반하는 데 주로 이용되는 교통수단은 무엇입니까?

( )

09 카페리는 사람과 함께 자동차를 (배 , 비행기)에 실어 섬이나 육지로 운반합니다.

10 레일 자전거는 (관광 , 구조)을(를) 하기 위한 교통수단입니다.

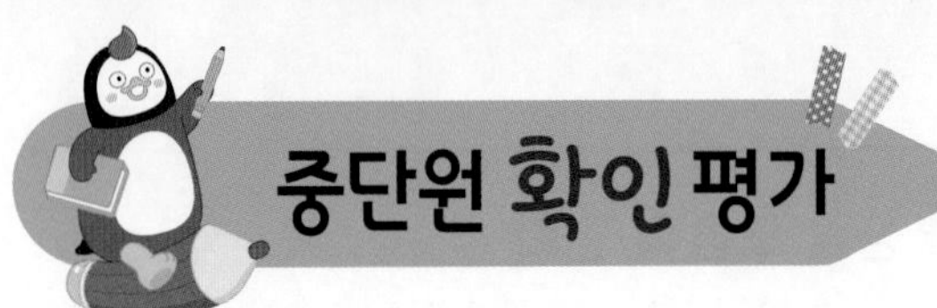

중단원 확인 평가

정답과 해설 42쪽

01 옛날에 땅에서 이용하던 교통수단이 아닌 것은 어느 것입니까? (　　)

① 말　② 전차
③ 증기선　④ 인력거
⑤ 소달구지

02 다음에서 설명하는 옛날의 교통수단을 쓰시오.

나루와 나루 사이를 오가며 사람이나 짐 등을 실어 나르던 작은 배로, 사람이 노를 저어 움직인다.

(　　　　　　　　)

03 다음 오늘날의 교통수단과 이용 목적이 다른 옛날의 교통수단은 어느 것입니까? (　　)

① 말　② 가마
③ 전차　④ 인력거
⑤ 소달구지

04 옛날 두 교통수단의 공통점으로 알맞은 것은 어느 것입니까? (　　)

① 해외여행을 할 때 이용했다.
② 물건을 운반할 때 이용했다.
③ 사람이 이동할 때 이용했다.
④ 바람의 힘을 이용해 움직였다.
⑤ 강이나 바다를 건널 때 이용했다.

중요 **05** 옛날 교통수단의 이름과 모습을 바르게 선으로 이으시오.

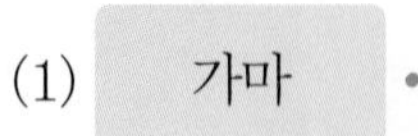

(1) 가마 •　　• ㉠ 

(2) 뗏목 •　　• ㉡ 

(3) 전차 •　　• ㉢ 

06 (　　) 안에 공통으로 들어갈 알맞은 교통수단은 무엇입니까? (　　)

- (　　　　)은(는) 바람의 힘을 이용해서 움직였다.
- (　　　　)은(는) 주로 옛날 사람들이 물에서 이용했다.

① 인력거
② 증기선
③ 카페리
④ 돛단배
⑤ 증기 기관차

중요

07 옛날 교통수단의 공통점으로 알맞은 것은 어느 것입니까? (　　)

① 힘이 적게 든다.
② 환경의 영향을 받는다.
③ 물건을 빨리 운반한다.
④ 시간이 오래 걸리지 않는다.
⑤ 많은 사람을 한 번에 실어 나르기 쉽다.

08 (　　) 안에 들어갈 알맞은 교통수단을 쓰시오.

사람이나 동물의 힘을 빌리지 않고 수증기의 힘을 이용한 (　　　　)을(를) 타고 여러 명이 함께 이동할 수 있게 되었다.

(　　　　　　　　　　)

09 다음에서 설명하는 교통수단을 보기에서 골라, 기호를 쓰시오.

보기

㉠ 버스　　㉡ 트럭　　㉢ 지하철
㉣ 비행기　　㉤ 오토바이

(1) 많은 택배 물건을 실어 나를 때 이용한다. (　　)

(2) 가까운 거리나 좁은 골목으로 물건을 배달할 때 주로 이용한다. (　　)

10 교통수단의 주된 목적이 다른 하나는 어느 것입니까? (　　)

①

②

③

④

⑤

11 오늘날의 교통수단에 대한 설명으로 알맞은 것은 어느 것입니까? (　　　)

① 환경 오염이 적다.
② 이동 시간이 적게 걸린다.
③ 환경의 영향을 많이 받는다.
④ 교통수단의 종류가 단순해졌다.
⑤ 주로 사람이나 동물의 힘을 이용한다.

중요

12 오늘날 교통수단의 발달로 달라진 사람들의 생활 모습을 잘못 말한 사람은 누구인지 쓰시오.

효준: 이동하는 시간이 줄어들었어요.
민하: 교통과 관련된 직업이 더 줄어들었어요.
시영: 가기 어려웠던 곳을 갈 수 있게 되었어요.

(　　　　　　　　　　)

13 다음 시설들과 가장 관련 있는 교통수단을 쓰시오.

관제탑, 활주로, 공항

(　　　　　　　　　　)

14 ㉠과 ㉡에 들어갈 교통 시설과 교통수단이 알맞은 것은 어느 것입니까? (　　　)

준형이는 [㉠]에서 버스를 기다렸다. 5분 후에 도착한 버스를 타고 서울역으로 갔다. 그리고 서울역에서 [㉡]을(를) 타고 2시간 40분 만에 부산에 도착했다.

	㉠	㉡
①	버스 정류장	비행기
②	버스 정류장	고속 열차
③	공항	비행기
④	지하철역	버스
⑤	여객선 터미널	지하철

15 다음과 같이 교통수단이 발달하면서 좋아진 점에 대해 한 가지만 쓰시오.

▲ 뗏목　　▲ 화물선

16 **다음의 교통수단을 보고, 물음에 답하시오.**

(1) 강원특별자치도 속초에서 볼 수 있는 위 교통수단의 이름을 쓰시오.
( )

(2) 위와 같은 교통수단을 이용하는 고장의 환경은 어떠한지 쓰시오.

____

____

17 **다음과 같은 케이블카를 이용하면 좋은 점으로 알맞은 것은 어느 것입니까? ( )**

① 섬과 섬을 이동할 수 있다.
② 자동차를 육지로 운반할 수 있다.
③ 가파른 길에 농산물을 운반할 수 있다.
④ 눈이 많이 온 길을 안전하게 갈 수 있다.
⑤ 높은 곳을 쉽고 빠르게 오르내릴 수 있다.

18 **오른쪽 교통수단이 주로 이용되는 고장의 환경으로 알맞은 것은 어느 것입니까?**
( )

① 바닷가 주변
② 길이 가파른 곳
③ 농사를 짓는 곳
④ 눈이 적게 오는 곳
⑤ 비가 많이 오는 곳

19 **다음과 같은 교통수단의 이용 목적으로 알맞은 것은 어느 것입니까? ( )**

레일 자전거, 유람선

① 출근을 위해
② 관광을 위해
③ 높은 곳에 올라가기 위해
④ 현장 체험 학습을 가기 위해
⑤ 위험한 상황에서 사람을 구조하기 위해

20 **교통수단의 발달로 생겨날 미래의 교통수단으로 알맞지 않은 것은 어느 것입니까? ( )**

① 태양광 버스
② 하늘을 나는 드론 택시
③ 물건을 운반하는 경운기
④ 우주 여행을 할 수 있는 항공기
⑤ 스스로 움직이는 자율 주행 자동차

1 옛날 사람들이 이용하던 통신 수단

(1) 평상시에 이용한 통신 수단
- 직접 가서 말로 전함.
- 서찰(편지)을 써서 전함.
- 방을 붙여 소식을 널리 알림.

(2) 전쟁이나 위급한 상황에 이용한 통신 수단

파발	나라의 문서나 긴급한 군사 정보를 사람이 직접 달려가거나 말을 타고 가서 전함.
봉수	적이 쳐들어오면 낮에는 연기, 밤에는 횃불을 피워 위급한 상황을 알림.
신호 연	암호가 그려진 연을 띄워 작전이 시작되거나 바뀐 것을 알림.
북	전쟁터에서 북을 크게 쳐 상황을 알림.

▲ 파발

▲ 봉수

▲ 신호 연

(3) 옛날 통신 수단의 특징
- 사람이 직접 소식을 전하는 경우가 많음.
- 파발, 봉수, 신호 연, 북 등 다양한 방법을 이용해 신속하게 소식을 알림.

2 오늘날 사람들이 이용하는 통신 수단

(1) 오늘날의 통신 수단: 휴대 전화, 컴퓨터, 텔레비전, 길 도우미, 신문, 편지 등 다양함.

(2) 오늘날 통신 수단의 특징
- 여러 사람과 동시에 연락할 수 있음.
- 여러 사람에게 정보를 실시간으로 전달할 수 있음.
- 한 번에 많은 정보를 주고받을 수 있음.
- 통신 기계 하나로 다양한 통신 방법을 이용할 수 있음.

▲ 휴대 전화

▲ 컴퓨터

▲ 길 도우미

3 통신 수단의 발달로 달라진 사람들의 생활 모습

(1) 가정에서의 변화
- 휴대 전화로 물건을 사거나 은행 업무를 봄.
- 다양한 통신 수단을 이용해 여가 생활을 함.
- 친구들과 메신저로 연락을 주고받음.
- 멀리 있는 친척과 영상 통화를 함.

(2) 학교에서의 변화
- 직접 관찰하기 어려운 것들을 컴퓨터 영상 자료로 봄.
- 컴퓨터와 인터넷을 이용해 수업을 함.
- 텔레비전으로 아침 방송 조회를 봄.

(3) 회사에서의 변화
- 컴퓨터를 이용해 서류와 자료를 주고받음.
- 회사 메신저를 이용해 쉽게 연락함.
- 먼 곳에 있는 사람과 화상 회의를 함.

4 장소나 하는 일에 따라 다른 통신 수단의 이용 모습

(1) 장소에 따른 이용 모습
- 농촌의 주택: 마을 방송으로 연락함.
- 도시의 아파트: 인터폰으로 연락함.
- 물속: 수신호로 의사소통을 함.

(2) 하는 일에 따른 이용 모습

전시 해설자	무선 마이크로 작품 설명을 함.
경찰관과 소방관, 군인, 공사 현장	무전기로 정보를 주고받음.
택시 기사와 배달 기사	휴대 전화로 손님의 요청을 받음.
항공기 유도원	수신호로 의사소통을 함.

5 통신 수단의 발달로 달라질 미래의 생활 모습

(1) 무선 인터넷이 다양한 물건에 적용되어 사람들의 생활이 더욱 편리해질 것임.

(2) 건강 관리를 돕는 통신 수단을 이용해 몸의 건강 상태를 병원에 가지 않고도 점검할 수 있음.

(3) 무선 인터넷 등 통신 기술이 자동차와 연결되어 스마트 카가 등장할 것임.

중단원 쪽지 시험

3 (2) 통신 수단의 발달과 생활 모습의 변화

정답과 해설 43쪽

01 옛날 사람들은 평상시에 (암호 , 서찰)을(를) 보내 사람이 직접 소식을 전했습니다.

02 다음과 같은 옛날의 통신 수단은 무엇입니까?

( )

03 다음에서 설명하는 옛날의 통신 수단은 무엇인지 쓰시오.

> • 낮에는 연기로 소식을 알린다.
> • 밤에는 횃불로 소식을 알린다.

( )

04 다음과 같은 상황에서 이용한 옛날의 통신 수단은 무엇입니까?

( )

05 옛날에 전쟁터에서는 (북 , 꽹과리)을(를) 크게 쳐 상황을 알렸습니다.

06 오늘날 사람들이 들고 다니면서 전화를 걸고 무선 인터넷도 이용하는 통신 수단은 무엇입니까?

( )

07 회사에서 먼 곳에 있는 사람과 통신 회선으로 연결해 화면으로 얼굴을 보며 회의하는 것을 무엇이라고 합니까?

( )

08 (택시 기사 , 전시 해설자)는 무선 마이크를 이용해 작품을 설명합니다.

09 경찰관들이 동료와 정보를 주고받기 위해 주로 이용하는 통신 수단은 무엇입니까?

( )

10 항공기 유도원은 비행기 조종사와 (암호 , 수신호)로 의사소통을 합니다.

중단원 확인 평가

중요
01 옛날 사람들이 평상시 소식을 전하던 방법으로 알맞은 것은 어느 것입니까? (　　)

① 불을 피워서 알렸다.
② 연기를 피워서 알렸다.
③ 직접 가서 말을 전했다.
④ 북을 크게 쳐서 알렸다.
⑤ 신호 연을 띄워 작전을 알렸다.

02 다음과 같이 옛날에 소식을 글로 써서 보내던 통신 수단을 무엇이라고 합니까? (　　)

① 방　② 북
③ 서찰　④ 봉수
⑤ 신호 연

03 다음에서 설명하는 옛날의 통신 수단은 무엇입니까? (　　)

> 위급한 상황이나 전쟁 때에 나라의 문서나 긴급한 군사 정보를 사람이 직접 달려가거나 말을 타고 가서 전했다.

① 북　② 새
③ 봉수　④ 서찰
⑤ 파발

04 다음과 같이 전쟁 상황에서 소식을 전하던 옛날의 통신 방법은 무엇인지 쓰시오.

(　　　　　　　　)

05 다음과 같은 상황에서 이용하기에 알맞은 통신 수단은 무엇입니까? (　　)

백성들에게 이 소식을 널리 알리도록 하시오.
네, 전하!

① 방
② 서찰
③ 파발
④ 봉수
⑤ 신호 연

06 **오늘날 통신 수단의 이름과 모습을 바르게 선으로 이으시오.**

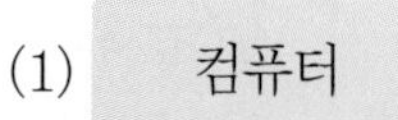

(1) 컴퓨터 •   • ㉠

(2) 텔레비전 •   • ㉡

(3) 길 도우미 •   • ㉢

(4) 휴대 전화(스마트폰) •   • ㉣

중요

07 **오늘날 통신 수단의 특징으로 알맞지 않은 것은 어느 것입니까? (　　)**

① 소식을 전하는 방법이 다양하다.
② 스마트폰으로 인터넷을 할 수 있다.
③ 여러 사람과 동시에 연락하기 쉽다.
④ 정보를 실시간으로 전달할 수 있다.
⑤ 사람이 직접 가서 소식을 전하는 경우가 많다.

서술형

08 **다음과 같은 오늘날 통신 수단의 장점을 한 가지만 쓰시오.**

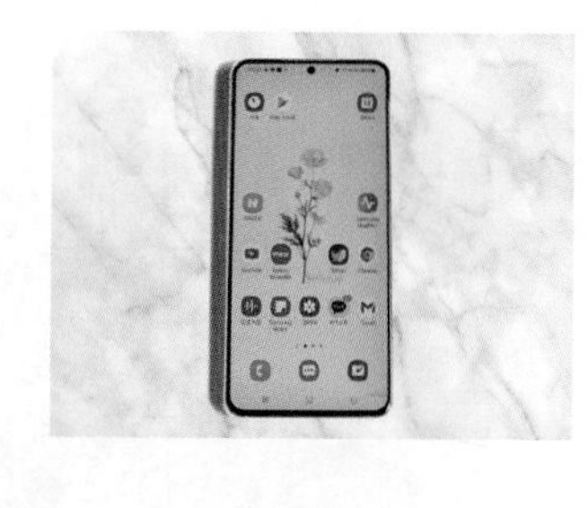

____

____

09 **오른쪽 통신 수단에 대한 설명으로 알맞은 것은 어느 것입니까? (　　)**

① 선이 없는 전화기다.
② 인터넷이 연결된 전화다.
③ 교환원이 연결해 주는 전화다.
④ 전화를 걸면 번호를 남길 수 있다.
⑤ 번호를 돌려 직접 상대방에게 전화할 수 있다.

10 **오늘날 학교에서 통신 수단을 이용하는 모습으로 알맞은 것을 두 가지 고르시오. (　　,　　)**

① 아침 조회를 방송으로 시청한다.
② 업무 서류는 모두 직접 주고받는다.
③ 다른 교실과는 무전기를 이용해 연락한다.
④ 텔레비전으로 실시간 수업 자료를 주고받는다.
⑤ 컴퓨터를 이용해 인터넷 자료를 수업에 활용한다.

11 다음을 보고, 통신 수단의 발달로 달라진 회사 생활의 모습을 한 가지만 쓰시오.

12 다음과 같은 통신 수단의 이용 모습으로 알맞지 않은 것은 어느 것입니까? (　　)

① 많은 양의 자료를 보낸다.
② 관심 있는 동영상을 본다.
③ 자동차 안에서 주로 이용한다.
④ 궁금한 정보를 검색해 알아본다.
⑤ 전자 우편을 보내 소식을 전한다.

13 (　　) 안에 들어갈 알맞은 통신 수단은 무엇입니까? (　　)

> 오늘날 집에서는 (　　　　)(으)로 뉴스 속보를 실시간으로 보고, 스포츠 경기도 실시간으로 시청한다.

① 신문　② 라디오
③ 인터폰　④ 텔레비전
⑤ 길 도우미

14 오늘날 통신 수단을 이용하는 모습으로 알맞지 않은 것은 어느 것입니까? (　　)

① 은행에 직접 가서 돈을 보낸다.
② 엄마가 스마트폰으로 물건을 산다.
③ 야구 중계를 텔레비전으로 시청한다.
④ 시골에 계신 할아버지와 영상 통화를 한다.
⑤ 친구들과 문자로 서로 의견을 주고받는다.

서술형 15 다음과 같이 아파트에서 주로 이용하는 통신 수단과 그 이용 방법을 한 가지만 쓰시오.

(1) 통신 수단: (　　　　　　　　)
(2) 이용 방법:

16 **다음 중 하는 일과 이용하는 통신 수단이 알맞은 것은 어느 것입니까? (　　)**

	전시 해설자가 안내를 할 때	바다 잠수부가 잠수하고 있을 때
①	무전기	인터폰
②	무전기	무선 마이크
③	인터폰	수신호
④	무선 마이크	수신호
⑤	무선 마이크	무전기

17 **건물을 짓는 공사 현장에서 주로 이용하기에 알맞은 통신 수단은 어느 것입니까? (　　)**

①　②　③　④

⑤

18 **하는 일에 따른 통신 수단의 이용 모습으로 알맞은 것은 어느 것입니까? (　　)**

① 경찰관은 무전기로 서로 연락을 한다.
② 군인은 무선 마이크로 동료의 연락을 받는다.
③ 마트 직원은 길 도우미를 이용해 상품을 설명한다.
④ 택시 기사는 텔레비전으로 손님의 부름 요청을 받는다.
⑤ 선생님은 무선 호출기를 이용해 학교 안에서 연락을 한다.

19 **통신 수단의 이용 모습에 대한 설명으로 맞으면 ○표, 틀리면 ×표를 하시오.**

(1) 소방관은 현장에서 무전기로 연락을 한다. (　　)
(2) 배달 기사는 무선 호출기로 손님의 요청을 받는다. (　　)

20 **통신 수단의 발달로 달라질 미래의 생활 모습을 바르게 예상한 것은 어느 것입니까? (　　)**

① 유선 전화가 더욱 많이 쓰일 것이다.
② 손 편지를 쓰는 사람이 많아질 것이다.
③ 집으로 배달되는 신문을 많이 볼 것이다.
④ 무선 인터넷이 연결된 전자 제품이 많아질 것이다.
⑤ 서류를 우편으로 직접 보내는 일이 더 많아질 것이다.

대단원 종합 평가

중요

01 옛날 사람들이 교통수단을 이용한 모습으로 알맞지 않은 것은 어느 것입니까? (　　)

① 말을 타고 먼 길을 갔다.
② 가마를 타고 어르신을 뵈러 갔다.
③ 뗏목으로 무거운 짐을 실어 날랐다.
④ 버스를 타고 이웃 동네에 놀러 갔다.
⑤ 당나귀를 타고 장에 가서 물건을 샀다.

02 다음과 같은 옛날의 교통수단은 무엇입니까? (　　)

① 뗏목　② 갯배
③ 널배　④ 돛단배
⑤ 나룻배

03 다음의 교통수단에 대한 설명으로 알맞은 것은 어느 것입니까? (　　)

▲ 증기선

① 전기를 이용해 움직였다.
② 돛단배보다 속도가 느렸다.
③ 수증기의 힘을 이용해 움직였다.
④ 많은 사람이 한 번에 이동하기 어려웠다.
⑤ 주로 물건을 나르는 목적으로만 이용했다.

04 오늘날 사람들이 교통수단을 이용하는 모습에 대해 바르게 말하지 못한 사람은 누구입니까? (　　)

① 이서: 트럭으로 이삿짐을 날라요.
② 은우: 유람선을 타고 강을 구경해요.
③ 예나: 지하철을 타고 회사에 출근해요
④ 민우: 오토바이를 타고 산을 쉽게 올라가요.
⑤ 도영: 승용차를 타고 백화점으로 물건을 사러 가요.

05 다음에서 설명하는 오늘날의 교통수단은 무엇입니까? (　　)

- 속도가 매우 빠르다.
- 많은 사람이 탈 수 있다.
- 정해진 길로만 다닐 수 있다.
- 땅에서 이용되는 교통수단이다.

① 갯배　② 트럭
③ 승용차　④ 경운기
⑤ 고속 열차

06 다음의 교통수단이 주로 이용되는 때는 언제입니까? (　　)

① 초등학생이 학교에 갈 때
② 회사원이 해외로 출장을 갈 때
③ 여러 가족이 함께 여행을 갈 때
④ 학교에서 현장 체험 학습을 갈 때
⑤ 가까운 곳으로 음식 배달을 갈 때

중요

07 교통수단의 발달로 달라진 오늘날의 생활 모습으로 알맞은 것은 어느 것입니까? (　　)

① 이동 시간이 적게 걸린다.
② 사람들의 직업이 줄어들었다.
③ 잠수함으로 사람들이 많이 이동한다.
④ 하늘을 나는 자동차를 많이 이용하고 있다.
⑤ 먼 곳도 빠르게 갈 수 있어 사람들이 흩어져 산다.

08 다음 교통 시설에 알맞은 교통수단은 어느 것입니까? (　　)

㉠	㉡	㉢

	공항	여객선 터미널	고속 도로
①	㉠	㉡	㉢
②	㉠	㉢	㉡
③	㉡	㉠	㉢
④	㉡	㉢	㉠
⑤	㉢	㉠	㉡

09 지하철과 관련된 시설을 이용하는 모습으로 알맞은 것은 어느 것입니까? (　　)

① 주유소에서 기름을 넣었다.
② 정류장에서 버스를 기다렸다.
③ 승강장으로 내려가 중간 칸에 탔다.
④ 휴게소에 차를 세우고 간식을 먹었다.
⑤ 관제탑에서 비행기의 착륙을 허락했다.

10 교통수단이 발달하면서 직접적으로 나타난 다양한 직업으로 알맞지 않은 것은 어느 것입니까? (　　)

① 고속 철도를 관리하는 사람
② 복잡한 교통 문제를 해결하는 사람
③ 회사에서 직원들의 식사를 만드는 사람
④ 관제탑에서 운항 정보를 안내하는 사람
⑤ 비행기가 안전하게 이동할 수 있도록 도와주는 사람

11 다음에서 설명하는 교통수단은 무엇입니까? (　　)

> 사람과 함께 자동차를 배에 실어 섬이나 육지로 운반하기 위해 이용한다.

① 갯배　② 널배　③ 카페리
④ 케이블카　⑤ 모노레일

12 두 교통수단은 언제 이용되는 것입니까? (　　)

① 여행할 때　② 관광할 때
③ 불이 났을 때　④ 물건을 나를 때
⑤ 사람을 구조할 때

13 미래에 자율 주행 자동차를 이용하게 되면 좋아질 점으로 알맞은 것은 어느 것입니까? (　　)

① 연료를 넣을 필요가 없다.
② 몸이 불편한 사람은 차를 탈 수 없다.
③ 자동차를 사는 데 비용이 들지 않는다.
④ 장소에 상관없이 자유롭게 다닐 수 있다.
⑤ 사람이 운전하지 않아도 차가 스스로 움직일 수 있다.

14 **옛날의 통신 수단인 파발에 대한 설명으로 알맞지 않은 것은 어느 것입니까? (　　)**

① 전쟁이 났을 때 이용했다.
② 군사 정보를 보낼 때 이용했다.
③ 말을 타고 가서 전하는 방법이 있다.
④ 사람이 달려가서 전하는 방법이 있다.
⑤ 평상시 백성에게 왕의 뜻을 알리는 데 이용했다.

15 **두 통신 수단의 공통점은 무엇입니까? (　　)**

① 평상시 많이 이용했다.
② 전쟁이 났을 때 이용했다.
③ 사람을 구조할 때 이용했다.
④ 불이 났을 때 소식을 알렸다.
⑤ 임금님의 행차를 알릴 때 이용했다.

16 **다음은 옛날의 통신 수단입니다. 이와 비슷한 오늘날의 통신 수단은 무엇입니까? (　　)**

① 전화　　② 편지
③ 봉수　　④ 무전기
⑤ 텔레비전

17 **오른쪽 통신 수단의 특징으로 알맞은 것은 어느 것입니까? (　　)**

① 자동차 안에서 주로 이용한다.
② 먼 곳에 있는 사람과 회의를 할 수 있다.
③ 여러 사람과 동시에 연락을 주고받을 수 있다.
④ 여러 사람에게 정보를 실시간으로 전달할 수 있다.
⑤ 전자 우편으로 한 번에 정보를 많이 주고받을 수 있다.

중요
18 **다음은 통신 수단의 발달에 따라 가정에서의 생활 모습이 어떻게 달라진 것입니까? (　　)**

① 학교 숙제를 한다.
② 은행 업무를 본다.
③ 집에서 물건을 산다.
④ 동영상 시청을 한다.
⑤ 얼굴을 보면서 통화를 한다.

19 **다음은 전화기의 발달 과정입니다. 순서에 맞게 바르게 나열된 것은 어느 것입니까? (　　)**

㉠ 스마트폰	㉡ 휴대 전화
㉢ 유선 전화	㉣ 교환원이 있는 전화

① ㉠ → ㉡ → ㉢ → ㉣
② ㉡ → ㉣ → ㉠ → ㉢
③ ㉢ → ㉡ → ㉠ → ㉣
④ ㉣ → ㉡ → ㉢ → ㉠
⑤ ㉣ → ㉢ → ㉡ → ㉠

20 회사에서 통신 수단을 이용하는 모습으로 알맞은 것은 어느 것입니까? (　　)

① 음성 통화로 회의를 한다.
② 메신저를 이용해 연락한다.
③ 전화로 점심 식사를 주문한다.
④ 무선 마이크를 이용해 연락한다.
⑤ 가게에 직접 가지 않아도 물건을 살 수 있다.

21 농촌에서 ○와 같은 통신 수단을 이용하는 까닭으로 알맞은 것은 어느 것입니까? (　　)

① 집에 컴퓨터가 없어서
② 교통 시설이 부족해서
③ 무선 인터넷이 잘 되어서
④ 사람들이 사는 주택이 모여 있어서
⑤ 논밭으로 일하러 가는 사람이 많아서

22 같은 통신 수단을 이용하는 경우를 두 가지 고르시오. (　　,　　)

① 공사 현장에서 연락할 때
② 택시 기사가 손님과 연락할 때
③ 전시 해설자가 이동하며 설명할 때
④ 경찰관이 순찰 중에 동료와 연락할 때
⑤ 항공기 유도원이 비행기에 신호를 보낼 때

23 다음 단계별로 제시된 힌트를 통해 알 수 있는 통신 수단은 무엇입니까? (　　)

1단계	'삐삐'라고 불렸습니다.
2단계	상대방의 번호로 전화를 걸면 전화번호를 남길 수 있습니다.
3단계	간단한 음성 메시지를 저장할 수도 있었습니다.

① 봉수　② 파발
③ 인터폰　④ 유선 전화
⑤ 무선 호출기

24 다음에서 설명하는 미래의 자동차는 무엇입니까? (　　)

- 무선 인터넷 접속이 가능한 자동차
- 음성 인식으로 자율 주행을 하는 자동차
- 비상시 위치를 자동으로 알려 주는 자동차

① 스마트 카
② 전기 자동차
③ 증기 기관차
④ 태양열 자동차
⑤ 하늘을 나는 자동차

중요
25 통신 수단의 발달로 생긴 문제점으로 볼 수 없는 것은 어느 것입니까? (　　)

① 소음 공해
② 개인 정보 유출
③ 통신 수단 부족
④ 인터넷 게임 중독
⑤ 사이버 예절 부족

서술형 평가 3단원

[01~03] 다음은 서울에서 부산까지 가는 데 걸리는 시간입니다. 표를 보고, 물음에 답하시오.

도보	약 30일
증기 기관차	약 17시간
고속버스	약 4시간 30분
고속 열차	약 2시간 40분
비행기	약 1시간

01 위 표를 보고, 빠른 순서대로 교통수단의 이름을 쓰시오.

(→ → → →)

02 위 표를 통해 알 수 있는 사실을 걸리는 시간이나 빠르기와 관련해 한 가지만 쓰시오.

03 만약 서울에 사는 사람이 부산으로 하루 만에 출장을 다녀와야 한다면, 위에서 어떤 교통수단을 이용하는 것이 좋을지와 그 교통수단을 선택한 까닭도 쓰시오.

(1) 교통수단의 이름: ( )

(2) 선택한 까닭:

[04~05] 다음을 보고, 물음에 답하시오.

울릉도에 사는 외삼촌께서 마른 오징어를 보내셨다. 마른 오징어는 배를 이용해 포항에 도착했고, 택배 기사 아저씨가 트럭을 이용해 효아네 집으로 배달해 주셨다.

04 위에서 마른 오징어가 효아네 집으로 배달되기까지 이용된 교통수단을 두 가지 쓰시오.

(,)

05 [문제 04번]에서 답한 교통수단의 장점을 각각 한 가지씩만 쓰시오.

(1) ( ):

(2) ( ):

[06~08] 다음을 보고, 물음에 답하시오.

06 위에서 이용된 옛날 통신 수단의 이름을 쓰시오.

( )

07 옛날에 전쟁이 일어났을 때, 위의 통신 수단을 밤에는 어떻게 이용했는지 쓰시오.

08 옛날에 전쟁이 일어났을 때, 위의 통신 수단 외에 이용된 통신 방법을 한 가지만 쓰시오.

[09~11] 다음을 보고, 물음에 답하시오.

09 위를 옛날과 오늘날 통신 수단의 이용 모습으로 구분해 각각 기호를 쓰시오.

(1) 옛날: ( )

(2) 오늘날: ( )

10 ㉢에서 이용된 통신 수단의 이름과 그 이용 모습을 쓰시오.

(1) 통신 수단의 이름: ( )

(2) 이용 모습:

11 위 통신 수단을 참고해, 오늘날의 통신 수단이 옛날의 통신 수단과 비교해 달라진 점을 두 가지 쓰시오.

•

•

쉬어가기

기억력을 높이는 6가지 뇌 자극법

손으로 글씨 쓰기

종이에 연필이나 펜으로 글씨를 쓰면 뇌에 좋다는 연구 결과가 있다고 합니다. 단순히 컴퓨터나 휴대 전화의 자판을 두드리는 것보다 직접 글씨를 쓰는 것이 훨씬 더 많은 뇌 부위를 자극하기 때문입니다.

큰 소리로 읽기

책이나 신문을 큰 소리로 읽으면 조용히 속으로 읽을 때보다 뇌에 더 많은 자극이 전달됩니다. 이러한 자극은 뇌 안의 혈액 순환을 도와 뇌를 활동적으로 만듭니다.

왼손(혹은 오른손) 쓰기

평소에 주로 쓰지 않던 손을 사용하면 새로운 신경망이 발달한다고 합니다. 오른손잡이라면 왼손으로, 왼손잡이라면 오른손으로 이를 닦거나 외투의 지퍼를 채워 보면 어떨까요? 이러한 새로운 활동은 그동안 쓰지 않던 뇌 부위를 자극할 것입니다.

중간 휴식 시간 갖기

몇 시간을 연속해서 공부하는 것보다 중간에 휴식을 취하면서 공부하는 것이 기억력 향상에 더 도움이 된다고 합니다. 중간 휴식은 정보 기억력과 개념을 학습하는 능력을 높여 주기 때문입니다.

명상하는 시간 갖기

조용한 명상의 시간을 규칙적으로 갖게 되면 뇌에 물리적인 변화가 일어난다고 합니다. 뇌 신경에 새로운 네트워크가 생기기 때문입니다. 명상은 주의력과 함께 자기 스스로를 인식하고 감정을 이입하는 능력을 키워 줍니다. 명상의 장점은 언제, 어디서나 할 수 있다는 데에 있습니다.

단순한 게임하기

규칙적인 룰을 가진 게임을 하면 비판적 사고, 추론, 정보 처리와 관련된 뇌의 영역에 긍정적인 변화가 생긴다는 사실이 연구 결과로 확인되었습니다. 하지만 너무 많은 시간을 게임에 쏟으면 눈의 피로와 집중력을 해친다는 것, 잊지 마세요!

MEMO

효과가 상상 이상입니다.

예전에는 아이들의 어휘 학습을 위해 학습지를 만들어 주기도 했는데,
이제는 이 교재가 있으니 어휘 학습 고민은 해결되었습니다.
아이들에게 아침 자율 활동으로 할 것을 제안하였는데,
"선생님, 더 풀어도 되나요?"라는 모습을 보면,
아이들의 기초 학습 습관 형성에도 큰 도움이 되고 있다고 생각합니다.

ㄷ초등학교 안00 선생님

어휘 공부의 힘을 느꼈습니다.

학습에 자신감이 없던 학생도 이미 배운 어휘가 수업에 나왔을 때 반가워합니다.
어휘를 먼저 학습하면서 흥미도가 높아지고
동기 부여가 되는 것을 보면서 어휘 공부의 힘을 느꼈습니다.

ㅂ학교 김00 선생님

학생들 스스로 뿌듯해해요.

처음에는 어휘 학습을 따로 한다는 것 자체가 부담스러워했지만,
공부하는 내용에 대해 이해도가 높아지는 경험을 하면서
스스로 뿌듯해하는 모습을 볼 수 있었습니다.

ㅅ초등학교 손00 선생님

앞으로도 활용할 계획입니다.

학생들에게 확인 문제의 수준이 너무 어렵지 않으면서도
교과서에 나오는 낱말의 뜻을 확실하게 배울 수 있었고,
주요 학습 내용과 관련 있는 낱말의 뜻과 용례를
정확하게 공부할 수 있어서 효과적이었습니다.

ㅅ초등학교 지00 선생님

학교 선생님들이 확인한
어휘가 문해력이다의 학습 효과!
직접 경험해 보세요

학기별 교과서 어휘 완전 학습
<어휘가 문해력이다>
── 예비 초등 ~ 중학 3학년 ──

아직 기초가 부족해서 차근차근 공부하고 싶어요.

조금 어려운 내용에 도전해보고 싶어요.

영어의 모든 것! 체계적인 영어공부를 원해요.

조금 어려운 내용에 도전해보고 싶어요.

학습 고민이 있나요?

초등온에는 친구들의 **고민에 맞는 다양한 강좌**가 준비되어 있답니다.

학교 진도에 맞춰 공부하고 싶어요.

초등ON 이란?

EBS가 직접 제작하고 분야별 전문 교육업체가 개발한 다양한 콘텐츠를 바탕으로,

초등 목표달성을 위한 <**초등온**>**서비스**를 제공합니다.

BOOK 3

해설책

BOOK 3 해설책으로
틀린 문제의 해설도 확인해 보세요!

EBS

인터넷·모바일·TV
무료 강의 제공

초 | 등 | 부 | 터 EBS

예습, 복습, 숙제까지 해결되는

교과서 완전 학습서

만점왕

BOOK 3
해설책

사회 3-1

평생을 살아가는 힘, **문해력**을 키워 주세요!

문해력을 가장 잘 아는 EBS가 만든 문해력 시리즈

예비 초등 ~ 중학

문해력을 이루는 핵심 분야별/학습 단계별 교재

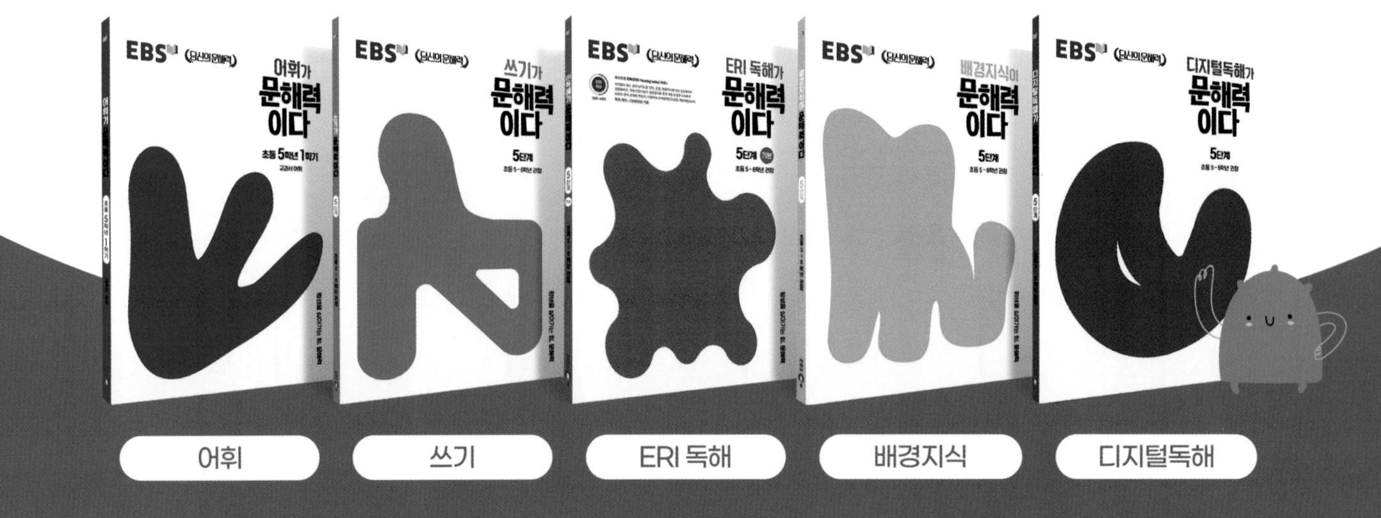

어휘 | 쓰기 | ERI 독해 | 배경지식 | 디지털독해

우리 아이의 **문해력 수준은?**

더욱 효과적인 문해력 학습을 위한

EBS 문해력 진단 테스트

https://primary.ebs.co.kr/course/literacy

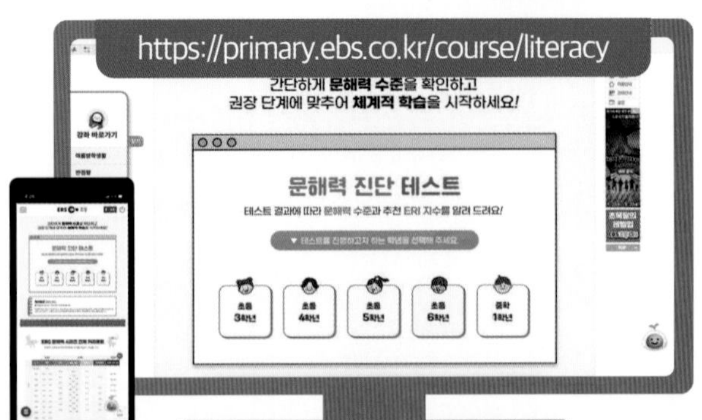

등급으로 확인하는 문해력 수준

문해력 등급 평가

초1 - 중1

BOOK 3
해설책
만점왕
사회
3-1

Book 1 개념책

1 우리 고장의 모습

(1) 우리가 생각하는 고장의 모습

핵심 개념 문제 10~11쪽

01 효준 02 ⑤ 03 ③ 04 ② 05 ① 06 시장 07 다름 08 ③

중단원 실전 문제 12~15쪽

01 ① 02 ② 03 ③ 04 규연 05 ⑤ 06 ② 07 ② 08 학교, 놀이터 09 ⑤ 10 ③ 11 ② 12 ①, ④ 13 ④ 14 장소 15 ① 16 ④ 17 ④ 18 ㉡ 19 ④ 20 존중

서술형 평가 돋보기 16~17쪽

연습 문제

1 산, 아파트 2 예 ㉠ 공통 ㉡ 다른(차이) 3 예 사람마다 겪은 경험이나 중요하게 생각하는 것이 다르기 때문이다.

실전 문제

1 예 물건을 산다. / 물건을 판다. / 물건을 실어 나른다. / 돈을 주고받는다. 등 2 예 좋아하는 장소가 다양하기 때문이다. / 본 곳이 다양하기 때문이다. / 주변에 있는 장소가 다양하기 때문이다. 등 3 (1) ○ 4 예 (1) 자주 가는 곳을 위주로 그려서 익숙하고 편안하다고 느꼈다. (2) 사람들에게 필요한 장소를 위주로 그려서 편리하고 안전하다고 느꼈다.

(2) 하늘에서 내려다본 고장의 모습

핵심 개념 문제 20~21쪽

01 높은 02 ② 03 ⑤ 04 ④ 05 백지도 06 ③ 07 ① 08 ㉠ → ㉢ → ㉡

중단원 실전 문제 22~25쪽

01 ② 02 디지털 영상 지도 03 ⑤ 04 ①, ③ 05 ④ 06 ①, ⑤ 07 ② 08 예 하늘, 높은 곳, 위 09 ⑤ 10 ① 11 ① 12 ④ 13 ③ 14 ㉢ 15 ③ 16 ② 17 ㉠ 18 ㉢ 19 ② 20 ⑤

서술형 평가 돋보기 26~27쪽

연습 문제

1 안내도 2 ㉠ 디지털 영상 지도에서 선택한 장소 찾기 ㉡ 디지털 영상 지도에서 찾은 장소를 백지도에 표시하기 3 예 많은 사람이 찾는 곳이다. / 많은 사람이 좋아하는 곳이다. / 사람들에게 도움이 되는 곳이다. / 유명한 곳이다. 등

실전 문제

1 ㉠ 인공위성 ㉡ 백지도 2 예 고장의 전체적인 모습을 살펴보기 편리하다. / 장소의 위치를 쉽게 파악할 수 있다. / 고장의 실제 모습을 자세하고 생생하게 살펴볼 수 있다. 등 3 예 누리집에서 찾는다. / 고장의 안내 책자에서 찾는다. / 문화관광 해설사에게 물어본다. / 어른들께 여쭤본다. 등 4 예 중요한 곳을 위주로 표시한다. / 산, 강, 하천 등 주요 지형지물을 위주로 표시한다. / 주요 장소를 위주로 표시한다. 등

대단원 마무리 30~33쪽

01 (가) **02** ⑤ **03** ③ **04** ② **05** ②, ⑤ **06** 예 고장의 장소에 대한 생각과 느낌은 사람마다 다르다. **07** ④ **08** ② **09** 예 산과 학교가 있다. / 행정 복지 센터가 있다. / 아파트가 있다. / 길이 있다. 등 **10** ① **11** 슈퍼마켓 **12** ⑤ **13** ② **14** ⑤ **15** ⑤ **16** (가) **17** ⑤ **18** ④ **19** ②, ⑤ **20** ㉠ **21** ②, ④ **22** ⑤ **23** ③ **24** ② **25** 예 사람마다 생각이 다르기 때문이다. / 사람마다 경험이 다르기 때문이다. 등

2 우리가 알아보는 고장 이야기

(1) 우리 고장의 옛이야기

핵심 개념 문제 40~41쪽

01 ③ **02** ⑤ **03** ③ **04** ③ **05** ① **06** ⑤ **07** ① **08** ③

중단원 실전 문제 42~45쪽

01 ② **02** ① **03** 정민 **04** ④ **05** ② **06** ㉣ **07** ② **08** ① **09** (1) – ㉡ (2) – ㉠ **10** ④ **11** ④ **12** ㉡ **13** ③ **14** ㉠ **15** ④ **16** ㉠ → ㉡ → ㉣ → ㉢ **17** ① **18** 가영 **19** ④ **20** ③

서술형 평가 돋보기 46~47쪽

연습 문제

1 (1) 서빙고 (2) 염창 **2** (1) 얼음 (2) 소금 **3** 예 서빙고동에는 얼음 창고가 있었고, 염창동에는 소금 창고가 있었다는 사실을 알 수 있다. / 서빙고동과 염창동의 이름에 얽힌 옛이야기를 통해 옛사람들의 생활 모습을 알 수 있다. 등

실전 문제

1 (1) 안성 (2) 예 안성에서 맞춘 유기의 품질이 좋았기 때문이다. **2** (1) 제주도 (2) (가) – ㉡ (나) – ㉠ (3) 예 제주도의 자연환경과 관련이 있다. **3** (1) 민요 (2) 예 미리 면담 시간과 장소를 약속한다. / 질문할 내용을 준비한다. / 동의를 얻어 면담 내용을 녹음한다. / 주요 내용을 정리하며 듣는다. 등

(2) 우리 고장의 문화유산

핵심 개념 문제 50~51쪽

01 ④ **02** (1) – ㉠ (2) – ㉡ (3) – ㉠ **03** ⑤ **04** ④ **05** ㉡ **06** ④ **07** ② **08** ③

중단원 실전 문제 52~55쪽

01 ㉠, ㉣ **02** ③ **03** 예 탈춤, 판소리 **04** ② **05** ② **06** ① **07** ④ **08** ② **09** (2) ○ **10** 면담 **11** ② **12** ②, ③ **13** ② **14** ③ **15** ② **16** ⑤ **17** ① **18** ② **19** ⑤ **20** ⑤

서술형 평가 돋보기 56~57쪽

연습 문제

1 농요 **2** ㉠ 농사 ㉡ 협동 ㉢ 동작 **3** 예 농사일을 할 때 노래를 부르며 일의 고단함을 덜었다. / 주고받는 노래를 부르며 협동해 농사일을 했다. 등

실전 문제

1 탈춤(탈놀이) **2** ㉠ 유형 ㉡ 무형 **3** 예 오랜 시간 동안 조상들의 슬기와 멋이 전해 내려오는 것이기 때문이다. **4** 답사(하기) **5** ㉠, ㉡ **6** 예 직접 경험해 생생한 지식을 얻을 수 있다.

대단원 마무리 60~63쪽

01 ⑤ 02 ⑤ 03 이순신 (장군) 04 ① 05 ③ 06 두꺼비 07 ① 08 ② 09 ⑤ 10 ① 11 예 사진, 동영상, 글 등 다양한 자료를 편리하게 검색할 수 있다. / 다양한 자료를 쉽게 구할 수 있다. / 직접 가서 조사하는 것보다 시간과 비용을 절약할 수 있다. 등 12 ③ 13 (1) 수진 (2) 예 문화유산은 왕과 왕비뿐만 아니라 백성들이 사용한 물건, 기술, 춤과 노래 등을 모두 포함하기 때문이다. 14 ④ 15 ④ 16 ⑤ 17 ⑤ 18 ④ 19 ③ 20 예 문화 관광 해설사, 문화유산 해설사 21 ⑤ 22 ㉣ → ㉤ → ㉡ → ㉠ → ㉢ 23 ③ 24 (1) – ㉡ (2) – ㉠ 25 예 문화유산의 가치와 특징이 잘 드러나는 방법을 선택한다.

서술형 평가 돋보기 76~77쪽

연습 문제

1 (1) 말 (2) 소달구지 (3) 돛단배 2 (1) 말, 가마, 소달구지 (2) 돛단배, 뗏목 (3) 가마, 뗏목 (4) 말, 소달구지 (5) 돛단배 3 예 사람의 힘을 이용해 힘이 많이 들었다. / 환경이 오염되지 않는다. / 시간이 오래 걸린다. / 한 번에 많은 물건을 옮기기 어렵다. / 환경의 영향을 많이 받는다. 등

실전 문제

1 (1) 소달구지 (2) 트럭 (3) 가마 (4) 버스 2 빠릅니다, 사람, 기계 3 예 속도가 빠르다. / 한 번에 많은 양의 물건을 운반할 수 있다. / 기계의 힘을 이용한다. / 많은 사람이 탈 수 있다. 등 4 (1) 버스, 지하철, 공항 철도, 비행기, 자동차, 배 (2) 버스 정류장, 지하철역, 공항, 여객선 터미널 5 예 정해진 시간에 정확히 갈 수 있다. / 많은 사람이 동시에 탈 수 있다. / 교통 체증이 없다. 등 6 예 (1) 비행기 (2) 시간이 적게 걸리기 때문이다. / 하늘 위로 다니므로 바다 건너 멀리까지 빠르고 편리하게 갈 수 있기 때문이다. 등

3 교통과 통신 수단의 변화

(1) 교통수단의 발달과 생활 모습의 변화

핵심 개념 문제 70~71쪽

01 ② 02 ③ 03 ② 04 ③ 05 ㉠, ㉢ 06 ① 07 ③ 08 ①

중단원 실전 문제 72~75쪽

01 교통수단 02 ③ 03 ② 04 전차 05 ④ 06 ④ 07 ④ 08 ⑤ 09 ② 10 케이블카 11 경운기 12 ⑤ 13 ③ 14 ① 15 ④ 16 ⑤ 17 ① 18 ① 19 ① 20 ⑤

(2) 통신 수단의 발달과 생활 모습의 변화

핵심 개념 문제 80~81쪽

01 ① 02 파발 03 ③ 04 ② 05 ⑤ 06 컴퓨터 07 ④ 08 ③

중단원 실전 문제 82~85쪽

01 통신 수단 02 ③ 03 ② 04 ③ 05 (1) – ㉡ (2) – ㉢ (3) – ㉠ 06 신호 연 07 (1) ○ (2) ○ 08 ③ 09 ⑤ 10 ③ 11 ① 12 ㉠ 13 ⑤ 14 ⑤ 15 ③ 16 ③, ⑤ 17 화상 회의 18 ③ 19 소은 20 ④

서술형 평가 돋보기

86~87쪽

연습 문제

1 예 스마트폰, 컴퓨터(인터넷), 인터폰 2 ㉠ 스마트폰 ㉡ 컴퓨터(인터넷) ㉢ 인터폰 3 예 스마트폰으로 동영상을 볼 수 있다. / 직접 가지 않고 공연 티켓이나 영화표를 예매할 수 있다. / 외국에 사는 친구와 영상 통화를 할 수 있다. / 가게에 가지 않고 집에서 물건을 구입할 수 있다. / 실시간으로 소식을 들을 수 있다. / 컴퓨터로 과제를 제출할 수 있다. / 인터넷으로 강좌를 듣고, 공부를 할 수 있다. 등

실전 문제

1 (1) 예 직접 서찰로 소식을 전했다. (2) 예 스마트폰으로 (모바일) 청첩장을 보낸다. 2 예 직접 가지 않고 많은 사람에게 빠르게 소식을 전할 수 있다. / 소식을 전하기에 간편하다. / 소식을 받는 데 시간이 걸리지 않는다. 등 3 예 화재 경보기가 불이 난 것을 많은 사람에게 알려 준다. / 휴대 전화로 바로 119에 신고할 수 있다. / 휴대 전화 위치를 파악해 소방서에서 바로 출동할 수 있다. 등 4 마을 방송 5 예 농촌 마을은 집이 모여 있지 않기 때문이다. / 사람들이 일하러 밭이나 논 등 밖에 있기 때문이다. 등

대단원 마무리

90~93쪽

01 ② 02 사람(동물), 동물(사람) 03 뗏목 04 ②, ④ 05 ⑤ 06 ⑤ 07 ③ 08 ③ 09 ⑤ 10 예 사람들이 먼 곳으로 편리하게 갈 수 있게 되었다. / 무거운 짐을 한 번에 먼 곳까지 옮길 수 있게 되었다. 등 11 ④ 12 ③ 13 (1) ㉠, ㉣ (2) ㉡, ㉢ 14 (1) × (2) ○ (3) ○ 15 파발 16 ① 17 ④ 18 예 옛날의 통신 수단은 직접 연락하는 경우가 많은데, 오늘날은 직접 가지 않고 바로 연락할 수 있다. 19 회사 (○) 20 예 (1) 스마트폰 (2) 가게에 가지 않고 집에서 물건을 산다. 21 ③ 22 무전기 23 ② 24 ⑤ 25 ②

Book 2 실전책

1단원 (1) 중단원 쪽지 시험

5쪽

01 고장 02 학교 03 놀이터 04 다릅니다 05 몇 곳만 06 자연 07 공통점 08 어느 한쪽 09 경험 10 존중

중단원 확인 평가 1 (1) 우리가 생각하는 고장의 모습

6~9쪽

01 ① 02 ⑤ 03 ② 04 ① 05 예 생각과 느낌은 서로 다르다. 06 ⑤ 07 ③ 08 ①, ③ 09 ⑤ 10 놀이터 11 ⑤ 12 ② 13 행정 복지 센터 14 ④ 15 ①, ③ 16 ③ 17 ② 18 ① 19 ⑤ 20 예 존중하는 태도를 갖는다. / 인정하는 태도를 갖는다. / 수용하는 태도를 갖는다. 등

1단원 (2) 중단원 쪽지 시험

11쪽

01 높은 02 디지털 영상 지도 03 자세하게 04 위치 05 검색 06 확대 07 백지도 08 디지털 영상 지도 09 누리집 10 안내도

중단원 확인 평가 1 (2) 하늘에서 내려다본 고장의 모습

12~15쪽

01 ③ 02 예 전체적인 모습을 살피기 편리하다. / 어떤 장소의 위치를 쉽게 알 수 있다. / 고장의 실제 모습을 한눈에 볼 수 있다. 등 03 ① 04 ⑤ 05 (가) 06 ④, ⑤ 07 ㉡ → ㉠ → ㉢ 08 ③ 09 ⑤ 10 ④ 11 ② 12 ⑤ 13 ④ 14 예 물건을 산다. / 물건을 판다. / 물건을 구경한다. / 물건을 운반한다. 등 15 ① 16 (1) 백지도 (2) ㉢ 17 ⑤ 18 ⑤ 19 ④ 20 ③

16~19쪽

대단원 종합 평가 1. 우리 고장의 모습

01 ① 02 ④ 03 ② 04 ④ 05 ① 06 ③ 07 ④ 08 ④ 09 ② 10 ④ 11 ② 12 ② 13 ①, ④ 14 ⑤ 15 ② 16 ④ 17 ⑤ 18 ① 19 ④ 20 ④

1단원 서술형 평가 20~21쪽

01 (1) 학교 (2) ㉵ 체험 학습을 한다. / 운동을 한다. 등 02 ㉵ 운동을 하는 / 휴식을 취하는 / 산책을 하는 / 자전거를 타는 / 이야기를 나누는 등 03 행정 복지 센터 04 ㉵ 머리를 손질한다. / 머리카락을 자른다. / 머리를 다듬는다. 등 05 ㉵ (1) 도서관 (2) 책을 읽었다. / 책을 빌렸다. 등 06 내려다본 07 ㉵ 확대해 보자. ⊞ 단추로 크게 해 보자. 등 08 (1) 디지털 영상 지도 (2) 백지도 09 (1) (나) (2) ㉵ (가) 지도에는 고장의 모든 장소가 나타나 있어 어느 곳이 주요 장소인지 알기 어렵지만, (나) 지도에는 주요 장소만 표시되어 있어 한눈에 보기 편리하기 때문이다. 10 ㉵ (1) 생태 공원 (2) 사람들의 휴식 장소가 되어 주기 때문이다.

2단원 (1) 중단원 쪽지 시험 25쪽

01 옛이야기 02 지명 03 자연환경 04 서빙고 05 생활 모습 06 민요 07 제주도 08 안성맞춤 09 면담(하기) 10 조사 보고서

26~29쪽

중단원 확인 평가 2 (1) 우리 고장의 옛이야기

01 ② 02 지명 03 ③ 04 ⑤ 05 ④ 06 (1) ㉣ (2) ㉠ 07 ⑤ 08 ㉠ 09 황지 10 ① 11 ㉢ 12 ③ 13 안성맞춤 14 ㉵ 한라산과 여러 오름이 있다. / 높은 산과 여러 개의 낮은 산봉우리가 있다. 등 15 ③ 16 ㉡, ㉣ 17 ⑤ 18 ① 19 ② 20 ③

2단원 (2) 중단원 쪽지 시험 31쪽

01 문화유산 02 무형 03 장승 04 효자비 05 음식 06 관아 07 답사 08 ㉵ 문화 관광 해설사, 문화유산 해설사 09 답사 계획 세우기 10 모형 만들기

32~35쪽

중단원 확인 평가 2 (2) 우리 고장의 문화유산

01 ⑤ 02 ㉵ 옛날 조상들로부터 전해 내려온 것이 아니기 때문이다. 03 ④ 04 ⑤ 05 ② 06 ⑤ 07 ② 08 (제주) 해녀 문화 09 ③ 10 ⑤ 11 (1) – ㉡ (2) – ㉠ (3) – ㉢ 12 ㉡, ㉣ 13 ③ 14 ⑤ 15 ㉡ → ㉢ → ㉠ → ㉣ 16 ② 17 ④ 18 ㉵ 문화유산을 직접 관찰하고 경험해 생생한 정보를 얻을 수 있다. 19 ① 20 (1) ○

36~39쪽

대단원 종합 평가 2. 우리가 알아보는 고장 이야기

01 ② 02 ③ 03 ⑤ 04 ① 05 ④ 06 ② 07 ⑤ 08 ③ 09 ⑤ 10 ④ 11 ③ 12 ③ 13 ④ 14 ① 15 ④ 16 ⑤ 17 ③ 18 ④ 19 ⑤ 20 ③

2단원 서술형 평가 40~41쪽

01 (1) 누에고치 (2) 뽕나무 (3) 잠실 02 (1) 누에를 기르는 방 (2) ㉵ 잠실에는 누에를 기르는 방이 많았다. / 옛날에 잠실은 누에를 길러 실을 뽑아 옷감을 만들던 곳이었다. 등 03 (1) 강강술래 (2) 정선 아리랑 04 ㉵ (1) 바닷가 고장이다. (2) 강이 있는 고장이다. 05 (1) 옹기장 (2) 발효 06 ㉵ 가르치는 사람과 배우는 사람을 통해 전해 내려온다. / 물려받는 사람이 있어야 전해진다. 등 07 (1) ○ (2) ○ 08 ㉵ 소개하려는 내용이 잘 드러날 수 있는 방법을 선택한다. / 문화유산의 특징과 가치가 잘 드러나도록 한다. 등

3단원 (1) 중단원 쪽지 시험

45쪽

01 소달구지 02 뗏목 03 전기 04 증기선 05 자동차 06 배 07 버스 08 경운기 09 배 10 관광

46~49쪽

중단원 확인 평가 3 (1) 교통수단의 발달과 생활 모습의 변화

01 ③ 02 나룻배 03 ⑤ 04 ③ 05 (1) – ㉡ (2) – ㉠ (3) – ㉢ 06 ④ 07 ② 08 증기 기관차 09 (1) ㉡ (2) ㉤ 10 ⑤ 11 ② 12 민하 13 비행기 14 ② 15 ㉠ 한 번에 많은 양의 물건을 운반할 수 있다. / 속도가 빠르다. / 환경의 영향을 덜 받는다. / 물건을 멀리까지 운반할 수 있다. 등 16 (1) 갯배 (2) ㉠ 마을과 마을 사이에 바다가 있다. 17 ⑤ 18 ② 19 ② 20 ③

3단원 (2) 중단원 쪽지 시험

51쪽

01 서찰 02 방 03 봉수 04 신호 연 05 북 06 스마트폰 07 화상 회의 08 전시 해설자 09 무전기 10 수신호

52~55쪽

중단원 확인 평가 3 (2) 통신 수단의 발달과 생활 모습의 변화

01 ③ 02 ③ 03 ⑤ 04 봉수 05 ① 06 (1) – ㉣ (2) – ㉠ (3) – ㉢ (4) – ㉡ 07 ⑤ 08 ㉠ 인터넷으로 물건을 살 수 있다. / 여러 사람에게 동시에 소식을 전할 수 있다. / 동영상을 볼 수 있다. 등 09 ⑤ 10 ①, ⑤ 11 ㉠ 먼 곳에 있는 사람과 직접 만나지 않고 얼굴을 보며 화상으로 회의를 할 수 있다. 12 ③ 13 ④ 14 ① 15 (1) 인터폰 (2) ㉠ 경비실과 연락을 주고받는다. 16 ④ 17 ③ 18 ① 19 (1) ○ (2) × 20 ④

56~59쪽

대단원 종합 평가 3. 교통과 통신 수단의 변화

01 ④ 02 ⑤ 03 ③ 04 ④ 05 ⑤ 06 ⑤ 07 ① 08 ③ 09 ③ 10 ③ 11 ③ 12 ⑤ 13 ⑤ 14 ⑤ 15 ② 16 ② 17 ④ 18 ③ 19 ⑤ 20 ② 21 ⑤ 22 ①, ④ 23 ⑤ 24 ① 25 ③

3단원 서술형 평가

60~61쪽

01 비행기 → 고속 열차 → 고속버스 → 증기 기관차 → 도보 02 ㉠ 서울에서 부산까지 비행기가 제일 빠르다. / 서울에서 부산까지 고속 열차는 약 2시간 40분이 걸린다. 등 03 ㉠ (1) 비행기 (2) 당일로 다녀와야 하므로 가장 빠른 비행기가 편리하기 때문이다. / (1) 고속 열차 (2) 왕복 5시간 20분 정도이므로 당일로 다녀올 수 있기 때문이다. 등 04 배, 트럭 05 (1) 배: ㉠ 섬에서 육지로 물건을 운반할 수 있다. (2) 트럭: ㉠ 땅에서 물건을 한 번에 많이 운반할 수 있다. 06 봉수 07 ㉠ 횃불(불꽃)을 피워 연락했다. 08 ㉠ 신호 연으로 연락했다. / 파발을 보냈다. / 북을 크게 쳐서 알렸다. 등 09 (1) ㉠, ㉤ (2) ㉡, ㉢, ㉣, ㉥ 10 (1) 무전기 (2) ㉠ 현장에 출동한 경찰관이 동료와 무전기로 연락한다. 11 ㉠ 멀리서도 서로 연락을 주고받기 편리하다. / 실시간으로 정보를 알릴 수 있다. / 이동하며 연락할 수 있다. / 많은 정보를 주고받을 수 있다. / 직접 가지 않고 연락할 수 있다. / 정보 전달 속도가 매우 빠르다. 등

(1) 우리가 생각하는 고장의 모습

핵심 개념 문제 10~11쪽

01 효준 02 ⑤ 03 ③ 04 ② 05 ① 06 시장
07 다름 08 ③

01 우리 고장의 모습을 떠올리는 활동을 할 때는 고장에 있는 장소를 떠올려야 합니다.

02 우리 고장의 모습은 고장의 여러 장소들을 통해 드러나므로 고장의 모습을 떠올리는 활동을 할 때는 고장의 장소가 담겨 있는 사진첩이나 신문 기사, 누리집 등의 자료를 활용합니다.

03 우리 고장의 모습을 그릴 때는 내가 그리고 싶은 장소를 중심으로 떠오르는 곳들을 그립니다. 고장에 없는 장소는 우리 고장의 모습에 해당하지 않습니다.

더 알아보기

고장의 모습을 그리는 방법
- 잘 아는 장소를 중심으로 그리기
- 좋아하는 장소를 중심으로 그리기
- 사람들이 많이 모이는 장소를 중심으로 그리기

04 '그리고 싶은 고장의 장소들을 정하기 → 중요하다고 생각한 장소들과 길 등 표시하고 싶은 것을 그리기 → 색을 칠하고, 장소에 대한 설명이나 느낌을 표시하기'의 순서로 고장의 모습을 그립니다.

05 ㈎와 ㈏ 그림에 모두 있는 장소는 희망산, 희망초, 희망고, 아파트, 행정 복지 센터이며, 희망초와 희망고는 학교에 해당합니다.

오답 피하기

시장은 ㈎ 그림에만 있고, 기차역과 도서관은 ㈏ 그림에만 있습니다. 소방서는 ㈎와 ㈏ 그림에 모두 없습니다.

06 ㈎ 그림에는 학교, 산, 하천, 시장, 아파트, 행정 복지 센터가 있습니다. 이 중에서 학교, 산, 아파트, 행정 복지 센터는 ㈏ 그림에도 있습니다. 그러므로 ㈎ 그림에는 있지만 ㈏ 그림에는 없는 장소는 '시장'입니다.

07 고장의 장소에 대한 생각과 느낌은 사람에 따라 달라집니다.

08 각자의 경험과 관심사에 따라 장소에 대한 생각과 느낌이 다를 수 있으므로 서로 존중하고 이해하는 태도가 필요합니다.

중단원 실전 문제 12~15쪽

01 ① 02 ② 03 ③ 04 규연 05 ⑤ 06 ② 07 ②
08 학교, 놀이터 09 ⑤ 10 ③ 11 ② 12 ①, ④ 13 ④
14 장소 15 ① 16 ④ 17 ④ 18 ㉡ 19 ④ 20 존중

01 자연은 산, 바다, 강, 바위와 같이 사람의 힘이 더해지지 아니하고 저절로 생기는 것을 말합니다.

02 주어진 장소 중 친구들과 공부를 하고 즐겁게 놀이도 할 수 있는 곳은 학교입니다.

오답 피하기

시장에서는 사람들이 물건을 사고파는 모습을 볼 수 있고, 소방서는 화재를 예방하거나 진압하는 곳입니다.

03 여러 가지 놀이 기구가 있고 놀 수 있는 장소는 놀이터입니다.

더 알아보기

우체국에서 하는 일
- 편지나 소포 등을 모아 배달합니다.
- 예금이나 보험 등의 업무를 합니다.

04 우리 고장의 모습을 떠올릴 때 산이나 바다와 같은 자

연을 떠올릴 수 있고, 소방서나 경찰서와 같은 건물을 떠올릴 수도 있습니다. 이처럼 고장의 모습을 떠올릴 때는 여러 가지 장소가 다양하게 떠오릅니다.

05 장소에 대한 경험이므로 건물이나 어떤 장소가 드러나야 합니다. 도서관은 책을 읽거나 빌릴 수 있는 곳입니다.

06 고장의 여러 가지 장소가 담긴 사진이나 그림 등을 활용하면 고장의 모습을 떠올리기 쉽습니다.

07 아픈 데를 치료해 주는 곳은 병원입니다. 주어진 일기에는 배가 아파서 진료를 받았던 경험이 드러나므로 병원과 관련 있습니다.

08 초등학교 3학년이 자주 가는 곳을 떠올려 봅니다. 학교, 놀이터는 초등학생이 매일 또는 자주 가는 곳이며, 경찰서나 기차역은 주로 어른이 가는 곳입니다.

09 보건소는 주민들의 건강을 위해 여러 가지 일을 하는 곳으로, 예방 접종을 하거나 건강 교실을 열기도 합니다.

오답 피하기

책을 빌리기 위해 가는 곳은 도서관, 버스를 타기 위해 가는 곳은 버스 정류장, 산책을 하기 위해 가는 곳은 공원, 물건을 사기 위해 가는 곳은 시장이나 대형 마트, 백화점 등입니다.

10 고장의 모습을 그리기 위해서는 도화지, 색연필, 고장의 지도나 고장의 모습이 담긴 사진 등이 필요합니다.

오답 피하기

놀이 기구는 놀이터에서 볼 수 있는 시설입니다.

11 우리 고장의 모습을 그릴 때는 실제 고장에 있는 장소 중 그리고 싶은 주제를 정해서 그리도록 합니다.

오답 피하기

고장의 모습을 그릴 때는 가 보지 않은 곳도 그릴 수 있으며, 고장의 모든 장소를 그릴 필요는 없습니다. 도로를 그리지 않고 기억에 남는 건물만 그려도 됩니다. 그러나 도로를 그려 넣어도 됩니다. 또한 변화될 미래의 모습이 아닌 현재의 모습을 그리도록 합니다.

12 그림에는 희망초, 희망산, 도서관, 미용실, 행정 복지 센터, 희망고, 희망역, 아파트, 우리 집 등이 나타나 있습니다.

13 그림에 우리 집이 그려져 있으므로 한 번도 가보지 않은 곳이 아니라 집 주변의 자주 가 본 곳을 그렸음을 알 수 있습니다.

더 알아보기

사람들에게 도움을 주는 시설

- 개인의 이익이 아닌 여러 사람들을 위해 일하는 곳입니다.
- 시청, 보건소, 경찰서, 소방서, 행정 복지 센터와 같은 곳이 있습니다.

14 고장의 모습을 그리기 위해서는 먼저 어디를 그릴지 그리고 싶은 장소를 정해야 합니다.

15 내가 사는 집이나 학교는 내가 자주 가고 가장 잘 알고 있는 장소입니다.

16 (가)와 (나) 그림에 공통적으로 있는 장소는 슈퍼마켓입니다.

오답 피하기

(가) 그림에만 있는 장소는 희망초, 공원, 서점, 문구점, 시장이고, (나) 그림에만 있는 장소는 어린이 도서관, 놀이터, 아파트입니다.

17 (가)와 (나) 그림에는 모두 건물만 있고 도로는 없습니다.

오답 피하기

초등학교와 서점은 (가) 그림에 있고, (가)와 (나) 그림에 그려진 장소는 슈퍼마켓만 같고 나머지는 다릅니다.

18 고장의 모습을 그린 그림은 사람마다 다르므로 공통적인 장소도 있고 다른 장소도 있습니다.

19 친구들마다 겪은 경험과 잘 아는 장소, 좋아하는 장소, 중요하게 생각하는 것 등이 다르기 때문에 고장의 모습을 그린 그림은 조금씩 다릅니다.

20 고장에 대한 생각과 느낌이 서로 다르기 때문에 서로 이해하고 존중해야 합니다.

서술형 평가 돋보기 16~17쪽

연습 문제

1 산, 아파트 **2** 예 ㉠ 공통 ㉡ 다른(차이) **3** 예 사람마다 겪은 경험이나 중요하게 생각하는 것이 다르기 때문이다.

실전 문제

1 예 물건을 산다. / 물건을 판다. / 물건을 실어 나른다. / 돈을 주고받는다. 등 **2** 예 좋아하는 장소가 다양하기 때문이다. / 본 곳이 다양하기 때문이다. / 주변에 있는 장소가 다양하기 때문이다. 등 **3** (1) ○ **4** 예 (1) 자주 가는 곳을 위주로 그려서 익숙하고 편안하다고 느꼈다. (2) 사람들에게 필요한 장소를 위주로 그려서 편리하고 안전하다고 느꼈다.

연습 문제

1 두 그림에는 희망산, 희망초, 희망고, 아파트, 행정 복지 센터가 공통적으로 있습니다.

2 고장의 모습을 그린 그림을 살펴보면 공통적으로 있는 자연이나 건물이 있으며, 한쪽 그림에서만 볼 수 있는 자연이나 건물도 있습니다.

3 사람마다 경험이나 생각에 차이가 있으므로 고장을 그린 모습도 조금씩 다를 수 있습니다.

채점 기준

사람마다 경험이나 생각이 다를 수 있다는 내용이 들어가면 정답으로 합니다.

실전 문제

1 시장은 물건을 사고파는 곳으로, 물건을 파는 사람과 물건을 사는 사람을 볼 수 있습니다. 또한 물건을 실어 나르는 사람도 볼 수 있습니다.

채점 기준

물건을 사고파는 것과 관련된 내용을 썼으면 정답으로 합니다.

2 장소와 관련된 경험이 다양하므로 고장의 모습을 떠올릴 때는 여러 가지 장소가 떠오릅니다.

채점 기준

장소가 다양한 까닭을 자신의 경험과 관련지어 썼으면 정답으로 합니다.

3 경찰서, 소방서, 우체국은 사람들에게 도움을 주는 일을 하는 공공 기관입니다.

4 혜원이는 학교와 놀이터 등 자주 가는 곳을 위주로 그려서 고장이 익숙하고 편안하게 느껴진다고 했고, 승훈이는 경찰서, 소방서, 우체국과 같이 사람들의 생활에 도움을 주는 곳을 위주로 그려서 고장이 편리하고 안전하게 느껴진다고 했습니다.
이와 같이 각자의 경험에 따라 고장에 대한 생각과 느낌은 익숙하고 편안하게 느껴지기도 하고 편리하고 안전하게 느껴지기도 하는 등 서로 다릅니다.

채점 기준

예시 답안과 비슷한 내용으로 썼으면 정답으로 합니다.

(2) 하늘에서 내려다본 고장의 모습

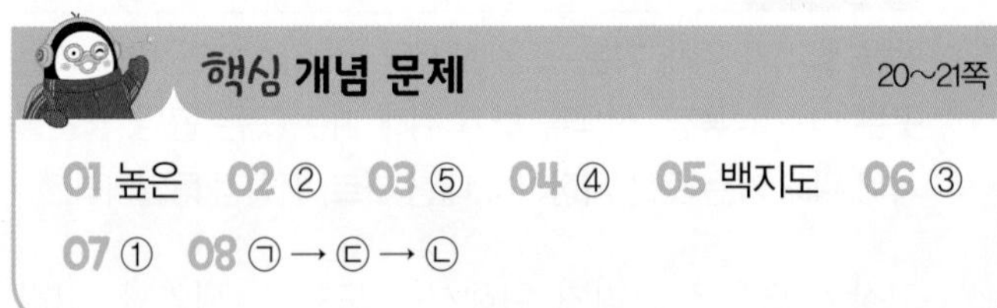

핵심 개념 문제 20~21쪽

01 높은 **02** ② **03** ⑤ **04** ④ **05** 백지도 **06** ③ **07** ① **08** ㉠ → ㉢ → ㉡

01 고장의 모습이 잘 내려다보이는 높은 곳에서 우리 고장의 모습을 한눈에 살펴봅니다.

02 눈을 감고 상상하는 것은 고장의 실제 모습을 알기 어려우므로 고장의 실제 모습을 볼 수 있는 지도나 안내도 등을 활용합니다.

03 디지털 영상 지도는 인공위성과 비행기로 찍은 사진으로 만든 지도입니다.

더 알아보기

디지털 영상 지도

- 비행기와 인공위성을 이용해서 찍은 사진으로 만든 지도입니다.
- 컴퓨터와 스마트폰에서 쉽게 이용할 수 있습니다.

04 디지털 영상 지도는 고장의 실제 모습을 그대로 찍은 사진을 이용한 지도로, 고장의 전체적인 모습을 살펴보기 편리하고 어떤 장소의 위치도 쉽게 파악할 수 있습니다.

05 백지도는 고장의 대략적인 산, 강, 큰길 등의 밑그림만 그려져 있고, 건물의 이름 등은 나타나 있지 않습니다.

06 고장의 주요 장소를 백지도에 나타내기 위해서는 먼저 어디를 나타내고 싶은지 장소를 정해야 합니다.

더 알아보기

고장의 주요 장소를 백지도에 나타내는 방법

백지도에 나타내고 싶은 장소 정하기 → 디지털 영상 지도에서 선택한 장소 찾기 → 찾은 장소를 백지도에 표시하기 → 다양한 방법으로 표현해 완성하기

07 세계 지도는 세계 여러 나라의 위치가 나타나 있는 것으로, 고장의 모습은 나타낼 수 없습니다.

08 고장의 자랑할 만한 장소를 안내도로 만들 때는 '고장의 자랑할 만한 장소 정하기 → 백지도에 자랑할 만한 장소 표시하기 → 사진, 그림, 설명을 덧붙여 완성하기'의 순서로 합니다.

중단원 실전 문제 22~25쪽

01 ② 02 디지털 영상 지도 03 ⑤ 04 ①, ③ 05 ④
06 ①, ⑤ 07 ② 08 예 하늘, 높은 곳, 위 09 ⑤ 10 ①
11 ① 12 ④ 13 ③ 14 ㉢ 15 ③ 16 ② 17 ㉠ 18 ㉢
19 ② 20 ⑤

01 우리나라 지도를 살펴보면 우리 고장의 위치가 대한민국에서 어디쯤 있는지 알 수 있고, 어떤 모양인지도 알 수 있습니다.

02 디지털 영상 지도는 인공위성과 비행기로 찍은 사진을 이용해서 만든 지도로, 컴퓨터와 스마트폰에서 쉽게 이용할 수 있습니다.

03 디지털 영상 지도는 인공위성으로 찍은 사진으로 만든 지도로, 현재 고장의 모습을 생생하게 볼 수 있는 장점이 있지만 살고 있는 사람의 수를 한눈에 알기는 어렵습니다.

04 디지털 영상 지도는 고장의 모습을 파악하기 쉽습니다. 길의 모양, 산이나 강의 모습, 찾고자 하는 건물의 위치 등을 쉽게 찾을 수 있습니다.

오답 피하기

오늘의 날씨는 기상청에서 알려 주며, 고장에 사는 사람 수를 알려면 인구분포도를 찾아봐야 합니다.

05 다른 고장으로 이동할 때 이용하는 시설에는 기차역, 버스 터미널, 여객선 터미널, 공항 등이 있습니다.

06 디지털 영상 지도는 인터넷이 가능한 컴퓨터나 스마트폰 등의 전자 기기를 이용해 살펴볼 수 있습니다.

07 디지털 영상 지도로 고장의 모습을 살펴볼 때 어떤 장소를 크고 자세히 살펴보려면 확대 기능을 이용해야 합니다.

08 디지털 영상 지도는 하늘이나 우주와 같이 매우 높은 곳에서 고장을 내려다보고 찍은 사진을 이용하는 것으로, 고장의 전체적인 모습을 파악할 수 있습니다.

09 디지털 영상 지도로 고장의 모습을 살펴보기 위해서는 디지털 영상 지도를 검색할 수 있는 누리집에 접속해야 합니다. 즉, 국토 지리 정보원 누리집에 접속해서 우리나라 여러 고장의 디지털 영상 지도를 볼 수 있습니다.

더 알아보기

누리집

- '홈페이지'를 다듬은 토박이말로 만든 새말입니다.
- '세상, 세계'를 뜻하는 '누리'와 '집'을 보탠 말입니다.

10 디지털 영상 지도로 원하는 장소를 찾을 때는 검색 기능을 활용해 장소나 건물의 이름을 입력하고 클릭해야 합니다.

11 디지털 영상 지도를 통해 고장의 모습을 살펴볼 때 고

장의 전체적인 모습을 한눈에 보고 싶다면 축소 단추를 이용해서 멀리서 내려다보도록 합니다.

오답 피하기

확대 단추는 한 곳을 자세히 보고 싶을 때 이용하고, 이동 단추는 다른 곳을 보고 싶을 때 이용합니다.

12 길을 찾을 때나 위치를 찾을 때, 교통수단을 찾을 때 디지털 영상 지도를 이용하면 쉽게 찾을 수 있습니다.

13 백지도는 안내도와 같은 새로운 지도를 만들기 위한 밑그림 지도와 같습니다. 산, 강, 큰길 등의 밑그림만 그려져 있고, 글자나 새로운 기호가 표시되어 있지는 않습니다.

더 알아보기

항공도

- 항공기가 날아다니는 데 쓰는 지도입니다.
- 비행기가 다니는 길, 비행장 등이 표시되어 있습니다.

14 백지도에서 길은 선으로 표시되어 있습니다.

15 고장의 주요 장소를 백지도에 나타내는 방법은 '백지도에 나타내고 싶은 장소 고르기 → 디지털 영상 지도에서 선택한 장소 찾기 → 디지털 영상 지도에서 찾은 장소를 백지도에 표시하기 → 다양한 방법으로 표현해 완성하기'의 순서입니다.

16 사람들이 편리한 생활을 할 수 있도록 도와주는 곳은 시청, 보건소, 경찰서, 소방서 등과 같은 공공 기관입니다.

17 ㉠은 기차역, ㉡은 로터리, ㉢은 산을 나타내고 있습니다.

18 산 아래에 위치해 있는 문화 유적이라고 했으므로 산을 찾아야 합니다. ㉢의 위치에 산이 있습니다.

19 컴퓨터나 스마트폰과 같은 전자 기기로 누리집에 접속해서 필요한 정보를 빠르게 검색할 수 있습니다.

20 고장의 안내도에는 우리 고장 사람들이 자랑스러워 하거나 많이 찾는 장소를 소개하는 것이 좋습니다. 박물관, 경기장, 도서관, 유적지는 많은 사람이 찾는 곳이지만 우리 집은 우리 가족이 사는 곳으로 많은 사람이 찾는 곳이 아닙니다.

더 알아보기

유적지

절, 탑과 같이 옛날부터 내려오는 여러 가지 문화재가 있는 장소를 말합니다.

서술형 평가 돋보기

26~27쪽

연습 문제

1 안내도 2 ㉠ 디지털 영상 지도에서 선택한 장소 찾기 ㉡ 디지털 영상 지도에서 찾은 장소를 백지도에 표시하기 3 ㉰ 많은 사람이 찾는 곳이다. / 많은 사람이 좋아하는 곳이다. / 사람들에게 도움이 되는 곳이다. / 유명한 곳이다. 등

실전 문제

1 ㉠ 인공위성 ㉡ 백지도 2 ㉰ 고장의 전체적인 모습을 살펴보기 편리하다. / 장소의 위치를 쉽게 파악할 수 있다. / 고장의 실제 모습을 자세하고 생생하게 살펴볼 수 있다. 등 3 ㉰ 누리집에서 찾는다. / 고장의 안내 책자에서 찾는다. / 문화관광 해설사에게 물어본다. / 어른들께 여쭤본다. 등 4 ㉰ 중요한 곳을 위주로 표시한다. / 산, 강, 하천 등 주요 지형지물을 위주로 표시한다. / 주요 장소를 위주로 표시한다. 등

연습 문제

1 고장의 자랑할 만한 장소를 표시해 만든 안내도가 있다면 다른 고장에서 우리 고장을 방문할 때 무엇을 먼저 봐야 할지 결정하기 쉽습니다.

2 고장의 자랑할 만한 장소를 소개하는 안내도는 '백지도에 나타내고 싶은 장소 고르기 → 디지털 영상 지도에서 선택한 장소 찾기 → 디지털 영상 지도에서 찾은 장소를 백지도에 표시하기 → 다양한 방법으로 표현해 완성하기'의 순서로 만듭니다.

3 고장의 자랑할 만한 장소는 많은 사람이 찾는 곳, 사람들에게 도움이 되는 곳, 다른 고장 사람들도 아는 유명한 곳 등 소개하기에 좋은 장소여야 합니다.

채점 기준

사람들이 좋아하거나 유명한 곳이라는 내용이 들어가면 정답으로 합니다.

실전 문제

1 디지털 영상 지도는 높은 곳에서 땅을 내려다보고 찍은 사진을 이용한 것으로, 고장의 실제 모습을 나타냅니다. 그러나 백지도는 다른 지도를 만들기 위한 밑그림이 되는 지도로 산, 강, 길과 같은 주요 장소만 있습니다.

2 디지털 영상 지도로 고장의 모습을 살펴보면 고장의 실제 모습을 있는 그대로 볼 수 있어서 매우 생생하게 느껴집니다.

채점 기준

디지털 영상 지도의 장점을 한 가지 썼으면 정답으로 합니다.

3 고장의 자랑할 만한 장소는 고장을 잘 알고 있는 사람에게 물어보거나 책자, 인터넷 정보를 이용해 알 수 있습니다.

채점 기준

고장의 자랑할 만한 장소를 알 수 있는 방법을 썼으면 정답으로 합니다.

4 고장의 안내도를 만들 때 고장에서 중요한 곳이나 산, 강, 하천 등의 주요 지형지물, 고장 사람들이 잘 아는 주요 장소 등을 위주로 만들면 사람들이 쉽게 알아볼 수 있습니다.

채점 기준

디지털 영상 지도를 백지도에 나타낼 때 모든 장소를 표시하면 너무 복잡해지므로 중요한 곳, 주요 지형지물, 주요 장소 등을 위주로 나타내야 한다는 내용을 썼으면 정답으로 합니다.

대단원 마무리 30~33쪽

01 ㈎ **02** ⑤ **03** ③ **04** ② **05** ②, ⑤ **06** 예 고장의 장소에 대한 생각과 느낌은 사람마다 다르다. **07** ④ **08** ② **09** 예 산과 학교가 있다. / 행정 복지 센터가 있다. / 아파트가 있다. / 길이 있다. 등 **10** ① **11** 슈퍼마켓 **12** ⑤ **13** ② **14** ⑤ **15** ⑤ **16** ㈎ **17** ⑤ **18** ④ **19** ②, ⑤ **20** ㉠ **21** ②, ④ **22** ⑤ **23** ③ **24** ② **25** 예 사람마다 생각이 다르기 때문이다. / 사람마다 경험이 다르기 때문이다. 등

01 자연은 산, 강, 바다, 계곡과 같이 인간이 만든 것이 아니라 자연적으로 만들어진 것을 말합니다.

02 놀이터는 어린이들이 자주 찾는 장소로, 주위에서 쉽게 볼 수 있고 어린이들에게 인기가 많은 곳입니다.

오답 피하기

다른 고장으로 이동할 때 찾는 곳은 기차역이나 버스 터미널, 공항, 여객선 터미널 등입니다.

03 공원에서는 사람들이 자전거를 타거나 산책을 하는 모습을 볼 수 있습니다.

04 우체국에서는 편지나 소포를 보내고, 예금을 하거나 보험을 들기도 합니다.

05 다른 곳으로 이동하기 위해 가는 곳으로는 공항, 기차역, 버스 터미널 등이 있습니다.

06 같은 장소인 도서관에 대해 재형이는 편안함을 느꼈고, 채아는 멀고 낯설게 느꼈습니다. 이처럼 장소에 대한 생각과 느낌은 사람마다 다를 수 있습니다.

채점 기준

사람마다 생각이 다르다는 내용이 있으면 정답으로 합니다.

07 ㈎와 ㈏ 그림에 공통적으로 있는 장소는 산, 학교, 아파트, 행정 복지 센터입니다. 도서관은 ㈏ 그림에는 있지만 ㈎ 그림에는 없습니다.

08 ㈎ 그림에는 산, 학교, 시장, 아파트, 행정 복지 센터 등이 있고, 이 중에서 물건을 사기 위해 찾는 곳은 시장

입니다.

09 공통점을 찾기 위해서는 (가)와 (나) 그림에 모두 있는 것을 찾아보도록 합니다. (가)와 (나) 그림에는 모두 산, 학교, 행정 복지 센터, 아파트, 길이 있습니다.

채점 기준

산, 학교, 행정 복지 센터, 아파트, 길 등 공통적인 것을 하나라도 썼으면 정답으로 합니다.

더 알아보기

고장의 모습을 비교하는 방법

- 두 그림에 공통적으로 있는 자연이나 건물의 위치, 크기, 모양을 찾아봅니다.
- 어느 한쪽의 그림에만 있는 자연이나 건물의 위치, 크기, 모양을 찾아봅니다.

10 ㉠ 그림은 건물 위에 깃발을 그려 넣어 학교를 나타냈습니다.

11 (가)와 (나) 그림에 모두 있는 장소는 슈퍼마켓인데, 그려진 모습이 다릅니다.

12 고장에 대한 생각과 느낌은 서로 다를 수 있음을 이해하고 존중하며, 서로의 다름을 인정하고 수용해야 합니다. 다른 생각을 비난하는 것은 옳지 못합니다.

13 고장의 모습을 한눈에 살펴보려면 고장의 전체적인 모습이 내려다보이는 산이나 옥상과 같은 높은 곳에서 보도록 합니다.

14 디지털 영상 지도는 인공위성으로 높은 곳에서 찍은 사진을 이용해 만든 지도입니다.

15 디지털 영상 지도는 하늘에서 고장의 모습을 내려다보고 찍은 것으로, 고장의 전체적인 모습을 알 수 있습니다.

16 디지털 영상 지도로 고장의 모습을 보면 고장의 실제 모습을 그대로 볼 수 있습니다.

17 (가) 지도를 보면 ㉠ 부근에 춘천역이 있습니다.

18 디지털 영상 지도로 우리 고장의 모습을 살펴볼 때 좁은 지역을 더 크고 자세히 보기 위해서는 확대 기능을 이용합니다.

오답 피하기

고장의 전체 모습을 한눈에 보기 위해서는 축소 기능을 이용합니다.

19 디지털 영상 지도를 이용하면 고장의 실제 모습을 생생하게 볼 수 있고, 고장의 전체적인 모습을 살펴볼 수 있습니다.

20 평화 생태 공원은 기차역과 중앙 로터리 사이에 있다고 했으므로 춘천역과 중앙 로터리 사이에 위치한 ㉠이 알맞습니다.

21 고장의 주요 장소를 표시한 지도로, 고장의 모든 장소가 나타나 있지는 않고 산, 강, 중앙 로터리, 기차역 등이 표시되어 있습니다.

더 알아보기

고장의 주요 장소를 백지도에 나타내는 방법

백지도에 나타내고 싶은 장소 정하기

⬇

디지털 영상 지도에서 선택한 장소 찾기

⬇

백지도에 찾은 장소 표시하기

⬇

다양한 방법으로 표현해 완성하기

22 디지털 영상 지도를 이용해 고장의 주요 장소를 백지도에 나타낼 때는 나타내고 싶은 장소를 디지털 영상 지도에서 찾아야 합니다.

23 고장의 안내도에는 고장의 모든 장소를 그려 넣을 수 없으므로 자랑하고 싶은 장소나 유명한 장소 등 주요 장소를 먼저 정해야 합니다.

24 우리 고장의 자랑할 만한 장소는 많은 사람에게 알려진 장소, 많은 사람이 좋아하는 장소, 문화적 가치가 있는 장소 등을 위주로 골라야 합니다. 우리 집은 고장 사람

들이 모두 좋아하거나 유명한 장소로 알맞지 않습니다.

25 고장의 자랑할 만한 장소는 사람들마다 생각이나 경험이 다르기 때문에 서로 다른 장소를 고를 수 있습니다.

채점 기준

생각, 경험, 다르다(차이) 등의 단어가 들어가면 정답으로 합니다.

2 단원 우리가 알아보는 고장 이야기

(1) 우리 고장의 옛이야기

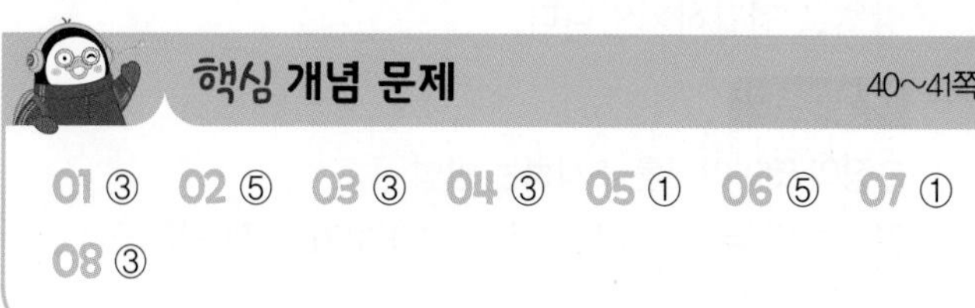

핵심 개념 문제
40~41쪽
01 ③ 02 ⑤ 03 ③ 04 ③ 05 ① 06 ⑤ 07 ①
08 ③

01 고장의 옛이야기란 고장에서 예부터 전해 내려오는 이야기를 말합니다. 이와 같은 고장의 옛이야기는 지명, 민요, 민담, 전설, 축제, 고사성어 등에 담겨 있습니다.

02 지명, 민요, 민담, 전설, 축제, 고사성어 등에 담겨 있는 고장의 옛이야기를 통해 고장의 자연환경이나 옛사람들의 생활 모습을 알 수 있습니다. 또한 과거에 있었던 중요한 일이나 당시 사람들이 소중하게 생각하던 것을 알 수 있습니다.

03 지명은 마을이나 고장, 산, 강, 길 등에 붙여진 이름입니다. 서빙고동은 마을에 붙은 이름에 해당합니다.

더 알아보기

서빙고동

서빙고동은 서울특별시 용산구에 있습니다. 옛날에 얼음을 보관하던 창고가 이곳에 있었는데, 그 창고의 이름이 '서빙고'였습니다. 그래서 오늘날 이곳의 지명이 서빙고동이 되었습니다.

04 경상남도 진주에서 열리는 남강 유등 축제에서는 진주에 흐르는 남강에 등을 띄우는 행사를 합니다. 이는 과거 이곳에서 일본군과 전쟁을 할 때 등을 띄워 신호를 주고받던 풍습을 이어받은 것입니다. 이와 같은 축제에 담긴 옛이야기를 통해 옛날에 있었던 중요한 일(역사적 사건)을 알 수 있습니다.

05 조사 주제가 산과 관련된 옛이야기라면 산의 이름과 관련된 옛이야기를 알아보는 것이 알맞습니다.

더 알아보기

조사 내용 선정하기

조사 내용을 선정할 때는 조사 주제와 관련해 궁금한 내용, 알아야 할 내용 등을 고려해야 합니다.

06 옛이야기를 잘 알 만한 사람에게 궁금한 것을 조사하는 방법은 면담하기입니다.

더 알아보기

고장의 옛이야기를 조사하는 방법

면담하기, 누리집 검색하기, 책 찾아보기, 직접 방문하기 등이 있습니다.

07 여러 사람이 역할을 나누어 상황극을 하는 것을 역할극이라고 합니다.

더 알아보기

옛이야기를 소개하는 방법

안내 책자 만들기, 이야기책(그림책) 만들기, 역할극 하기, 구연동화 하기, 노래 가사 바꿔 부르기, 동영상 보여 주기 등이 있습니다.

08 우리 고장의 옛이야기를 소개하는 활동을 마친 효준이와 하연이의 공통적인 생각은 '우리 고장이 자랑스럽다.'는 것입니다.

중단원 실전 문제 42~45쪽

01 ② 02 ① 03 정민 04 ④ 05 ② 06 ㉣ 07 ②
08 ① 09 (1) – ㉡ (2) – ㉠ 10 ④ 11 ④ 12 ㉡ 13 ③
14 ㉠ 15 ④ 16 ㉠ → ㉡ → ㉣ → ㉢ 17 ① 18 가영
19 ④ 20 ③

01 고장의 옛이야기는 지명, 민요, 민담, 전설, 축제, 고사성어 등에 담겨 있습니다. 민요는 옛날부터 사람들 사이에서 불려 오던 전통적인 노래입니다.

02 마이산은 두 개의 큰 산봉우리 모습이 말의 귀 모양과 닮았다고 해서 붙여진 이름입니다.

03 마이산에 담긴 옛이야기를 통해 전북특별자치도 진안군의 주요 자연환경인 마이산의 모양을 짐작할 수 있습니다.

04 말죽거리는 옛날에 말을 타고 이동할 때 이곳에서 쉬면서 말에게 죽을 쑤워 먹인 풍습에서 붙여진 지명입니다.

05 옛날에 신분이 낮은 사람들은 종로를 지나다 가마나 말을 타고 행차하는 신분이 높은 사람들을 만나면 이들이 다 지나갈 때까지 엎드려 있어야 했습니다. 그래서 신분이 낮은 사람들은 신분이 높은 사람들과 마주치지 않으려고 큰길을 피해 좁은 길로 다녔는데, 이 길을 가마나 말을 피해 다닌다는 뜻의 '피마'에서 유래한 '피맛골'이라고 합니다.

06 서울특별시 서빙고동은 옛날에 얼음을 보관하던 창고가 있던 곳입니다.

07 전라남도 해안 지방에서 강강술래를 하며 부르는 노래에는 이순신 장군의 업적을 기리는 내용이 담겨 있습니다.

더 알아보기

강강술래

강강술래는 사람들이 노래를 부르면서 원을 그리며 도는 전통 놀이입니다. 전라남도 해안 지방에서 강강술래를 하면서 부르는 노래에는 이순신 장군이 일본군을 무찌른 업적을 기리는 내용의 노랫말로 이루어져 있습니다.

♬ 강강술래 강강술래
전라도 우수영은 강강술래
우리 장군 대첩지라 강강술래

08 강강술래의 노랫말에 담긴 옛이야기를 통해 고장의 역사를 알 수 있습니다.

09 '다산'은 조선 시대의 뛰어난 학자였던 정약용의 호입니다. '마포'는 옛날 배가 드나들던 포구의 이름입니다.

더 알아보기

다산 정약용

정약용의 호는 다산입니다. 정약용은 조선 후기를 대표하는 학자입니다. 그는 사람들의 삶에 직접적으로 도움이 되는 학문을 연구했고, 다양한 분야에 관한 전문적인 지식을 책으로 남기기도 했습니다.

10 잠실은 누에를 기르는 방을 의미하는 한자어입니다.

11 하진이네 모둠은 섬진강이라는 지명에 담긴 옛이야기를 조사하려고 합니다.

12 섬진강에는 왜적이 침입했을 때 두꺼비 떼가 몰려와 왜적을 쫓아냈다는 옛이야기가 전해 내려옵니다. 그러므로 명칭에 '두꺼비'가 들어간 '두꺼비다리'를 방문해야 합니다.

13 삼성혈에 담긴 옛이야기를 조사할 때, 이 장소와 관련된 연예인을 조사하는 것은 알맞지 않습니다.

오답 피하기

옛이야기를 조사할 때는 조사 주제에 적합한 내용을 알아보는 것이 중요합니다. 예를 들면 옛이야기의 내용, 옛이야기와 관련된 장소의 이름(지명), 지역 행사, 현재 모습 등을 조사하는 것이 알맞습니다.

14 면담하기는 알고자 하는 내용을 잘 알고 있는 사람을 만나 묻고 답하는 조사 방법입니다.

15 조사 계획서를 작성할 때는 조사 주제, 조사 내용, 조사 방법, 역할 분담 등을 고려해야 합니다. 조사 결과 소개 방법은 조사 계획서를 작성할 때 고려해야 할 내용으로 알맞지 않습니다.

16 고장의 옛이야기를 조사하는 과정은 '조사 주제 정하기 → 조사 날짜와 장소, 방법 결정하기 → 조사할 곳에 찾아가 궁금한 내용 조사하기 → 조사한 결과를 정리해 보고서 작성하기'의 순서입니다.

17 주어진 조사 보고서의 조사 내용에는 남강 유등 축제에 관한 내용이 제시되어 있습니다. 그러므로 조사 주제는 우리 고장 축제에 담긴 옛이야기가 알맞습니다.

18 다른 지역에 있는 축제를 조사하기 위해서는 인터넷으로 알아보는 것이 가장 효율적입니다.

오답 피하기

축제는 다양한 지역에서 열립니다. 그러므로 축제가 열리는 지역을 모두 방문하는 것은 현실적으로 어렵습니다.

19 안내 책자는 옛이야기에 관해 조사한 내용을 사진, 그림, 글 등을 활용해 알기 쉽게 표현한 것입니다.

20 조사한 내용인 '의좋은 형제 이야기'와 관련된 장소에 직접 가 보고 싶다는 것이 느낀 점으로 알맞습니다.

더 알아보기

의좋은 형제 이야기

충청남도 예산군에는 우애 좋은 형과 아우에 얽힌 옛이야기가 전해집니다. 형과 동생이 추수를 마치고 서로의 논에 볏단을 몰래 옮겨 놓을 정도로 우애가 좋았다는 내용의 이야기입니다.

서술형 평가 돋보기

46~47쪽

연습 문제

1 (1) 서빙고 (2) 염창 **2** (1) 얼음 (2) 소금 **3** 예 서빙고동에는 얼음 창고가 있었고, 염창동에는 소금 창고가 있었다는 사실을 알 수 있다. / 서빙고동과 염창동의 이름에 얽힌 옛이야기를 통해 옛사람들의 생활 모습을 알 수 있다. 등

실전 문제

1 (1) 안성 (2) 예 안성에서 맞춘 유기의 품질이 좋았기 때문이다. **2** (1) 제주도 (2) (가) – ㉡ (나) – ㉠ (3) 예 제주도의 자연환경과 관련이 있다. **3** (1) 민요 (2) 예 미리 면담 시간과 장소를 약속한다. / 질문할 내용을 준비한다. / 동의를 얻어 면담 내용을 녹음한다. / 주요 내용을 정리하며 듣는다. 등

연습 문제

1 (가)는 서빙고동, (나)는 염창동과 관련된 내용입니다.

2 서빙고동에는 얼음을 보관하던 창고인 서빙고가 있었고, 염창동에는 소금을 보관하던 창고인 염창이 있었습니다.

3 고장의 지명을 통해 옛사람들의 생활 모습을 알 수 있습니다. 서빙고동이라는 지명에서는 얼음이 귀했던 옛날에 얼음을 보관하던 창고와 관련 있는 생활 모습을 알 수 있고, 염창동이라는 지명에서는 소금을 보관하던 창고와 관련 있는 생활 모습을 알 수 있습니다.

채점 기준

생활 모습이라는 단어가 들어가거나 서빙고와 염창에 관한 내용을 모두 썼으면 정답으로 합니다.

실전 문제

1 안성맞춤은 옛날에 안성에서 제작한 유기의 품질이 좋아 생긴 말로, 생각한 대로 아주 튼튼하게 잘 만들어진 물건이나 잘 풀린 일을 가리킬 때 사용됩니다.

채점 기준

안성맞춤이라는 말이 생겨난 배경을 썼으면 정답으로 합니다.

2 (1) (가)와 (나)는 모두 제주도를 배경으로 하는 옛이야기입니다.

(2) 삼성혈은 세 개의 구멍과 관련이 있습니다.

(3) 삼성혈에서 나온 세 명의 신이 탐라를 세웠다는 옛이야기나 설문대 할망이 한라산과 오름을 만들었다는 옛이야기는 모두 제주도의 자연환경을 배경으로 한 것입니다.

채점 기준

자연환경이라는 말을 넣어 예시 답안과 비슷하게 썼으면 정답으로 합니다.

3 (1) 정선 아리랑은 민요입니다.

(2) 면담을 할 때는 면담할 사람과 미리 시간과 장소를 정해야 하며, 질문할 내용을 미리 준비하는 게 좋습니다. 또한 중요한 내용을 정리하며 듣거나 면담하는 사람의 동의를 얻어 녹음을 할 수도 있습니다.

채점 기준

면담과 관련된 내용으로 예시 답안과 비슷하게 썼으면 정답으로 합니다.

(2) 우리 고장의 문화유산

핵심 개념 문제 50~51쪽

01 ④ 02 (1) – ㉠ (2) – ㉡ (3) – ㉠ 03 ⑤ 04 ④ 05 ㉡ 06 ④ 07 ② 08 ③

01 조상들로부터 전해 내려온 문화 중 후손에게 물려줄 만한 가치가 있는 것을 문화유산이라고 합니다.

02 일정한 생김새나 모양이 있는 문화유산을 유형 문화유산, 일정한 생김새나 모양이 없는 문화유산을 무형 문화유산이라고 합니다. 유형 문화유산에는 공예품, 과학 발명품, 건축물, 책이나 그림 등이 있고, 무형 문화유산에는 기술, 춤, 노래나 연극 등이 있습니다.

(1)은 상감 청자로, 고려 시대에 만들어진 아름다운 도자기입니다. (2)는 판소리로, 북장단에 맞추어 노래로 이야기를 엮어 나가는 음악입니다. (3)은 남한산성으로, 병자호란 때 인조와 신하들이 피란을 가서 항전했던 곳입니다.

03 고장의 문화유산을 통해 조상들이 중요하게 생각한 것을 알 수 있습니다. 주어진 문화유산은 마을의 효자 이야기를 기록해 놓은 효자비로, 효자의 이야기를 널리 알리고 본받기를 바라는 마음이 담겨 있습니다. 이를 통해 조상들이 부모님께 효도하는 마음을 중요하게 생각했다는 것을 알 수 있습니다.

04 문화유산은 오래 전부터 전해 내려오는 것으로, 고장의 문화유산을 통해 조상들의 생활 모습, 조상들의 슬기와 멋, 조상들이 중요하게 생각한 것 등을 엿볼 수 있습니다. 또한 고장의 옛 모습을 짐작할 수도 있습니다.

05 답사는 문화유산이 있는 현장을 방문해 직접 관찰하고 조사하는 방법입니다. 답사를 하면 책이나 그림으로 보던 문화유산을 직접 체험할 수 있으므로 보다 더 생생한 정보를 얻을 수 있으며, 기억에도 오래 남습니다.

06 면담은 전문가를 직접 만나서 이야기를 듣거나 궁금한

것을 물어보는 방법입니다. 그림은 고장의 박물관을 방문해 문화 관광 해설사에게 고장의 문화유산에 대한 전문적인 정보를 듣고 기록하는 모습입니다.

07 그림은 무령왕릉을 찍은 여러 사진을 전시해 고장의 무령왕릉에 대해 소개하는 모습입니다.

08 고장의 문화유산 소개 자료를 만들 때는 문화유산의 특징과 가치가 잘 드러나도록 해야 합니다. 문화유산의 위치나 사진, 역사, 관련 이야기, 우수성을 알리는 내용 등이 들어가야 합니다.

오답 피하기

③ 문화유산에는 돈으로 가치를 따질 수 없는 중요한 의미가 담겨 있습니다. 문화유산은 한 번 훼손되면 돌이키기 힘들 뿐 아니라 우리나라의 역사적 전통과 조상들의 정신이 담겨 있기 때문입니다. 따라서 문화유산 소개 자료에 문화유산의 가격이 들어가는 것은 알맞지 않습니다.

중단원 실전 문제

52~55쪽

01 ㉠, ㉣ 02 ③ 03 예 탈춤, 판소리 04 ② 05 ②
06 ① 07 ④ 08 ② 09 (2)○ 10 면담 11 ② 12 ②, ③
13 ② 14 ③ 15 ② 16 ⑤ 17 ① 18 ② 19 ⑤ 20 ⑤

01 ㉡은 상감 청자, ㉢은 탈춤, ㉤은 남한산성, ㉥은 판소리입니다. 상감 청자, 탈춤, 남한산성, 판소리는 모두 조상들로부터 전해 내려온 문화 중 후손에게 물려줄 만한 가치가 있는 것들입니다.

오답 피하기

㉠ 자동차와 ㉣ 컴퓨터는 모두 현대에 만들어진 것들입니다.

02 유형 문화유산은 일정한 생김새나 모양이 있는 문화유산으로 공예품, 건축물, 책이나 그림 등이 이에 속합니다. ㉢ 탈춤과 ㉥ 판소리는 일정한 형태가 없는 노래와 춤으로, 무형 문화유산입니다.

03 무형 문화유산은 노래, 춤, 기술과 같이 일정한 형태가 없는 문화유산입니다. 따라서 이러한 노래, 춤, 기술 등을 가르치는 사람과 배우는 사람에 의해서 전해집니다. 무형 문화유산에는 탈춤, 판소리, 옹기장, 줄타기 등이 있습니다.

04 문화유산은 옛날부터 전해 내려오는 조상들의 문화이므로 현대 과학 기술과는 관련이 없습니다. 또한 문화유산을 통해 조상들의 생활 모습이나 멋, 지혜 등을 엿볼 수 있습니다.

05 옛날 관리들이 고을을 다스리던 관청을 '관아'라고 합니다. 관아는 고을의 여러 가지 일을 해결하는 역할을 했으며, 주로 고장의 중심지에 위치했습니다.

06 배추나 무 등의 채소를 겨울 동안 먹기 위해 김치를 한꺼번에 많이 담그는 일을 '김장'이라고 합니다.

07 김장은 우리나라에서 오랫동안 전해 내려온 음식과 관련된 문화입니다. 우리나라 고유의 김장 문화에는 길고 긴 겨울철에도 채소를 상하지 않도록 오래 저장해 두고 먹기 위한 조상들의 지혜가 담겨 있습니다.

더 알아보기

김장 문화

김장은 우리나라에서 옛날부터 오랫동안 전해 내려오는 음식 문화입니다. 우리나라는 길고 추운 겨울을 나기 위해 소금에 절인 채소에 다양한 향신료를 넣어 발효시킨 음식인 김치를 담급니다. 김장에 들어가는 재료는 지역에 따라 조금씩 다릅니다.

08 해녀 문화는 해녀와 관련된 잠수 기술, 옷과 작업 도구, 노래와 굿 등을 모두 포함합니다. 해녀 문화는 옛날부터 해녀 공동체 안에서 독특한 문화를 이루며 전해 내려오는 문화유산입니다.

09 마을 입구에 돌이나 나무로 세운 사람 모양의 기둥을 '장승'이라고 합니다. 장승은 마을을 지켜 주는 수호신의 역할을 했습니다.

10 면담은 서로 만나서 궁금한 점에 대해 묻고 답하는 조

사 방법입니다. 고장을 잘 아는 어른이나 문화 관광 해설사, 고장의 장인 등을 찾아가 이야기를 나누며 우리 고장의 문화유산에 대해 조사할 수 있습니다.

11 답사하기 전 답사로 알고 싶은 내용, 답사 방법과 역할 분담, 답사 준비물, 답사할 때 주의할 점 등 답사 계획을 세우는 단계입니다.

12 박물관은 문화유산을 진열하고 전시하는 곳입니다. 박물관에서는 질서를 지켜 다른 사람에게 방해가 되지 않도록 관람합니다. 또한 전시된 문화유산을 훼손시키지 않도록 조심해야 합니다.

더 알아보기

문화유산 사진을 찍을 때 주의해야 할 점

문화유산은 오랜 시간 전해 내려온 것이기 때문에 잘 보존하기 위해 빛과 습도 등을 조절하며 세심하게 관리합니다. 사진기의 강한 조명은 문화유산을 훼손시킬 수 있습니다. 따라서 사진 촬영이 허가된 곳에서만 찍어야 하며, 조명 사용에 유의해야 합니다.

13 그림은 문화유산에 대해 설명해 놓은 안내문을 읽고 중요한 내용을 기록하는 모습입니다.

14 문화유산을 답사하기 전에 답사 계획을 미리 세워야 합니다. ③ 문화유산 소개 방법은 문화유산을 소개하기 위한 계획과 관련이 있습니다.

15 답사에서 사진이나 동영상을 찍을 때는 답사하는 문화유산과 관련된 사진을 찍어야 합니다.

오답 피하기

답사는 문화유산이 위치한 곳에 찾아가 조사하는 방법으로, 경복궁을 답사하면 건물의 건축 양식 등을 직접 눈으로 관찰할 수 있습니다. 또한 경복궁 문화 관광 해설사의 설명을 통해 경복궁 이름의 뜻, 경복궁 내 건물의 용도 등에 대한 전문적인 설명을 들을 수 있습니다. 또한 안내판을 살펴보면서 경복궁의 구조도 파악할 수 있습니다.

16 문화재청은 문화유산을 관리하고 알리는 역할을 하는 행정 기관입니다. 문화재청 누리집에서는 고장을 선택해 문화유산의 특징, 사진이나 동영상 등을 검색할 수 있습니다.

17 사진, 기사, 광고는 신문 만들기와 관련이 있습니다.

18 신문 만들기는 사진, 기사, 광고, 인터뷰 등으로 문화유산에 대한 다양한 내용을 소개할 수 있다는 장점이 있습니다. 남한산성은 고장의 문화유산으로, 세계 지도에 나타내는 것은 알맞지 않습니다.

19 판소리를 직접 따라 해 보거나 배워서 경험하는 것은 판소리 노래 부르기 체험과 관련 있습니다.

20 고장의 문화유산을 소개하면서 문화유산의 소중함과 고장에 대한 자긍심을 느낄 수 있습니다. 우리 고장의 문화유산은 다른 나라에 수출할 수 있는 대상이 아니라, 잘 보존해 후손에게 물려줘야 할 소중한 대상입니다.

서술형 평가 돋보기 56~57쪽

연습 문제

1 농요 **2** ㉠ 농사 ㉡ 협동 ㉢ 동작 **3** 예 농사일을 할 때 노래를 부르며 일의 고단함을 덜었다. / 주고받는 노래를 부르며 협동해 농사일을 했다. 등

실전 문제

1 탈춤(탈놀이) **2** ㉠ 유형 ㉡ 무형 **3** 예 오랜 시간 동안 조상들의 슬기와 멋이 전해 내려오는 것이기 때문이다. **4** 답사(하기) **5** ㉠, ㉡ **6** 예 직접 경험해 생생한 지식을 얻을 수 있다.

연습 문제

1 주어진 신문 기사는 △△ 고장에서 전해 내려오는 농요인 '모심는 소리' 체험 행사와 관련된 내용입니다. 신문 기사에서 농민들이 농사일을 하면서 부르던 노래를 '농요'라고 한다는 것을 찾을 수 있습니다.

2 농요는 모심기, 잡초 뽑기, 벼 베기, 타작하기 등 농사일과 관련된 가사와 흥겨운 가락으로 이루어져 있습니

다. 또한 여러 사람이 일을 할 때 동작을 맞출 수 있도록 주고받으며(메기는소리와 받는소리) 노래를 합니다.

3 농요를 통해 조상들은 노래를 부르며 농사일의 고단함을 덜 수 있었다는 것을 알 수 있습니다. 또한 여러 사람이 동작에 맞추어 주고받는 노래를 부르며 협동해 농사일을 했다는 것을 알 수 있습니다.

채점 기준

농요를 통해 농사일의 고단함을 잊을 수 있었다는 내용 또는 농요를 부르며 협동해 농사일을 했다는 내용이 들어가면 정답으로 합니다.

실전 문제

1 ㈎는 관아, ㈏는 탈춤입니다. 탈춤은 탈을 쓰고 춤추며 노래와 이야기를 하는 놀이입니다.

2 ㈎와 ㈏는 모두 조상들로부터 전해 내려온 문화 중 후손에게 물려줄 만한 가치가 있는 문화유산입니다. ㈎는 일정한 모양과 생김새가 있는 건축물인 유형 문화유산이고, ㈏는 일정한 모양과 생김새가 없는 노래와 춤인 무형 문화유산입니다.

3 문화유산은 오랜 옛날부터 전해 내려온 것으로, 조상들의 슬기와 멋을 엿볼 수 있는 가치를 담고 있습니다. 따라서 후손들에게도 이러한 문화유산을 잘 보존해 전해줘야 합니다.

채점 기준

오랜 시간 전해 내려온 조상들의 슬기와 멋을 전달하기 위해서라는 내용이 들어가면 정답으로 합니다.

4 문화유산이 있는 현장을 직접 방문해 조사하는 것을 '답사'라고 합니다. 계획서의 장소, 날짜, 주의할 점 등을 통해 답사와 관련된 내용이라는 것을 알 수 있습니다.

5 답사를 통한 조사 방법으로 석굴암을 직접 방문해 할 수 있는 것을 생각해 봅니다.

오답 피하기

ⓒ과 ⓔ은 인터넷 또는 도서관의 책을 통해 석굴암에 대한 자료를 찾는 방법으로, 석굴암의 현장을 직접 찾아가 조사하는 답사의 방법에 해당하지 않습니다.

6 답사는 문화유산의 현장을 찾아가 보고 느낄 수 있는 조사 방법으로 직접 경험해 생생한 정보를 얻을 수 있다는 장점이 있습니다.

채점 기준

직접 경험해 생생한 정보를 얻는다는 내용이 들어가면 정답으로 합니다.

대단원 마무리 60~63쪽

01 ⑤ 02 ⑤ 03 이순신 (장군) 04 ① 05 ③ 06 두꺼비 07 ① 08 ② 09 ⑤ 10 ① 11 ㉑ 사진, 동영상, 글 등 다양한 자료를 편리하게 검색할 수 있다. / 다양한 자료를 쉽게 구할 수 있다. / 직접 가서 조사하는 것보다 시간과 비용을 절약할 수 있다. 등 12 ③ 13 (1) 수진 (2) ㉑ 문화유산은 왕과 왕비뿐만 아니라 백성들이 사용한 물건, 기술, 춤과 노래 등을 모두 포함하기 때문이다. 14 ④ 15 ④ 16 ⑤ 17 ⑤ 18 ④ 19 ③ 20 ㉑ 문화 관광 해설사, 문화유산 해설사 21 ⑤ 22 ⓔ → ⓜ → ⓛ → ㉠ → ⓒ 23 ③ 24 (1) – ⓛ (2) – ㉠ 25 ㉑ 문화유산의 가치와 특징이 잘 드러나는 방법을 선택한다.

01 고장의 옛이야기는 지명, 민요, 민담, 전설, 축제, 고사성어 등에 담겨 있습니다. 고장의 옛이야기를 통해 당시 사람들의 생활 모습이나 생각을 알 수 있습니다.

오답 피하기

① 옛이야기는 지역의 독특한 자연환경이나 문화를 배경으로 하는 경우가 많습니다. 그러므로 지역마다 다양한 옛이야기가 전해집니다.
② 옛이야기는 과거에 만들어진 이야기이므로 요즘에 만들어졌다는 것은 옳지 않습니다.
③ 옛이야기는 과거의 사실뿐만 아니라, 꾸며 낸 이야기도 담고 있습니다.
④ 옛이야기는 주로 사람들의 입이나 기록을 통해서 전해지기 때문에 동영상으로 전해진다는 것은 적절하지 않습니다.

02 두물머리와 아우라지는 두 개의 강이 합쳐지는 장소를 일컫는 말입니다.

03 이순신은 일본군이 쳐들어왔을 때 우리 군의 숫자가 많아 보이게 하려고 백성들에게 강강술래를 하게 했습니다.

더 알아보기

이순신

이순신은 조선 후기에 일어난 임진왜란에서 뛰어난 활약을 펼친 장군입니다. 임진왜란은 일본이 조선을 공격하면서 시작된 전쟁입니다. 전쟁 초반, 조선은 일본군의 압도적인 군사력에 크게 밀렸습니다. 그러나 바다에서 일본군을 무찌르면서 전세가 역전되기 시작했는데, 그 선봉장이 바로 이순신 장군이었습니다.

04 ㉠ 염창동은 소금을 보관하던 창고인 염창이 있던 곳에서 유래한 지명입니다.

05 마포는 옛날 배가 드나들던 포구가 있었던 사실에서 유래한 지명입니다.

더 알아보기

포구

포구란 강이나 바다 근처에 배가 드나들 수 있도록 만든 시설을 말합니다. 특히 포구에 드나드는 배는 다른 지역과 교류하는 물건이나 수산물을 싣는 경우가 잦았습니다. 과거 포구였던 곳은 지명에 '포' 자가 들어가는 경우가 있습니다. 예를 들면 마포, 영등포, 서귀포 등은 모두 포구와 관련된 지명입니다.

06 섬진강의 '섬' 자는 한자어로 두꺼비를 가리킵니다.

07 매년 파주에서 열리는 율곡 문화제는 조선 시대의 뛰어난 학자였던 율곡 이이를 기억하면서 고장 사람들이 즐길 수 있는 다양한 행사로 구성됩니다.

더 알아보기

율곡 이이

율곡 이이는 신사임당의 아들입니다. 이이는 13세의 어린 나이에 과거 시험 중 진사 초시에 합격할 정도로 공부를 열심히 했습니다. 29세에 과거 시험 중 최고인 대과에 장원으로 합격하면서, 이이의 이름은 더욱 널리 알려졌습니다. 이이는 관리가 되어 나라와 백성을 위해 열심히 일했습니다. 그는 『성학집요』라는 책을 지어 임금에게 바쳤으며, 제자들을 위한 교육 활동에도 힘을 쏟았습니다.

08 안성맞춤은 안성에서 제작한 유기의 품질이 좋다는 것에서 유래한 말입니다. 안성맞춤은 주로 계획한 대로 일이 잘 풀리거나, 기대했던 것처럼 물건의 품질이 좋은 상태를 가리킬 때 사용됩니다.

09 다산은 조선 시대의 뛰어난 학자인 정약용의 호입니다. 오늘날 남양주는 정약용이 태어난 곳입니다. 그래서 경기도 남양주시에는 다산과 관련된 지명이 많습니다.

10 조사 계획서에는 조사 주제, 조사 기간, 조사 방법, 조사 내용, 주의할 점, 역할 분담 등과 같은 내용이 들어가야 합니다. 주어진 조사 계획서에는 조사 내용이 빠져 있습니다.

오답 피하기

② 조사 기간은 조사 내용, 조사 환경 등에 따라 달라질 수 있습니다.
③ 조사 계획서에는 조사 방법으로 인터넷 누리집 조사하기만 제시되어 있습니다. 그러므로 면담할 사람에게 질문할 내용을 정리해 볼 필요는 없습니다.
④ 조사 방법에 면담하기와 관련된 내용이 없으므로 면담할 사람과 미리 시간과 장소를 정할 필요는 없습니다.
⑤ 인터넷에는 사실과 어긋나는 내용도 있을 수 있습니다. 그러므로 가급적 믿을 만한 누리집이나 다양한 출처의 자료를 비교해 봄으로써 정확한 사실에 바탕을 둔 자료인지를 확인해야 합니다.

11 인터넷으로 조사하면 직접 조사하는 것보다 시간과 비용을 절약하며, 다양한 자료를 검색할 수 있습니다.

채점 기준

예시 답안과 비슷한 내용으로 썼으면 정답으로 합니다.

12 조사한 옛이야기와 관련해 대본을 작성하고, 옷이나 분장, 배경을 꾸민 후 연기하는 것은 역할극으로 조사한 내용을 소개하는 것입니다.

13 왕과 왕비가 사용한 물건뿐만 아니라 일반 백성들이 사용하던 물건, 기술, 춤과 노래 등에서도 조상들의 슬기와 멋을 느낄 수 있습니다. 따라서 왕과 왕비의 물건만 문화유산이라고 한정하는 것은 옳지 않습니다.

채점 기준

문화유산이 왕과 왕비의 물건만을 뜻하지 않는다는 내용이 들어가면 정답으로 합니다.

14 오래된 기와집은 건축물로, 유형 문화유산입니다. 보기

에서 형태가 있는 유형 문화유산에 속하는 것은 측우기입니다.

더 알아보기

측우기

측우기는 조선 시대에 비의 양을 측정하던 기구입니다. 농업이 중요했던 과거에는 각 지역과 계절마다 비가 내리는 양을 통일된 기준으로 측정하는 것이 매우 중요한 일이었습니다. 측우기는 세종 때 처음 만들어져 전국에 보급되었으며, 이를 통해 조상들의 뛰어난 과학 기술을 알 수 있습니다.

15 누비로 만든 옷은 따뜻할 뿐만 아니라 튼튼하고 그 모양 역시 예술적 가치가 있습니다. 누비를 통해 조상들의 지혜와 멋을 알 수 있습니다.

16 ㈎와 ㈏는 모두 가르치고 배우는 사람을 통해 전해지는 무형 문화유산입니다.

오답 피하기

① 일정한 모양이나 생김새가 있는 것은 유형 문화유산입니다.
② 건축물, 그림이나 책 등은 형태가 있습니다. 무형 문화유산은 기술, 춤이나 노래처럼 일정한 형태가 없습니다.
③ 형태가 있는 유형 문화유산은 함부로 다루면 훼손될 수 있습니다. 그리고 무형 문화유산은 전수받는 사람이 없으면 사라질 수 있습니다.
④ 유형 문화유산뿐만 아니라 무형 문화유산도 조상들의 생활 모습과 정신이 담겨 있는 소중한 문화유산입니다.

17 향교는 조선 시대 선현(옛날의 어질고 사리에 밝은 사람)의 제사를 모시고 선비들이 모여 공부를 하던 곳입니다. 지방 곳곳에 향교가 있었으며, 지방 교육 기관으로서의 역할을 했습니다. 이를 통해 조상들이 교육을 중요하게 생각했다는 것을 알 수 있습니다.

18 해녀 문화에는 해녀들의 잠수 기술과 옷, 도구뿐만 아니라 해녀들이 부르는 노래, 물질을 나가기 전 하던 굿 등이 포함됩니다.

19 고장의 관광 안내 자료에는 고장을 방문하는 관광객들을 위해 문화유산의 모습(사진), 위치, 특징, 유래 등이 소개되어 있습니다.

20 문화유산에 대해 전문적인 지식을 가지고 사람들에게 설명해 주는 사람을 문화 관광 해설사(문화유산 해설사)라고 합니다.

21 면담을 할 때 지켜야 할 예절과 면담을 보다 효과적으로 하기 위한 준비 사항에는 무엇이 있을지 생각해 봅니다. ⑤ 궁금한 점은 적어 두었다가 문화 관광 해설사의 설명이 끝난 후에 여쭤보는 것이 좋습니다.

22 답사를 할 때는 먼저 답사할 문화유산을 정하고 관련 자료를 찾아본 후, 실제 답사를 위한 계획을 세웁니다. 계획대로 답사를 하고 난 후에는 관련 내용을 정리해 답사 보고서를 작성합니다.

23 기록하기, 사진 찍기, 그림 그리기 등은 답사를 하는 방법과 관련 있습니다.

24 노래나 춤 공연의 생생한 현장을 전달하고 싶을 때는 동영상을 찍어 소개하는 방법이 알맞습니다. 또한 상감 기법으로 청자를 직접 만들어 보는 활동을 통해 문화유산을 실감 나게 소개할 수 있습니다.

25 문화유산을 소개할 때는 소개하고자 하는 문화유산의 가치와 특징을 잘 나타낼 수 있는 방법을 선택합니다.

채점 기준

소개하는 문화유산의 특징과 맞는 방법을 선택한다는 내용이 들어가면 정답으로 합니다.

3 단원 교통과 통신 수단의 변화

(1) 교통수단의 발달과 생활 모습의 변화

핵심 개념 문제 70~71쪽

01 ② 02 ③ 03 ② 04 ③ 05 ㉠, ㉢ 06 ① 07 ③ 08 ①

01 그림은 옛날에 가마를 들고 가는 모습입니다. 가마 안에 사람이 앉아 있고 가마꾼이 가마를 들고 이동합니다.

오답 피하기
④ 인력거는 가마와 달리 지붕이 없고, 바퀴가 달려 있습니다.

02 옛날 땅에서 이용하던 교통수단에는 말, 당나귀, 가마, 인력거, 소달구지, 수레 등이 있고, 물에서 이용하던 교통수단에는 뗏목, 나룻배, 돛단배 등이 있습니다.

03 옛날의 교통수단은 사람이나 동물, 자연의 힘을 이용했고, 자연에서 쉽게 구할 수 있는 재료를 사용했습니다. 화석 연료를 사용하지 않아 환경이 오염되지 않으며, 사람의 힘을 이용하므로 힘이 많이 들고 시간이 오래 걸립니다. 또한 한 번에 많은 물건을 옮기기 어렵고, 비가 오거나 날씨가 나쁘면 다니기 어려워 환경의 영향을 많이 받습니다.

04 옛날의 교통수단은 사람이나 동물, 자연의 힘을 이용해 시간이 오래 걸리고, 힘이 많이 듭니다. 그러나 자연에서 쉽게 구할 수 있는 재료를 사용하고, 화석 연료를 사용하지 않아 환경이 오염되지 않는 좋은 점이 있습니다.

05 전차, 증기선, 증기 기관차는 기계의 힘을 이용한 초기의 교통수단으로, 옛날에 주로 이용하던 교통수단입니다. 버스, 자동차는 오늘날에 주로 이용하는 교통수단입니다.

06 오늘날의 교통수단은 먼 곳까지 빠르고 편하게 갈 수 있으며, 많은 사람과 물건을 실어 나를 수 있습니다. 그리고 몹시 나쁜 날씨 외의 일반적인 날씨에는 영향을 받지 않고 운행을 할 수 있습니다. 또한 기계의 힘을 이용하고, 땅, 바다, 하늘에서 이용하는 교통수단이 더욱 다양해졌습니다.

07 그림의 교통수단은 경운기입니다. 경운기는 농촌 지역에서 농사 도구나 농산물 등을 운반하는 데 주로 이용합니다.

08 널배는 바닷가 갯벌에서 조개 등을 운반할 때 주로 이용합니다.

오답 피하기
② 갯배는 마을과 마을 사이의 바다를 건널 때 이용합니다.

중단원 실전 문제 72~75쪽

01 교통수단 02 ③ 03 ② 04 전차 05 ④ 06 ④ 07 ④ 08 ⑤ 09 ② 10 케이블카 11 경운기 12 ⑤ 13 ③ 14 ① 15 ④ 16 ⑤ 17 ① 18 ① 19 ① 20 ⑤

01 사람이 이동하거나 물건을 옮기는 데 이용하는 방법이나 도구를 교통수단이라고 합니다.

02 말, 가마, 인력거, 소달구지는 옛날에 땅에서 이용하던 교통수단이고, 뗏목은 물에서 이용하던 옛날의 교통수단입니다.

03 그림의 교통수단은 소달구지입니다. 소달구지는 옛날에 주로 물건을 운반할 때 이용했습니다.

04 그림의 교통수단은 전차입니다. 전차는 전기의 힘을 이용해 정해진 선로를 따라 이동했습니다. 우리나라는 대한 제국 시기에 처음으로 운행되었습니다.

05 증기선은 석탄 등으로 물을 끓여 수증기의 힘을 이용해 움직이는 배입니다.

06 ④ 돛단배는 바람의 힘을 이용해 움직이던 옛날의 교통수단입니다.

07 사진 속 오늘날의 교통수단은 지하철입니다.

08 ①~④는 옛날 교통수단의 특징입니다. 오늘날의 교통수단은 한 번에 많은 물건을 실어 나를 수 있으며, 이동 시간이 적게 걸리고, 화석 연료의 사용으로 환경을 오염시킵니다. 또한 몹시 나쁜 날씨 외의 일반적인 날씨에는 영향을 받지 않고 운행을 할 수 있습니다.
오늘날의 교통수단은 기계의 힘을 이용하며, 땅, 바다, 하늘 등의 환경에 맞는 다양한 교통수단이 있습니다.

09 비행기, 배 등 다양한 교통수단의 발달로 사람들은 해외로 여행을 쉽게 갈 수 있게 되었습니다. 그리고 화물선에 대형 컨테이너 등 무거운 물건을 한 번에 실을 수 있으며, 해외로 물건을 보내거나 받기가 더욱 쉬워졌습니다. 또한 고속 열차 등으로 이동 속도가 점점 빨라져 먼 곳도 몇 시간 안에 갈 수 있게 되었습니다.
교통 혼잡으로 인해 교통 상황실에서 일하는 사람들이 많아지고, 실시간으로 교통 상황을 안내해 주는 직업도 생겨났습니다.

10 사진 속 교통수단은 케이블카입니다. 케이블카는 주로 산 중턱 등 높은 곳과 연결되어, 높은 곳을 쉽고 빠르게 올라갈 때 이용합니다.

11 경운기는 주로 농촌에서 이용합니다. 무거운 농사용 기구를 옮기거나 농산물을 실어 나르고, 농약을 줄 때도 이용합니다.

12 그림의 교통수단은 카페리입니다. 카페리는 사람과 함께 자동차를 배에 실어 섬으로 운반해 주며, 반대로 섬에서 육지로 운반해 주기도 합니다. 또한 자동차를 운전해 자동차와 함께 배를 탈 수도 있습니다.

13 지하철은 시간이 정확해 교통 혼잡과 상관이 없어 출퇴근하기에 좋습니다.

오답 피하기

① 갯배는 바다를 사이에 둔 두 마을 사이를 오가는데, 줄로 연결해 줄을 당겨 건넙니다. 줄을 따라 정해진 길만 가므로 돌아다니며 섬 주변을 구경하기는 어렵습니다.
② 이삿짐은 크고 많은 양의 짐이어서 오토바이로 옮기기에 적합하지 않습니다.
④ 경운기로 비탈진 좁은 산길을 가기는 어렵습니다.
⑤ 모노레일은 비탈진 곳에 레일을 깔아 이동하므로 레일이 없는 곳은 갈 수 없습니다.

14 그림의 교통수단은 레일 자전거입니다. 레일 자전거는 지금은 사용하지 않는 철로 위를 달릴 수 있도록 만든 자전거로, 페달을 밟아서 그 추진력으로 철로를 달립니다. 주로 관광지에 많이 설치되어 관광객들이 이용합니다.

15 ④는 구조용 헬리콥터입니다.

오답 피하기

①은 고속 열차, ②는 모노레일, ③은 갯배, ⑤는 트럭입니다. 모노레일은 가파른 길을 오르내리거나 농산물을 운반할 때, 갯배는 바다를 사이에 두고 떨어진 두 마을을 오갈 때 주로 이용합니다. 트럭은 화물을 실어 나를 때 이용합니다.

16 주차장, 주유소, 가스 충전소는 자동차와 관련된 시설들입니다. 주차장은 자동차를 세우는 곳이고, 주유소는 자동차에 기름을 넣는 곳이며, 가스 충전소는 가스 자동차에 가스를 넣는 곳입니다.

17 관제탑은 공항에 오고 가는 비행기들을 모두 통제하고 비행기의 이륙과 착륙을 관리하는 곳입니다. 버스 정류장은 사람들이 버스를 타고 내리는 곳입니다. 여객선 터미널은 여객선을 이용하는 승객들이 표를 사고 시간을 안내받으며, 여객선을 타기 위해 기다리는 곳입니다.

18 여객선 터미널은 여객선을 이용하는 승객들이 표를 사고 시간을 안내받으며, 여객선을 타기 위해 기다리는 곳입니다. 여객선은 사람들이 바닷길을 이용해 다른 지역이나 섬으로 이동할 때 이용하는 배입니다.

19 증기 자동차는 증기 기관을 이용한 최초의 자동차로, 증기선, 증기 기관차 등과 같이 수증기의 힘으로 움직입니다.

20 미래에는 화석 연료인 휘발유나 경유를 사용한 자동차보다 전기, 태양열, 수소 등 다양한 연료를 사용한 친환경 자동차가 더 늘어나 환경 오염이 줄어들 것입니다.

서술형 평가 돋보기

76~77쪽

연습 문제

1 (1) 말 (2) 소달구지 (3) 돛단배 2 (1) 말, 가마, 소달구지 (2) 돛단배, 뗏목 (3) 가마, 뗏목 (4) 말, 소달구지 (5) 돛단배 3 ㉠ 사람의 힘을 이용해 힘이 많이 들었다. / 환경이 오염되지 않는다. / 시간이 오래 걸린다. / 한 번에 많은 물건을 옮기기 어렵다. / 환경의 영향을 많이 받는다. 등

실전 문제

1 (1) 소달구지 (2) 트럭 (3) 가마 (4) 버스 2 (1) 빠릅니다 (2) 사람, 기계 3 ㉠ 속도가 빠르다. / 한 번에 많은 양의 물건을 운반할 수 있다. / 기계의 힘을 이용한다. / 많은 사람이 탈 수 있다. 등 4 (1) 버스, 지하철, 공항 철도, 비행기, 자동차, 배 (2) 버스 정류장, 지하철역, 공항, 여객선 터미널 5 ㉠ 정해진 시간에 정확히 갈 수 있다. / 많은 사람이 동시에 탈 수 있다. / 교통 체증이 없다. 등 6 ㉠ (1) 비행기 (2) 시간이 적게 걸리기 때문이다. / 하늘 위로 다니므로 바다 건너 멀리까지 빠르고 편리하게 갈 수 있기 때문이다. 등

연습 문제

1 그림에는 옛날의 교통수단인 말, 가마, 소달구지, 돛단배, 뗏목을 이용하는 모습이 나타나 있습니다.

2 가마와 뗏목은 사람의 힘을 이용했고, 소달구지와 말은 동물의 힘을 이용했습니다. 돛단배는 돛을 달아 바람의 힘을 이용했습니다.

3 옛날의 교통수단은 사람이나 동물, 자연의 힘을 이용했고, 자연에서 쉽게 구할 수 있는 재료를 사용했습니다. 그리고 화석 연료를 사용하지 않아 환경이 오염되지 않았습니다. 또한 사람의 힘을 이용하므로 힘이 많이 들었고, 시간이 오래 걸렸습니다. 한 번에 많은 물건을 옮기기 어려웠고, 비가 오거나 날씨가 나쁘면 다니기 어려워 환경의 영향을 많이 받았습니다.

채점 기준

옛날 교통수단의 특징 중 한 가지를 썼으면 정답으로 합니다.

실전 문제

1 그림에서 ㉠은 소달구지, ㉡은 트럭, ㉢은 가마, ㉣은 버스입니다.

2 옛날에는 물건을 옮길 때 소를 이용했습니다. 그러나 오늘날은 트럭 등을 이용해 많은 양의 물건을 한 번에 실어 나를 수 있으며, 이동 속도도 빠릅니다.
옛날의 교통수단인 가마는 안에 한 사람을 태우고 사람의 힘을 이용해 움직였으나, 오늘날의 교통수단은 대부분 기계의 힘을 이용해 움직이며, 버스를 이용해 많은 사람이 더 빠르게 이동할 수 있습니다.

3 오늘날의 교통수단은 기계의 힘을 이용하고, 먼 곳까지 빠르게 갈 수 있습니다.

채점 기준

예시 답안과 비슷한 내용으로 썼으면 정답으로 합니다.

4 소은이가 공항을 가기 전까지 이용한 교통수단은 버스, 지하철, 공항 철도입니다. 그리고 비행기를 타고 제주도로 갔으며, 그곳에서 자동차와 배를 이용했습니다.

5 지하철은 정해진 철로를 달리므로 운행 시간이 정확하고, 차량이 많아 많은 사람이 동시에 탈 수 있습니다. 그리고 도로의 교통 상황과 상관이 없으므로 교통 체증이 없습니다.

채점 기준

지하철의 편리한 점을 한 가지 썼으면 정답으로 합니다.

6 우리나라는 해외로 여행을 갈 때 일반적으로 비행기나 배를 이용할 수 있는데, 대부분의 여행은 정해진 시간에 다녀오므로 짧은 시간이 걸리는 비행기를 많이 이용합니다. 배는 주로 물건을 운반하는 경우에 많이 이용되지만, 가까운 중국이나 일본은 배로 가기도 합니다.

채점 기준

(1)을 배로 쓴 경우, (2)에서 바다를 건널 수 있기 때문입니다. 등의 적합한 까닭을 썼으면 정답으로 합니다.

(2) 통신 수단의 발달과 생활 모습의 변화

핵심 개념 문제 80~81쪽

01 ① 02 파발 03 ③ 04 ② 05 ⑤ 06 컴퓨터 07 ④ 08 ③

01 그림의 모습은 방을 읽고 있는 모습입니다. '방'은 사람들이 많이 다니는 곳에 붙여 나랏일을 알리던 옛날의 통신 수단입니다.

오답 피하기

② 서찰은 안부나 소식을 적어 보내는 글로, 사람이 직접 가서 전달하는 일종의 편지입니다.
③ 파발은 사람이 직접 달려가거나 말을 타고 가서 나라의 문서나 긴급한 군사 정보를 전하던 옛날의 통신 수단입니다.
④ 봉수는 연기나 횃불로 나라의 위급한 상황을 알리던 옛날의 통신 수단입니다.
⑤ 신호 연은 암호가 그려진 연을 띄워 작전이 시작되거나 바뀐 것을 알리던 옛날의 통신 수단입니다.

02 봉수, 파발, 신호 연은 옛날의 통신 수단입니다. 봉수는 연기나 횃불로 신호를 알려 멀리서도 알 수 있었습니다. 파발은 문서를 가지고 사람이 직접 달려가거나 말을 타고 가서 전하던 통신 수단이고, 신호 연은 암호가 있는 연을 띄워 멀리서도 볼 수 있도록 신호를 보내던 통신 수단입니다. 휴대 전화는 오늘날의 통신 수단입니다.

03 오늘날 많은 사람들이 텔레비전에 나오는 뉴스를 통해 먼 곳에서 일어난 사건도 실시간으로 빠르게 알 수 있게 되었습니다.

오답 피하기

신문은 일정한 간격을 두고 연속적으로 출판되는 형태로, 문자와 사진으로 다양한 정보를 전달해 주는 오늘날의 통신 수단입니다. 길 도우미를 이용해 길을 찾으면 편리하게 운전을 할 수 있으며, 오늘날의 대표적인 통신 수단인 휴대 전화는 여러 사람과 동시에 연락을 주고받을 수 있습니다.

04 오늘날에는 인터넷을 통해 정보를 실시간으로 전달할 수 있게 되었습니다. 또한 스마트폰의 등장으로 휴대 전화로 인터넷을 할 수 있게 되었으며, 모바일 메신저를 이용해 여러 사람과 동시에 문자로 대화도 가능해졌습니다. 이로 인해 요즘에는 직접 가서 소식을 전하기보다는 전화, 문자 등으로 연락을 하며, 편지로 소식을 전하는 경우가 점차 줄어들고 있습니다.

05 그림은 집에서 휴대 전화를 이용해 인터넷으로 물건을 주문하는 모습입니다.

06 회사에서 많은 자료를 주고받을 때는 주로 컴퓨터를 이용합니다. 회사에서 텔레비전은 컴퓨터를 연결해 영상을 크게 볼 때나 실시간 뉴스 속보를 볼 때 이용하기도 합니다.

07 농촌에서는 집이 모여 있지 않고 농사일을 하러 나가기 때문에 바깥 곳곳에 스피커를 설치해 마을 방송으로 연락합니다.

08 무선 마이크는 이동하면서 설명할 때, 넓은 공간에 소리가 크게 들리게 하기 위해 이용하는 통신 수단입니다.

오답 피하기

공사 현장에서 연락할 때나 경찰관이 순찰 중에 동료와 연락할 때 이용하는 통신 수단은 무전기입니다. 택시 기사가 손님과 연락할 때 이용하는 통신 수단은 휴대 전화이고, 전시 해설자가 이동하며 설명할 때 이용하는 통신 수단은 무선 마이크입니다. 항공기 유도원은 조종사와 수신호로 의사소통을 합니다.

중단원 실전 문제 82~85쪽

01 통신 수단 02 ③ 03 ② 04 ③ 05 (1) – ㉡ (2) – ㉢ (3) – ㉠ 06 신호 연 07 (1) ○ (2) ○ 08 ③ 09 ⑤ 10 ③ 11 ① 12 ㉠ 13 ⑤ 14 ⑤ 15 ③ 16 ③, ⑤ 17 화상 회의 18 ③ 19 소은 20 ④

01 전화, 편지와 같이 정보를 전달하려고 이용하는 방법이

나 도구를 통신 수단이라고 합니다.

02 옛날의 통신 수단인 봉수는 낮에는 연기, 밤에는 횃불을 피워 소식을 전하던 방법입니다. 연기나 횃불의 개수에 따라 위급한 정도를 알렸습니다.

03 모바일 청첩장은 오늘날 스마트폰 등과 같은 통신 수단을 이용해 결혼식 초대장을 보내는 방법입니다.

오답 피하기

옛날의 통신 수단 중 연기나 횃불을 피워 위급한 상황을 알리던 방법은 봉수이고, 사람이 직접 달려가거나 말을 타고 가서 긴급한 소식을 알리던 방법은 파발입니다. 또한 북을 크게 쳐서 전쟁 상황 등의 소식을 알리기도 했습니다.

04 사람이 직접 달려가거나 말을 타고 가서 소식을 전하던 옛날의 통신 수단은 파발입니다. 파발 중 말을 타고 전하는 방법을 기발, 사람이 달려가서 전하는 방법을 보발이라고 합니다.

05 ㉠은 서찰을 읽는 모습, ㉡은 북을 쳐서 소식을 알리는 모습, ㉢은 방을 붙여 소식을 알리는 모습입니다.

06 신호 연은 전쟁 중에 적군이 알아차리지 못하도록 암호가 그려진 연을 띄워 작전을 알리던 옛날의 통신 수단입니다.

07 (1)은 휴대 전화, (2)는 텔레비전, (3)은 봉수의 모습입니다. 오늘날의 통신 수단은 휴대 전화와 텔레비전입니다. 봉수는 적이 쳐들어오면 낮에는 연기, 밤에는 횃불로 위급한 상황을 알리던 옛날의 통신 수단입니다.

08 사진 속 통신 수단은 자동차에 설치해 이용하는 길 도우미입니다. 갈 장소의 주소를 입력하면 가는 길을 알려 주어 안내를 받을 수 있습니다.

09 오늘날의 통신 수단은 옛날보다 종류가 더욱 다양해졌으며, 전달 속도도 더 빠릅니다.

오답 피하기

여러 사람과 동시에 연락할 수 있는 통신 수단은 휴대 전화이고, 한 번에 정보를 많이 주고받을 수 있는 통신 수단은 컴퓨터입니다. 또한 컴퓨터나 휴대 전화에 여러 가지 기능이 있어 다양한 통신 방법을 이용해 여러 사람에게 정보를 빠르게 전달할 수 있습니다.

10 오늘날은 휴대 전화로 동영상을 보고, 공연 티켓이나 비행기표를 예매할 수 있습니다. 또한 외국에 사는 친구와 영상 통화를 하고, 가게에 가지 않고도 집에서 물건을 구입할 수 있습니다.

③ 자전거는 교통수단으로, 자전거를 타고 친구들과 공원에 가는 모습은 통신 수단의 발달과 관련이 없습니다.

11 최근 학교에서는 방송으로 음악을 들려주어 수업 시작을 알립니다. 실제로 종을 쳐서 수업 시작을 알려 주는 방식은 거의 사라졌습니다.

12 처음에 등장한 전화는 전화를 걸면 교환원을 통해 원하는 곳으로 연결해야 하는 방식이었습니다. 다음에 등장한 전화는 유선 전화로, 전화선이 연결되어 직접 숫자 번호판을 돌리거나 번호를 누르면 교환원이 없이도 전화를 걸 수 있었습니다. 다음은 휴대 전화(무선 전화)로, 전화 연결선이 필요 없고 손에 들고 다닐 수 있습니다. 가장 최근의 전화는 스마트폰으로, 휴대 전화에 컴퓨터 기능이 들어가 인터넷 검색, 사진 촬영, 영상 통화, 전자 우편 보내기 등을 할 수 있습니다.

13 도시의 아파트는 한 건물에 많은 가정이 살고 있으므로 인터폰을 이용해 아파트 안에서 서로 연락을 주고받습니다. 농촌에서는 집이 모여 있지 않고 농사일을 하러 가기 때문에 바깥 곳곳에 스피커를 설치해 마을 방송으로 연락합니다.

14 무선 마이크는 운동장이나 전시장, 마트 등 넓은 곳에서 목소리를 크게 내기 위해 이용합니다.

오답 피하기

①, ③ 경찰관과 소방관은 무전기로 출동할 곳을 알려 줍니다.
② 택시 기사는 휴대 전화로 손님의 부름 요청을 받습니다.
④ 선생님은 전화로 학생에게 연락합니다.

15 경찰관이 이용하는 통신 수단은 무전기입니다. 무전기는 이동하면서 여러 명이 동시에 연락을 주고받을 수 있습니다.

16 봉수와 파발은 옛날 위급한 상황에 이용하던 통신 수단입니다. 직접 만나서 약속을 정하는 것은 옛날부터 이용한 가장 기본적인 연락 방법입니다.

17 화면으로 서로 얼굴을 보면서 하는 회의를 화상 회의라고 합니다.

18 수족관이나 바다와 같은 물속에서는 전자 기기를 이용하기 힘들고 말을 하기가 어려우므로 수신호로 연락을 주고받습니다.

19 통신 수단이 발달한 미래에는 손목에 차는 시계처럼 건강 관리를 도와주는 통신 수단을 이용해 자신의 건강 상태를 병원에 가지 않고도 점검할 수 있을 것입니다. 또한 통신 수단이 더욱 다양해져서 생활이 지금보다 더 편리해질 것입니다.

20 미래에는 무선 인터넷 등의 통신 기술이 자동차와 연결되어, 차 안에서 스마트폰으로 할 수 있는 것들이 많아질 것입니다. 또한 자동차 스스로 음성을 인식해서 자율 주행을 하고, 사고가 나면 자동으로 사고가 발생한 위치를 사고 처리하는 곳으로 보내 주는 등 다양한 성능을 가진 스마트 카가 등장해 사람들을 더욱 편리하게 이동시켜 줄 것입니다.

서술형 평가 돋보기

86~87쪽

연습 문제

1 예 스마트폰, 컴퓨터(인터넷), 인터폰 **2** ㉠ 스마트폰 ㉡ 컴퓨터(인터넷) ㉢ 인터폰 **3** 예 스마트폰으로 동영상을 볼 수 있다. / 직접 가지 않고 공연 티켓이나 영화표를 예매할 수 있다. / 외국에 사는 친구와 영상 통화를 할 수 있다. / 가게에 가지 않고 집에서 물건을 구입할 수 있다. / 실시간으로 소식을 들을 수 있다. / 컴퓨터로 과제를 제출할 수 있다. / 인터넷으로 강좌를 듣고, 공부를 할 수 있다. 등

실전 문제

1 (1) 예 직접 서찰로 소식을 전했다. (2) 예 스마트폰으로 (모바일) 청첩장을 보낸다. **2** 예 직접 가지 않고 많은 사람에게 빠르게 소식을 전할 수 있다. / 소식을 전하기에 간편하다. / 소식을 받는 데 시간이 걸리지 않는다. 등 **3** 예 화재 경보기가 불이 난 것을 많은 사람에게 알려 준다. / 휴대 전화로 바로 119에 신고할 수 있다. / 휴대 전화 위치를 파악해 소방서에서 바로 출동할 수 있다. 등 **4** 마을 방송 **5** 예 농촌 마을은 집이 모여 있지 않기 때문이다. / 사람들이 일하러 밭이나 논 등 밖에 있기 때문이다. 등

연습 문제

1 그림을 살펴보면 어머니와 남자아이는 스마트폰, 여자아이는 컴퓨터(인터넷), 경비원은 인터폰을 이용하고 있음을 알 수 있습니다.

2 어머니는 스마트폰으로 물건을 구입하고 있고, 여자아이는 컴퓨터(인터넷)로 이메일(전자 우편)을 보내고 있습니다. 남자아이는 스마트폰으로 동영상을 보고 있으며, 아파트 경비원 아저씨는 인터폰을 이용해 연락했습니다.

3 오늘날 가정에서는 인터넷이 되는 스마트폰이나 태블릿 PC, 컴퓨터 등 다양한 통신 수단을 활용해 생활이 편리해졌습니다.
스마트폰으로 동영상을 보고, 공연 티켓이나 비행기표를 예매할 수 있으며, 외국에 사는 친구와 영상 통화를

할 수 있습니다. 또한 가게에 가지 않고 집에서 물건을 구입할 수도 있습니다. 텔레비전이나 인터넷이 연결된 기기로 실시간으로 뉴스나 소식을 들을 수 있으며, 컴퓨터로 학교 과제를 하고 제출할 수 있습니다. 인터넷으로 강좌를 듣고 공부를 할 수도 있습니다.

채점 기준

오늘날 통신 수단의 발달이 가정생활에 미친 영향을 한 가지 썼으면 정답으로 합니다.

실전 문제

1 옛날에는 서찰을 보내 혼사(결혼식) 소식을 전했습니다. 오늘날은 스마트폰으로 모바일 청첩장을 보내 소식을 전하기도 합니다. 모바일 청첩장은 온라인 연락망 등을 통해 인터넷으로 보내는 청첩장입니다.

채점 기준

옛날과 오늘날 평상시에 소식을 전하는 방법을 썼으면 정답으로 합니다.

2 오늘날은 직접 가지 않고 온라인 연락망 등을 통해 많은 사람에게 빠르게 소식을 전합니다. 우편으로 부치거나 일일이 전화하지 않고 소식을 전하므로 간편합니다. 또한 즉시 보내지므로 소식을 받는 데 시간이 걸리지 않습니다.

채점 기준

옛날과 오늘날 통신 수단의 이용 모습을 비교해 한 가지라도 특징 있게 썼으면 정답으로 합니다.

3 불이 나서 화재 경보기가 울리는 모습과 119로 신고를 하고, 119 안전 센터에서 신고를 받고 있는 모습입니다. 요즘 119 안전 센터에서는 신고자의 휴대 전화 위치로 불이 난 곳을 파악해, 주소를 정확히 말하지 않아도 즉시 위치를 확인해 출동할 수 있습니다.

채점 기준

화재 경보기나 휴대 전화를 이용하는 모습과 관련된 내용이 들어가면 정답으로 합니다.

4 농촌에서 이용하는 통신 수단은 길가에 있는 스피커에서 나오는 마을 방송입니다.

5 농촌은 집이 모여 있지 않고, 사람들이 농사일을 하러 나가기 때문에 바깥 곳곳에 스피커를 설치해 마을 방송을 통해 소식을 전합니다.

채점 기준

마을 사람들이 농사일을 하기 위해 여러 곳에 흩어져 있기 때문이라는 내용이 들어가면 정답으로 합니다.

대단원 마무리 90~93쪽

01 ② 02 사람(동물), 동물(사람) 03 뗏목 04 ②, ④ 05 ⑤ 06 ⑤ 07 ③ 08 ③ 09 ⑤ 10 예 사람들이 먼 곳으로 편리하게 갈 수 있게 되었다. / 무거운 짐을 한 번에 먼 곳까지 옮길 수 있게 되었다. 등 11 ④ 12 ③ 13 (1) ㉠, ㉣ (2) ㉡, ㉢ 14 (1) × (2) ○ (3) ○ 15 파발 16 ① 17 ④ 18 예 옛날의 통신 수단은 직접 연락하는 경우가 많은데, 오늘날은 직접 가지 않고 바로 연락할 수 있다. 19 회사 (○) 20 예 (1) 스마트폰 (2) 가게에 가지 않고 집에서 물건을 산다. 21 ③ 22 무전기 23 ② 24 ⑤ 25 ②

01 말, 가마, 당나귀, 인력거 등은 사람이 이동할 때 이용하던 옛날의 교통수단입니다. 수레, 소달구지 등은 물건을 옮길 때 이용하던 옛날의 교통수단입니다. 트럭은 주로 짐을 나를 때 이용하는 오늘날의 교통수단입니다.

02 그림은 옛날의 교통수단인 말, 가마, 소달구지입니다. 옛날 사람들은 말을 타고 먼 거리를 이동했고, 가마꾼들이 가마 안의 사람을 이동시켰습니다. 또한 소를 이용해 무거운 짐을 실어 날랐습니다.

03 뗏목은 통나무를 떼로 가지런히 엮어서 물에 띄워 사람이나 물건을 운반할 수 있도록 만든 것입니다.

04 증기선과 증기 기관차는 사람이나 동물의 힘을 빌리지 않고 증기 기관이라는 기계의 힘으로 움직이는 초기 단계의 교통수단입니다.

오답 피하기

전기의 힘으로 철길 위를 달리는 교통수단은 전차입니다. 최근 물건을 실어 나르는 데 가장 많이 이용되는 교통수단으로 선박(배)이 있습니다. 또한 오늘날은 석유, 가스, 전기 등을 이용하는 다양한 교통수단이 있습니다.

05 버스, 비행기, 자전거, 지하철, 자동차 등은 오늘날의 교통수단이고 인력거, 증기선, 가마, 전차 등은 옛날의 교통수단입니다.

06 이삿짐을 나를 때는 주로 트럭을 이용합니다. 해외로 출장을 갈 때는 가장 빠르게 이용할 수 있는 비행기를 이용하고, 친구와 집 앞 놀이터를 갈 때는 주로 걸어갑니다. 학교에서 현장 체험 학습을 갈 때는 주로 버스를 이용합니다.

07 서울역, 김포공항역 등 지하철역을 이용했으므로 지하철을 탄 것이며, 김포 공항에서 제주도로 갈 수 있는 교통수단은 비행기입니다.

08 자동차를 타고 다니면서 이용하는 시설로는 주유소, 주차장, 휴게소 등이 있습니다. 공항은 비행기와 관련된 시설이며, 항구와 여객선 터미널은 배와 관련된 시설입니다.

오답 피하기

자동차와 관련된 교통 시설에는 주유소, 주차장, 휴게소 등이 있습니다. 공항은 비행기를 이용하기 위해 필요한 시설입니다. 배를 이용하기 위해 필요한 시설에는 항구, 선착장, 여객선 터미널 등이 있고, 기차나 지하철을 이용하기 위해 필요한 시설에는 철로, 기차역, 지하철역 등이 있습니다.

09 오늘날은 교통수단이 다양해졌으며, 이동 시간이 크게 줄어들었습니다. 또한 먼 곳까지 빠르고 편하게 갈 수 있고, 한 번에 많은 사람과 물건을 실어 나를 수 있습니다.

10 교통수단의 발달로 사람들이 먼 곳으로 편리하게 갈 수 있게 되었습니다. 또한 무거운 짐을 한 번에 먼 곳까지 옮길 수 있게 되었으며, 예전에는 가기 어려웠던 곳을 편리하게 갈 수 있게 되었습니다. 그리고 교통수단이 발달하면서 사람들이 하는 일이 다양해졌습니다.

채점 기준

예시 답안과 비슷한 내용으로 오늘날 교통수단의 좋은 점이나 나쁜 점을 썼으면 정답으로 합니다.

11 가파른 길을 오르내리거나 농작물을 수확해 운반하는 데 이용하는 교통수단은 모노레일입니다.

오답 피하기

갯배는 마을과 마을 사이 바다를 건너기 위해 줄로 연결해 줄을 당겨서 건너는 배이고, 경운기는 농촌 지역에서 농사 도구나 농산물을 운반하는 교통수단입니다. 또한 카페리는 사람과 함께 자동차를 배에 실어 섬이나 육지로 운반하는 배이고, 지프 택시는 길이 가파르고 눈이 많이 오는 지역에서 이용하는 교통수단입니다.

12 과학 기술의 발달로 미래에는 자율 주행 자동차, 하늘을 나는 드론 자동차, 전기·태양광이나 그 밖의 에너지로 움직이는 새로운 교통수단이 생겨날 것입니다. 또한 속도가 빨라져 먼 곳까지 더 빠르게 갈 수 있고, 환경을 오염시키지 않는 친환경 연료를 사용하는 교통수단이 늘어날 것입니다.

13 옛날 평상시에는 직접 사람이 가서 말로 전하거나 서찰을 보내 소식을 알렸습니다. 또한 많은 사람이 볼 수 있도록 방을 써서 붙이기도 했습니다. 전쟁 중에는 신호연을 띄워 작전을 보내거나 봉수대에 연기나 횃불을 피워 소식을 알렸습니다.

14 봉수는 낮에는 연기, 밤에는 횃불로 긴급한 상황을 알렸습니다. 안개가 낀 날에는 연기가 잘 보이지 않고, 비가 오는 날에는 불이 꺼져 날씨에 영향을 받았습니다.

더 알아보기

봉수는 높은 산에 불을 피워 낮에는 연기, 밤에는 횃불(불빛)로 신호를 보냈습니다. 우리나라는 산과 같은 높은 곳에 봉수대를 설치해 남해안부터 함경도까지 봉수대를 갖추어 활용했습니다. 봉수는 연기나 횃불의 개수에 따라 위급한 정도를 알린 통신 수단으로, 파발보다 전달 속도가 빨라 신속한 효용성을 발휘해 국경 지방 적의 상황을 나라에 알릴 수 있었습니다.

평상시에는 1개, 적들이 나타났을 때는 2개, 적들이 가까이 올 때는 3개, 적들이 쳐들어올 때는 4개, 적들과 싸울 때는 5개를 피워 알렸습니다.

15 긴급한 군사 정보를 사람이 직접 달려가거나 말을 타고 가서 전하던 방법은 파발입니다. 파발에는 보발과 기발이 있는데, 사람이 직접 걸어가서 전하는 방법은 보발, 말을 타고 가서 전하는 방법은 기발입니다.

16 북은 옛날의 통신 수단으로, 전쟁터에서는 북을 크게 쳐 상황을 알렸습니다.

17 그림의 통신 수단은 오늘날의 스마트폰입니다. 스마트폰은 무선 인터넷이 연결되어 인터넷으로 물건을 주문할 수 있고, 지하철 등 장소에 구애받지 않고 이동하면서 통화를 하거나 문자를 보낼 수 있습니다. 또한 인터넷 동영상 시청이 가능하고, 실시간 영상 통화도 할 수 있으며, 검색도 할 수 있습니다.

18 옛날의 통신 수단은 서찰 등 사람이 직접 전달하는 경우가 많았지만, 오늘날은 직접 가지 않고 먼 곳에 있는 사람에게 바로 소식을 알릴 수 있습니다. 방의 경우도 붙인 곳에 직접 가야 볼 수 있지만, 오늘날은 개인 휴대 전화나 텔레비전으로 여러 사람에게 즉시 알릴 수 있습니다.

채점 기준

옛날에 비해 직접 가지 않아도 된다, 즉시 알릴 수 있다, 빨리 알릴 수 있다, 동시에 알릴 수 있다, 실시간으로 연락할 수 있다, 연락하기 편리하다. 등 발전되고 나아진 내용이 포함되면 정답으로 합니다.

19 주로 회사에서 일을 할 때 컴퓨터로 서류를 처리하고 자료를 주고받습니다. 멀리 있는 사람과 영상으로 실시간 회의를 하고, 컴퓨터에 있는 자료를 스크린에 보이게 해 설명하며 회의를 하기도 합니다.

20 가정에서 이용하고 있는 통신 수단은 스마트폰, 텔레비전, 태블릿 PC, 컴퓨터, 인터폰 등으로 종류가 다양한 만큼 이용하는 모습도 매우 다양합니다.

스마트폰이나 태블릿 PC로 물건을 주문할 수 있고, 장소에 구애받지 않고 이동하면서 통화를 하거나 문자를 보낼 수 있으며, 인터넷 동영상 시청이 가능합니다. 또한 게임도 하고 실시간 영상 통화도 할 수 있으며, 검색도 할 수 있습니다.

텔레비전으로 가족과 뉴스 속보를 볼 수 있고, 스포츠 경기를 실시간으로 볼 수 있습니다. 그리고 컴퓨터로 서류를 작성하고 과제를 할 수 있으며, 정보를 검색하고 자료를 보내며, 전자 우편을 주고받을 수 있습니다.

채점 기준

(1) 스마트폰, 텔레비전, 태블릿 PC, 컴퓨터, 인터폰 등 오늘날 가정에서 이용하는 통신 수단을 한 가지만 쓰면 됩니다.

(2) (1)에서 답한 통신 수단의 다양한 이용 모습 중 한 가지를 제대로 썼으면 정답으로 합니다.

21 도시의 아파트에서는 한 건물에 여러 집이 있어서 인터폰을 이용해 다른 집이나 경비실에 연락합니다.

22 공사 현장에서는 무전기를 이용해 서로 연락을 주고받습니다.

23 비행기를 안내하고 있는 항공기 유도원의 모습과 물속 잠수부의 모습입니다. 항공기 유도원은 비행기 조종사와 수신호로 의사소통을 합니다. 물속에서 잠수부들도 수신호로 의사소통을 합니다.

24 오늘날 학교에서는 화산 폭발과 같이 직접 가서 관찰하기 어려운 것들을 컴퓨터 영상으로 보며 공부합니다. 직접 만나서 회의를 하는 것, 필요한 서류를 직접 전달하는 것, 시장에 직접 가서 물건을 사는 것, 친구들과 직접 만나서 과제를 의논하는 것은 오늘날의 통신 수단을 이용하지 않고 직접 전하는 것으로, 옛날부터 해 오던 방식입니다.

25 손목에 건강 관리 시스템이 있는 통신 기기를 차고 있으면 건강 정보가 병원에 보내져 병원에 가지 않고도 의사에게 진료를 받고, 그에 맞는 처방을 받는 모습입니다. 이는 통신 수단의 발달로 다가올 미래의 생활 모습입니다.

1단원 (1) 중단원 쪽지 시험 5쪽

01 고장 02 학교 03 놀이터 04 다릅니다 05 몇 곳만 06 자연 07 공통점 08 어느 한쪽 09 경험 10 존중

6~9쪽

중단원 확인 평가 1 (1) 우리가 생각하는 고장의 모습

01 ① 02 ⑤ 03 ② 04 ① 05 예 생각과 느낌은 서로 다르다. 06 ⑤ 07 ③ 08 ①, ③ 09 ⑤ 10 놀이터 11 ⑤ 12 ② 13 행정 복지 센터 14 ④ 15 ①, ③ 16 ③ 17 ② 18 ① 19 ⑤ 20 예 존중하는 태도를 갖는다. / 인정하는 태도를 갖는다. / 수용하는 태도를 갖는다. 등

01 고장은 사람들이 모여 사는 곳으로, 자연의 모습과 사람들이 만든 장소가 있습니다. 사람들은 저마다 각자의 고장에 속해서 살아갑니다.

오답 피하기

고장의 모습은 조금씩 다릅니다.

02 고장의 모습을 떠올릴 때는 어떤 장소가 떠오릅니다. 학교 앞 문방구는 장소에 해당합니다.

03 고장에 있는 장소에 가족들이 함께 방문해 찍은 사진을 살펴보면 고장의 모습을 쉽게 떠올릴 수 있습니다.

04 사람들은 아플 때 병원을 찾아 치료를 받고 약을 처방받습니다.

05 사람마다 경험이 다르므로 고장에 대한 생각과 느낌은 서로 다릅니다.

채점 기준

사람마다 경험이나 생각, 느낌 등이 다르다는 내용이 들어가면 정답으로 합니다.

06 버스 터미널은 다른 고장으로 이동하는 사람들이 많이 이용하는 곳으로, 버스를 타고 내리는 모습을 볼 수 있습니다.

오답 피하기

공부에 필요한 물건을 사는 곳은 문구점이며, 친구들과 놀기 위해 만나는 곳은 놀이터입니다.

07 친구들과 자주 가는 장소는 집이나 학교 근처의 장소로 학교, 공원, 놀이터, 도서관 등이 있습니다. 시청은 어른들이 주로 방문하는 곳입니다.

08 우리 고장에는 자연과 관련 있는 장소, 사람들이 만든 장소 등 다양한 장소가 있습니다. 또한 사람들마다 떠올린 장소는 다를 수 있고, 장소에 대한 생각과 느낌도 다를 수 있습니다.

09 고장의 모습을 그릴 때는 먼저 그리고 싶은 장소를 정합니다.

더 알아보기

고장의 모습을 그리는 방법

고장의 여러 장소 중 그리고 싶은 장소를 정합니다. → 중요하다고 생각한 장소, 길 등을 표시하고 그립니다. → 색을 칠하고 장소에 대한 설명이나 느낌을 씁니다.

10 여러 가지 놀이 기구가 있으므로 놀이터입니다.

11 슈퍼마켓, 초등학교, 놀이터, 문구점은 어린이들이 자주 가는 장소입니다.

오답 피하기

건물은 있지만 길은 그려 넣지 않았습니다. 자연의 모습은 없습니다.

12 산, 학교, 아파트, 도서관, 미용실, 행정 복지 센터 등은 있지만 공원은 없습니다.

13 행정 복지 센터는 주민 등록 등본과 같은 생활에 필요한 여러 가지 증명서를 발급해 줍니다.

14 시장과 하천은 ㈎에만 있고, 도서관과 슈퍼마켓은 ㈏에만 있습니다.

15 ㈎에는 길이 있지만 ㈏에는 없습니다. ㈏에 그려진 장소는 도서관, 놀이터, 슈퍼마켓, 아파트 4곳이지만 ㈎에

는 학교, 산, 하천, 시장, 아파트, 행정 복지 센터 등 더 많은 장소가 그려져 있습니다.

오답 피하기

㈎는 ㈏보다 좀 더 복잡하게 그려져 있습니다. ㈎와 ㈏에 그려진 장소의 모습은 서로 다르며, ㈎에는 산과 하천 등 자연의 모습도 그려져 있습니다.

16 문구점에서는 공부에 필요한 여러 가지 준비물이나 학용품을 살 수 있습니다.

17 생선, 과일이 그려져 있으므로 여러 가지 물건을 사고팔 수 있는 시장이 알맞습니다.

18 비슷한 점을 찾거나 모두 있는 장소를 찾는 것은 공통점으로 비교하는 방법입니다.

19 사람마다 경험이 다르고 떠올리는 장소가 다르며, 중요하게 생각하는 것이 다르기 때문에 고장의 모습을 그린 그림도 서로 다를 수 있습니다.

20 고장에 대한 생각과 느낌은 서로 다를 수 있으므로 나의 생각과 느낌만 옳다고 생각하지 않고 서로 존중하고 이해하는 태도가 필요합니다.

채점 기준

존중, 인정, 수용, 이해 등의 단어가 들어가면 정답으로 합니다.

1단원 (2) 중단원 쪽지 시험 11쪽

01 높은 02 디지털 영상 지도 03 자세하게 04 위치 05 검색 06 확대 07 백지도 08 디지털 영상 지도 09 누리집 10 안내도

12~15쪽

중단원 확인 평가 1 (2) 하늘에서 내려다본 고장의 모습

01 ③ 02 ㉮ 전체적인 모습을 살피기 편리하다. / 어떤 장소의 위치를 쉽게 알 수 있다. / 고장의 실제 모습을 한눈에 볼 수 있다. 등 03 ① 04 ⑤ 05 ㈎ 06 ④, ⑤ 07 ㉡ → ㉠ → ㉢ 08 ③ 09 ⑤ 10 ④ 11 ② 12 ⑤ 13 ④ 14 ㉮ 물건을 산다. / 물건을 판다. / 물건을 구경한다. / 물건을 운반한다. 등 15 ① 16 (1) 백지도 (2) ㉢ 17 ⑤ 18 ⑤ 19 ④ 20 ③

01 위에서 내려다보고 찍은 모습은 장소의 윗부분이 바로 보입니다.

오답 피하기

㉠은 앞에서 찍은 모습, ㉡은 옆에서 찍은 모습, ㉣은 아래에서 찍은 모습입니다.

02 인공위성으로 높은 곳에서 고장을 내려다보고 사진을 찍으면 고장의 전체적인 모습을 살펴보기 편리하고, 고장의 실제 모습을 자세하고 생생하게 볼 수 있습니다.

채점 기준

예시 답안과 비슷한 내용으로 썼으면 정답으로 합니다.

03 고장의 실제 모습을 생생하게 찍으려면 비행기, 드론, 인공위성 등을 이용해야 합니다.

04 디지털 영상 지도에는 고장의 모습이 그대로 나타나 있습니다.

05 고장의 전체적인 모습을 살펴보려면 좀 더 멀리서 찍은 사진을 봐야 합니다.

06 디지털 영상 지도를 이용하면 고장의 모습을 생생하게 살펴볼 수 있고, 컴퓨터나 스마트폰의 전자 기기로 어디서나 쉽게 볼 수 있습니다.

07 디지털 영상 지도로 우리 고장의 주요 장소를 찾을 때는 '국토 지리 정보원 누리집 접속하기 → '지도 선택'에서 '영상 지도' 누르기 → 검색창에 찾고자 하는 장소 입력하기'의 순서로 합니다.

08 디지털 영상 지도에서 찾고자 하는 장소를 입력하면 그 장소가 지도에서 어디에 있는지 장소의 위치를 알 수 있습니다.

09 [+]와 [-]는 확대와 축소 단추로, 지도를 더 크게 확대해서 보거나 더 작게 축소해서 볼 수 있습니다. 확대 단추를 누르면 좁은 지역을 좀 더 자세히 볼 수 있고, 축소 단추를 누르면 고장의 전체적인 모습을 볼 수 있습니다.

10 디지털 영상 지도를 이용하면 길을 찾거나 어떤 장소의 위치를 찾을 수 있습니다.

11 고장의 여러 장소 중 주요 장소는 사람들에게 잘 알려진 장소나 사람들이 자주 찾는 장소, 유명한 장소들입니다.

12 역, 터미널, 공항 등은 모두 다른 고장으로 이동하기 위해 이용하는 교통 시설입니다.

13 사람들의 생활을 편리하게 도와주는 곳은 주로 공공 기관으로 시청이나 소방서, 행정 복지 센터 등이 있습니다. 병원은 공공 기관은 아니지만 아픈 사람들을 치료해 주는 곳이므로 사람들의 생활을 도와주는 곳으로 볼 수 있습니다.

14 시장에서 사람들은 물건을 사거나 팔며, 물건을 운반하기도 합니다.

채점 기준

시장에서 볼 수 있는 모습을 썼으면 정답으로 합니다.

15 산, 하천, 동굴은 모두 자연적으로 만들어진 장소들입니다.

16 (1) 산, 강, 큰길 등의 밑그림만 그려져 있고, 글자나 기호가 표시되어 있지 않은 지도를 백지도라고 합니다.
(2) 도청은 산 바로 아래쪽에 있으므로 산을 찾아야 합니다.

17 백지도는 주요 지형지물의 윤곽이 밑그림으로 그려져 있고, 글자나 기호가 표시되어 있지 않습니다.

더 알아보기

등고선

지도에서 높이가 같은 지점을 연결한 곡선을 말합니다.

18 어른을 만나 물어보고 답하는 모습으로, 우리 고장의 자랑할 만한 장소를 잘 알고 있는 사람과 면담하는 방법으로 조사하고 있습니다.

19 우리 고장을 소개할 때는 많은 사람이 알고 싶어 하거나 가고 싶어 하는 곳을 소개합니다.

20 고장의 자랑할 만한 장소를 표시해서 고장의 안내도를 만들면 다른 고장 사람들에게 우리 고장을 소개하기 좋습니다.

더 알아보기

기후도

지역을 기후에 따라서 나타낸 지도입니다.

16~19쪽

대단원 종합 평가 1. 우리 고장의 모습

01 ① 02 ④ 03 ② 04 ④ 05 ① 06 ③ 07 ④
08 ④ 09 ② 10 ④ 11 ② 12 ② 13 ①, ④ 14 ⑤
15 ② 16 ④ 17 ⑤ 18 ① 19 ④ 20 ④

01 사람들이 모여 사는 곳을 고장이라고 하며, 고장에는 자연의 모습과 사람들이 만든 모습이 어울려 있습니다.

02 사람들은 자연을 즐기기 위해 산이나 강, 계곡이나 바다 등을 찾습니다.

03 도서관은 책을 읽거나 빌리는 곳이며, 책과 관련된 여러 가지 행사를 하기도 합니다.

04 병원에서 아픈 데를 치료받아 고맙게 느껴지기도 하지만 주사를 맞는 것 때문에 무섭게 느껴질 수도 있습니다. 이와 같이 같은 장소라도 경험에 따라 느낌은 달라질 수 있습니다.

05 고장의 모습을 떠오르는 대로 그릴 때는 고장의 모든

장소를 그리는 것이 아니라, 내가 중요하게 생각하거나 그리고 싶은 것을 골라서 그리도록 합니다.

06 사람들은 필요한 물건을 사기 위해 시장이나 대형 마트, 슈퍼마켓 등을 찾습니다.

오답 피하기

아파트는 사람들이 살기 위한 곳이고, 놀이터는 친구들과 놀기 위해 찾는 곳, 어린이 도서관은 책을 읽거나 빌리기 위해 찾는 곳입니다.

07 어린이 도서관, 놀이터, 슈퍼마켓, 아파트는 모두 사람들이 만든 것입니다.

08 고장의 모습을 그릴 때는 가장 먼저 무엇을 그릴지 정해야 합니다.

09 (가) 그림에는 있지만 (나) 그림에는 없는 것은 하천과 시장입니다.

오답 피하기

산, 아파트, 행정 복지 센터는 (가)와 (나) 그림에 모두 있는 장소입니다. 도서관은 (나) 그림에만 있습니다.

10 고장의 모습을 그린 그림을 비교할 때는 두 그림의 공통점을 찾기도 하고 차이점을 찾아 비교하기도 합니다. 하지만 다르게 그려진 부분을 찾아서 똑같이 바꿀 필요는 없습니다.

11 집에서 도서관까지 찾아가는 길을 알려 주고 싶어 하므로, 길을 잘 찾을 수 있도록 도로를 자세히 그리도록 합니다.

12 모두 아파트를 그렸지만 한 사람은 창문을 그리고 한 사람은 창문을 그리지 않았습니다. 이와 같이 같은 장소를 그려도 각자 다르게 표현할 수 있습니다.

13 우리 고장의 실제 모습을 한눈에 보고 싶으면 드론, 비행기, 인공위성 등을 이용해 높은 곳에서 고장을 내려다보고 찍은 사진을 봅니다.

14 디지털 영상 지도는 비행기의 항공 사진, 인공위성의 위성 영상 정보 등을 활용해 고장의 모습을 살펴보는 것으로, 고장의 실제 모습을 알 수 있고 여러 가지 장소도 확인할 수 있습니다.

오답 피하기

고장의 모습을 간단히 나타내는 것은 안내도입니다.

15 디지털 영상 지도로 고장의 주요 장소를 찾을 때는 장소의 이름을 넣고 검색 기능을 이용합니다.

16 주어진 것은 디지털 영상 지도로 강, 산, 기차역, 도청 등은 보이지만 바다는 보이지 않습니다.

17 디지털 영상 지도로 고장의 전체적인 모습을 볼 수 있습니다.

오답 피하기

백지도는 밑그림만 그려져 있는 지도입니다.

18 역과 중앙 로터리 사이에 있으므로 춘천역과 중앙 로터리 사이인 ㉠ 위치가 알맞습니다.

19 유원지는 돌아다니며 구경하거나 놀기 위해 여러 가지 설비를 갖춘 곳입니다.

20 고장의 안내도는 '고장의 자랑할 만한 장소 정하기 → 백지도에 자랑할 만한 장소 표시하기 → 사진, 그림, 설명을 덧붙이기'의 순서로 만듭니다.

1단원 서술형 평가 20~21쪽

01 (1) 학교 (2) 예 체험 학습을 한다. / 운동을 한다. 등 **02** 예 운동을 하는 / 휴식을 취하는 / 산책을 하는 / 자전거를 타는 / 이야기를 나누는 등 **03** 행정 복지 센터 **04** 예 머리를 손질한다. / 머리카락을 자른다. / 머리를 다듬는다. 등 **05** 예 (1) 도서관 (2) 책을 읽었다. / 책을 빌렸다. 등 **06** 내려다본 **07** 예 확대해 보자. ⊞ 단추로 크게 해 보자. 등 **08** (1) 디지털 영상 지도 (2) 백지도 **09** (1) (나) (2) 예 (가) 지도에는 고장의 모든 장소가 나타나 있어 어느 곳이 주요 장소인지 알기 어렵지만, (나) 지도에는 주요 장소만 표시되어 있어 한눈에 보기 편리하기 때문이다. **10** 예 (1) 생태 공원 (2) 사람들의 휴식 장소가 되어 주기 때문이다.

01 (1) 선생님과 친구들을 만나고, 새로운 것을 공부하는 곳은 학교입니다.
(2) 학교에서는 공부와 운동, 체험 등 다양한 활동을 합니다.

채점 기준
학교에서 할 수 있는 경험을 썼으면 정답으로 합니다.

02 공원에서는 휴식을 취하는 모습, 운동을 하는 모습 등을 볼 수 있습니다.

채점 기준
공원에서 볼 수 있는 모습을 썼으면 정답으로 합니다.

03 행정 복지 센터에서는 여러 가지 서류를 발급하거나 생활에 필요한 도움을 줍니다.

04 ㉠ 미용실은 사람들이 머리를 손질하기 위해 가는 곳입니다.

채점 기준
미용실에서 하는 일과 관련된 내용을 썼으면 정답으로 합니다.

05 장소와 그 장소에서 경험한 일이 알맞아야 합니다.

채점 기준
내가 경험해 본 장소의 이름과 그 장소에서 하는 일을 썼으면 정답으로 합니다.

06 디지털 영상 지도는 비행기나 인공위성으로 하늘에서 내려다보고 찍은 사진을 이용한 지도로, 고장의 모습을 한눈에 살펴볼 수 있습니다.

07 좁은 지역을 좀 더 크고 자세히 보기 위해서는 확대해 봐야 합니다.

채점 기준
확대한다는 내용을 썼으면 정답으로 합니다.

08 ㈎는 고장의 주요 장소를 찾은 디지털 영상 지도이고, ㈏는 백지도에 고장의 주요 장소를 표시한 지도입니다.

09 디지털 영상 지도는 고장의 모든 장소가 보이므로 주요 장소만 보기에는 불편합니다. 그러나 백지도에는 주요 장소만 표시할 수 있습니다.

채점 기준
㈏ 지도를 정확하게 고르고, 백지도에 주요 장소만 표시했다고 썼으면 정답으로 합니다.

10 우리 고장에서 자랑하고 싶은 장소와 그 까닭을 씁니다.

채점 기준
자랑하고 싶은 장소의 이름과 그 까닭을 적절하게 썼으면 정답으로 합니다.

2단원 (1) 중단원 쪽지 시험 25쪽

01 옛이야기 02 지명 03 자연환경 04 서빙고 05 생활 모습 06 민요 07 제주도 08 안성맞춤 09 면담(하기) 10 조사 보고서

26~29쪽

중단원 확인 평가 2 (1) 우리 고장의 옛이야기

01 ② 02 지명 03 ③ 04 ⑤ 05 ④ 06 (1) ㉣ (2) ㉠ 07 ⑤ 08 ㉠ 09 황지 10 ① 11 ㉢ 12 ③ 13 안성맞춤 14 예 한라산과 여러 오름이 있다. / 높은 산과 여러 개의 낮은 산봉우리가 있다. 등 15 ③ 16 ㉡, ㉣ 17 ⑤ 18 ① 19 ② 20 ③

01 고장에서 옛날부터 전해 내려오는 이야기를 옛이야기라고 합니다.

02 마이산은 두 봉우리의 모습이 말의 귀 모양과 닮았다는 점에서, 두물머리는 두 개의 물줄기가 하나로 합쳐지는 곳이라는 점에서 붙여진 지명입니다. 이와 같이 지명에 담긴 옛이야기를 통해 고장 자연환경의 특징을 알 수 있습니다.

03 옛날에 길을 오갈 때 신분이 높은 사람이 말이나 가마를 타고 지나가면 신분이 낮은 사람은 엎드려 있어야 했습니다. 피맛골은 이런 불편함을 피하기 위해 사람들이 다닌 좁은 길을 가리킵니다.

04 피맛골에 담긴 옛이야기를 통해 옛날에는 신분이 높은

사람과 낮은 사람이 있었다는 사실을 알 수 있습니다.

05 포구는 강이나 바다 어귀에서 배가 드나드는 곳을 뜻합니다. 서울의 영등포는 옛날에 포구였던 곳입니다.

06 다산은 정약용의 호이며, 정약용이 태어난 경기도 남양주에는 정약용을 기리는 여러 가지 시설이 있습니다. 율곡은 이이의 호이며, 경기도 파주는 이이가 어렸을 적 공부하던 곳입니다.

07 다산 정약용과 율곡 이이를 기리는 시설을 통해 고장의 유명한 인물을 기념하는 지명이 있다는 것을 알 수 있습니다.

08 주어진 글을 통해 황부자 이야기와 관련 있는 장소가 연못이라는 것을 알 수 있습니다.

09 황부자가 살던 집이 땅 밑으로 꺼져 연못이 되었는데, 그 연못의 이름이 '황지'입니다. 이는 황지동에 담긴 옛이야기입니다.

10 전라남도 해안 지방에서 강강술래를 하면서 부르는 노래(민요)에는 이순신 장군이 일본군을 무찌른 업적을 기리는 내용이 담겨 있습니다.

11 일본군과의 전투에서 우리 군이 진주의 남강에 등을 띄운 풍습은 오늘날 남강 유등 축제로 이어지고 있습니다.

12 경상남도 진주시에서 남강 유등 축제를 여는 까닭은 일본군에 맞서 싸운 조상들의 뜻깊은 역사를 기념하기 위해서입니다.

13 안성맞춤은 기대했던 것처럼 튼튼한 물건이거나 잘 풀린 일을 가리킬 때 사용하는 말입니다.

14 설문대 할망과 관련된 옛이야기에는 설문대 할망이 바닷속 흙을 옮겨 한라산과 오름들을 만들었다는 내용이 담겨 있습니다. 이를 통해 제주도에 한라산과 여러 오름이 있다는 제주도 자연환경의 특징을 알 수 있습니다.

채점 기준

예시 답안과 비슷한 내용으로 썼으면 정답으로 합니다.

15 고장의 옛이야기를 조사하는 계획을 세울 때 가장 먼저 고려해야 할 것은 조사 주제를 정하는 것입니다.

16 지명은 마을이나 고장, 길, 산, 강, 건물 등의 이름입니다. 그러므로 우리 고장의 지명에 담긴 옛이야기를 조사하려면 거리나 산, 강 등에 담긴 옛이야기를 찾아봐야 합니다.

17 고장의 옛이야기와 관련된 장소를 견학할 때는 다른 사람에게 피해를 끼치지 않아야 합니다. 또한 출입이 허락된 곳만 들어가야 하며, 사진 촬영이 금지된 곳에서는 사진을 찍지 말아야 합니다.

18 문화 관광 해설사를 만나 궁금한 것을 물어본 것은 면담하기에 해당합니다.

19 정선 아리랑은 정선의 아우라지에서 불어난 강물로 인해 서로 만나지 못하는 남녀의 안타까운 사연이 담긴 민요입니다. 이와 같은 내용을 담은 노랫말로는 '아우라지 뱃사공아 배 좀 건네주게'입니다.

20 고장의 옛이야기를 조사하면서 촬영한 영상을 편집해 소개하는 방법은 동영상 보여 주기에 해당합니다.

2단원 (2) 중단원 쪽지 시험 31쪽

01 문화유산 02 무형 03 장승 04 효자비 05 음식 06 관아 07 답사 08 예 문화 관광 해설사, 문화유산 해설사 09 답사 계획 세우기 10 모형 만들기

32~35쪽

중단원 확인 평가 2 (2) 우리 고장의 문화유산

01 ⑤ 02 예 옛날 조상들로부터 전해 내려온 것이 아니기 때문이다. 03 ④ 04 ⑤ 05 ② 06 ⑤ 07 ② 08 (제주) 해녀 문화 09 ③ 10 ⑤ 11 (1) – ㉡ (2) – ㉠ (3) – ㉢ 12 ㉡, ㉣ 13 ③ 14 ⑤ 15 ㉡ → ㉢ → ㉠ → ㉣ 16 ② 17 ④ 18 예 문화유산을 직접 관찰하고 경험해 생생한 정보를 얻을 수 있다. 19 ① 20 (1) ○

01 사진 속 문화유산은 남한산성, 판소리, 장승입니다. 이와 같은 문화유산은 후손에게 물려줄 만한 가치가 있는 것입니다.

오답 피하기

① 판소리는 형태가 없는 무형 문화유산입니다.
②, ③ 문화유산은 옛날부터 전해 내려오는 것으로, 오늘날의 생활에서 편리하게 사용하는 것이라고 할 수 없습니다.
④ 옛날 신분이 높은 사람의 문화뿐만 아니라 조상의 슬기와 멋이 녹아 있는 모든 문화가 문화유산이라고 할 수 있습니다.

02 스마트폰은 현대에 만들어진 것으로, 옛날부터 전해 내려오는 것이 아닙니다.

채점 기준

문화유산은 옛날부터 전해 내려오는 것이라는 내용이 들어가면 정답으로 합니다.

03 유형 문화유산은 일정한 형태가 있는 과학 발명품, 공예품, 건축물 등을 말합니다. 이와 같은 유형 문화유산은 관리를 하지 않으면 훼손될 수 있습니다.

04 옹기를 만드는 전통 기술을 가진 사람을 옹기장이라고 합니다.

05 조상들은 여럿이 함께 농사일을 할 때 농요를 불렀습니다.

06 탈춤은 무형 문화유산입니다. 장승, 측우기, 도자기, 남한산성은 모두 형태가 있는 유형 문화유산에 속합니다.

07 탈춤은 탈을 쓰고 춤과 노래와 이야기를 하는 놀이입니다. 탈춤을 통해 양반들에게 괴롭힘을 당한 서민들의 마음을 알 수 있습니다.

오답 피하기

① 탈춤에 양반과 하인 등이 등장하는 것을 통해 옛날에 신분의 차이가 있었다는 것을 알 수 있습니다.
③ 탈춤은 탈을 쓰고 하는 놀이로, 탈은 등장인물의 모습을 과장되게 표현해 재미를 더하는 역할을 했습니다.
④ 탈춤은 나이와 상관 없이 많은 사람들이 즐기던 마당놀이입니다.
⑤ 탈춤은 일정한 형태가 없는 문화유산입니다.

08 해녀는 바닷속에 들어가 해산물 캐는 일을 하는 사람입니다. 바다가 있는 고장에서 전해 내려오는 해녀의 잠수 기술과 작업 도구, 옷, 노래 등을 '해녀 문화'라고 합니다.

09 마을의 이름난 효자를 기리기 위한 비석을 효자비라고 합니다. 효자비를 통해 조상들은 부모님께 효도하는 마음을 중요하게 생각했다는 것을 알 수 있습니다.

10 관아는 옛날에 고을을 다스리던 관청입니다. 관아는 주로 고장의 중심지에 있었습니다.

11 (1)은 조상들이 돌이나 나무에 사람 얼굴을 새긴 장승입니다. 조상들은 장승을 주로 마을의 입구에 세워 마을의 수호신으로 삼았습니다. (2)는 불상으로, 조상들이 불교를 믿었다는 것을 알 수 있습니다. (3)은 솜을 넣고 꿰맨 손바느질인 누비로, 겨울철 튼튼하고 따뜻한 옷을 만들던 조상들의 슬기와 멋을 느낄 수 있습니다.

12 문화유산을 조사하는 방법에는 누리집 검색하기, 책과 소개 자료 찾기, 고장의 안내도 살펴보기, 면담하기, 답사하기 등이 있습니다.

오답 피하기

㉠ 고장의 문화유산은 문화재청이나 고장 누리집에서 정보를 찾을 수 있습니다.
㉢ 세계 지도에서 고장의 위치를 찾아보는 것은 문화유산 조사와 관련이 없습니다.

13 주어진 자료는 강원특별자치도 속초시의 문화유산을 소개하고 있는 문화유산 안내도입니다.

14 문화유산 안내도를 통해 고장 문화유산의 이름, 위치, 사진 등을 볼 수 있습니다. 또한 주어진 강원특별자치도 속초시의 문화유산 안내도에는 갯배 체험과 같은 문화유산 관련 체험 활동도 확인할 수 있습니다.

15 문화재청 누리집에서는 각 고장의 문화유산에 대한 정보를 제공합니다. 문화재청 누리집에 접속해 '문화재 지역별 검색'에 따라 우리 고장을 선택한 후, 우리 고장의 문화유산 목록에서 한 가지를 선택하면 정보를 볼 수 있습니다.

16 답사 계획을 세울 때는 답사를 통해 알고 싶은 내용, 답

사 방법과 역할, 답사할 때 필요한 준비물, 주의할 점 등을 정합니다.

17 문화유산 답사에서 안내판의 내용을 기록하기 위해서는 필기도구, 사진기 등이 필요합니다.

18 답사는 문화유산의 현장을 찾아가서 관찰하고 느끼는 방법으로, 직접 문화유산을 체험할 수 있어 생생한 정보를 얻을 수 있다는 장점이 있습니다.

채점 기준

직접 문화유산을 체험해 생생한 정보를 얻을 수 있다는 내용이 들어가면 정답으로 합니다.

19 사진과 광고, 기사문을 통해 문화유산을 소개하는 방법은 신문 만들기입니다.

20 고장의 문화유산 소개하기를 통해 문화유산의 가치를 알고 고장에 대한 자긍심을 가질 수 있습니다. 그러므로 고장의 문화유산이 훼손되지 않도록 잘 보존해야 합니다.

36~39쪽

대단원 종합 평가 2. 우리가 알아보는 고장 이야기

01 ② 02 ③ 03 ⑤ 04 ① 05 ④ 06 ② 07 ⑤
08 ③ 09 ⑤ 10 ④ 11 ③ 12 ③ 13 ④ 14 ①
15 ④ 16 ⑤ 17 ③ 18 ④ 19 ⑤ 20 ③

01 고장의 옛이야기나 문화유산과 관련된 것을 기념하거나 축하하기 위해 축제를 엽니다.

02 경기도 양평군에는 북한강과 남한강이 하나의 물줄기로 합쳐지는 두물머리가 있습니다.

03 말죽거리는 옛날에 말에게 죽을 쑤어 먹이면서 쉬어 가던 곳이었습니다.

04 강원특별자치도 강릉시에 있는 사임당로는 이곳에서 살던 신사임당을 기리기 위한 도로입니다. 또한 경기도 파주시에 있는 사임당로는 도로 근처에 신사임당 묘역이 있어 붙여진 이름입니다.

05 전라남도 해안 지방에서 강강술래를 하면서 부르는 민요에는 이순신 장군이 일본군과의 전투에서 세운 업적을 기리는 내용이 담겨 있습니다.

06 제주도에 있는 삼성혈은 땅에 있는 세 개의 구멍에서 나온 세 사람이 '탐라'라는 나라를 세웠다는 옛이야기와 관련이 있습니다.

07 안성맞춤은 아주 튼튼하게 만들어진 물건이나 잘 풀린 일을 뜻하는 고사성어입니다.

08 안성맞춤은 안성에서 만들어진 유기의 품질이 뛰어났다는 것에서 비롯된 말입니다. 그러므로 옛날에 안성에서 좋은 유기를 만들었다는 사실을 알 수 있습니다.

09 의좋은 형제 이야기에 담긴 고장의 모습을 조사하기 위해 문화원에 방문했다면 문화 관광 해설사를 면담해야 합니다.

10 의좋은 형제 이야기에 관한 내용을 질문한다면 이야기의 주요 내용이나 관련 장소, 축제, 기념 사업 등을 질문할 수 있습니다. 그러나 의좋은 형제와 같은 옛이야기의 등장인물이 현재 몇 살일지 질문하는 것은 조사 주제와 관련이 없습니다.

11 문화유산의 종류에는 유형 문화유산과 무형 문화유산이 있습니다. 석굴암, 측우기, 가야금, 효자비는 형태가 있는 유형 문화유산이고, 탈춤, 김장, 줄타기, 옹기장, 판소리는 형태가 없는 무형 문화유산입니다.

12 누비는 두 개의 천 사이에 솜을 넣고 꿰매는 손바느질입니다. 누비로 옷을 만들면 옷이 잘 해지지 않고 튼튼하며, 추운 겨울에도 따뜻하게 입을 수 있습니다.

13 충청남도 공주시의 관광 안내도에서 옛날 조상들로부터 전해지는 문화유산을 찾아볼 수 있습니다. 하지만 알밤 줍기 체험은 문화유산과는 관련이 없습니다.

14 당간지주는 절에서 기도나 법회가 있을 때 깃발을 꽂던 기둥입니다. 당간지주를 통해 옛날에 절이 있던 자리라는 것을 알 수 있습니다.

15 답사를 하기 전 계획 단계에서 의논할 내용으로 알맞은 것을 생각해 봅니다. 답사를 통해 느낀 점은 답사를 하

고 난 후 답사 내용을 정리하는 단계에서 합니다.

16 문화 관광 해설사는 문화유산에 대한 전문 지식을 가지고 알기 쉽게 설명해 주는 사람입니다. 문화 관광 해설사와의 면담으로 문화유산의 역사, 특징, 우수성 관련 이야기 등을 알 수 있습니다.

17 고장의 문화유산을 조사할 때 사진뿐만 아니라 동영상을 찾아보기 위해서는 인터넷을 검색하는 것이 가장 알맞습니다.

18 문화재청 누리집에서 고장의 문화유산을 검색하는 과정은 '문화유산 누리집 접속하기 → 문화재 지역별로 검색하기 → 우리 고장 선택하기 → 고장의 문화유산 정보 확인하기'의 순서입니다. 주어진 자료는 우리 고장을 선택하는 단계입니다.

19 고장의 문화유산에는 조상들의 슬기와 멋이 담겨 있습니다. 또한 고장의 문화유산을 통해 조상들의 생활 모습을 알 수 있습니다. 각 고장의 문화유산은 그 고장의 특색을 반영하며 나름의 가치가 있습니다. 따라서 우리 고장의 문화유산을 다른 고장의 문화유산과 비교해 순위를 정하는 것은 바람직한 태도가 아닙니다.

20 주어진 자료는 고장의 문화유산에 대한 책의 목차를 나타냅니다. 이와 관련된 문화유산 소개 방법은 문화유산 소개 책자 만들기입니다.

2단원 서술형 평가 40~41쪽

01 (1) 누에고치 (2) 뽕나무 (3) 잠실 **02** (1) 누에를 기르는 방 (2) 예 잠실에는 누에를 기르는 방이 많았다. / 옛날에 잠실은 누에를 길러 실을 뽑아 옷감을 만들던 곳이었다. 등
03 (1) 강강술래 (2) 정선 아리랑 **04** 예 (1) 바닷가 고장이다. (2) 강이 있는 고장이다. **05** (1) 옹기장 (2) 발효
06 예 가르치는 사람과 배우는 사람을 통해 전해 내려온다. / 물려받는 사람이 있어야 전해진다. 등 **07** (1) ○ (2) ○
08 예 소개하려는 내용이 잘 드러날 수 있는 방법을 선택한다. / 문화유산의 특징과 가치가 잘 드러나도록 한다. 등

01 옛날 잠실에서는 누에의 먹이가 되는 뽕나무를 심고 누에를 기를 수 있는 방인 잠실을 두어 실을 뽑아 옷감을 만들었습니다.

02 잠실은 누에를 기르는 방이라는 뜻입니다. 잠실에 관한 옛이야기를 통해 잠실에는 누에를 기르는 방이 많았다는 사실을 알 수 있습니다.

채점 기준

예시 답안과 비슷한 내용으로 썼으면 정답으로 합니다.

03 이순신 장군의 업적을 기리며 전라남도 해안 지방에서 부르던 민요는 강강술래이고, 불어난 강물로 인해 만날 수 없게 된 남녀의 안타까운 사연을 담아 강원특별자치도 정선 지방에서 부르던 민요는 정선 아리랑입니다.

04 강강술래를 통해 바다와 가까운 고장이라는 것을 알 수 있습니다. 또한 정선 아리랑을 통해 강을 접하고 있는 고장이라는 것을 알 수 있습니다.

채점 기준

(1)은 바다, 바닷가, 해안 등의 단어가, (2)는 강, 강가 등의 단어가 들어가게 썼으면 정답으로 합니다.

05 옹기장은 흙으로 모양을 빚어 불에 구워 만드는 독과 항아리를 만드는 기술을 가진 사람을 말합니다. 옹기는 우리나라 음식 문화와 깊은 관련이 있는 그릇으로, 음식물을 오래 저장할 수 있고 된장이나 간장과 같은 발효 음식을 만드는 데 꼭 필요합니다.

06 기술이나 춤, 노래와 같은 예술 활동은 일정한 형태가 없는 무형 문화유산입니다. 무형 문화유산은 가르치는 사람과 배우는 사람을 통해 전해집니다.

채점 기준

가르치고 배우는 사람을 통해 전해진다는 내용이 들어가면 정답으로 합니다.

07 소개하고자 하는 내용과 소개 방법이 잘 연결되었는지를 생각해 봅니다.

오답 피하기

(1) 송파 산대놀이를 본 관광객을 인터뷰해 소감을 묻고 답하면서 송파 산대놀이의 재미와 가치를 소개할 수 있습니다.

(2) 송파 산대놀이 현장의 모습을 동영상으로 촬영하면 공연 모습을 보여 줄 수 있습니다.
(3) 송파 산대놀이에서 쓰는 탈 모형을 만들어 전시하는 것은 동영상 뉴스의 소개 방법으로 알맞지 않습니다.

08 문화유산 소개 자료를 만들 때는 소개하려는 문화유산의 특징과 가치를 잘 드러낼 수 있는 방법을 선택해야 합니다.

채점 기준

문화유산의 특징과 가치가 잘 드러나는 방법을 선택한다는 내용이 들어가면 정답으로 합니다.

3단원 (1) 중단원 쪽지 시험 45쪽

01 소달구지 02 뗏목 03 전기 04 증기선 05 자동차 06 배 07 버스 08 경운기 09 배 10 관광

46~49쪽

중단원 확인 평가 3 (1) 교통수단의 발달과 생활 모습의 변화

01 ③ 02 나룻배 03 ⑤ 04 ③ 05 (1) – ㉡ (2) – ㉠ (3) – ㉢ 06 ④ 07 ② 08 증기 기관차 09 (1) ㉡ (2) ㉤ 10 ⑤ 11 ② 12 민하 13 비행기 14 ② 15 예 한 번에 많은 양의 물건을 운반할 수 있다. / 속도가 빠르다. / 환경의 영향을 덜 받는다. / 물건을 멀리까지 운반할 수 있다. 등 16 (1) 갯배 (2) 예 마을과 마을 사이에 바다가 있다. 17 ⑤ 18 ② 19 ② 20 ③

01 증기선은 수증기를 이용해 움직이는 배로, 물에서 이용하던 교통수단입니다. 옛날에는 증기선을 타고 먼 나라로 갈 수 있었습니다.

02 사진 속 통나무, 대나무 등을 가지런히 엮어서 물에 띄워 사람이나 물건을 운반할 수 있도록 만든 배입니다.

03 주어진 교통수단은 버스입니다. 버스는 사람이 이동할 때 이용하는 오늘날의 교통수단입니다. 말, 가마, 전차, 인력거는 사람이 이동할 때 주로 이용하던 옛날의 교통수단입니다. 그러나 소달구지는 주로 물건을 옮길 때 이용하던 옛날의 교통수단입니다.

04 주어진 옛날의 교통수단은 말과 인력거입니다. 두 교통수단은 주로 땅에서 사람이 이동할 때 이용되었습니다.

오답 피하기

옛날의 교통수단 중 물건을 운반할 때 이용하던 것에는 소달구지, 수레 등이 있고, 바람의 힘을 이용해 움직이던 것에는 돛단배가 있으며, 강이나 바다를 건널 때 이용하던 것에는 뗏목, 나룻배, 돛단배 등이 있습니다.

05 ㉠은 뗏목, ㉡은 가마, ㉢은 전차입니다. 뗏목은 통나무를 떼로 가지런히 엮어서 물에 띄워 사람이나 물건을 실어 나르던 것입니다. 가마는 한 사람이 안에 타고 사람이 들거나 메던, 조그만 집 모양의 탈것입니다. 전차는 전기의 힘을 이용해 철길 위를 달리던 차로, 대한 제국 시기에 전기 시설이 설치되면서 함께 들여오게 되었습니다.

06 옛날 사람들이 물에서 이용하던 교통수단 중 바람의 힘을 이용해 움직이는 것은 돛단배입니다.

오답 피하기

② 증기선은 물에서 이용하던 교통수단이지만 수증기의 힘을 이용해 움직이는 배입니다.
③ 카페리는 물에서 이용하는 교통수단이지만 화석 연료를 이용해 기계의 힘으로 움직입니다.

07 옛날에 이용한 교통수단은 사람이나 동물, 자연의 힘을 이용했습니다. 화석 연료를 사용하지 않아 환경이 오염되지 않고, 사람의 힘을 이용하므로 힘이 많이 들고 시간이 오래 걸립니다. 또한 한 번에 많은 물건을 옮기기 어렵고, 비가 오거나 날씨가 나쁘면 다니기 어려워 환경의 영향을 많이 받습니다.

08 증기 기관차는 수증기를 이용해 움직이는 기차입니다.

09 많은 택배 물건을 실어 나를 때는 주로 트럭을 이용합니다. 가까운 거리나 좁은 골목으로 물건을 배달할 때 주로 이용하는 교통수단으로는 오토바이가 가장 알맞습니다.

10 ①은 비행기, ②는 지하철, ③은 고속 열차, ④는 버스,

⑤는 트럭입니다. 비행기, 지하철, 고속 열차, 버스는 모두 사람들이 이동하기 위해 이용합니다. 트럭은 주로 물건을 운반하기 위해 이용합니다.

11 오늘날의 교통수단은 화석 연료를 주로 사용해 환경 오염이 많습니다. 그러나 속도가 빨라 이동 시간이 줄어들었으며, 먼 곳까지 빠르고 편하게 갈 수 있고, 많은 사람과 물건을 실어 나를 수 있습니다. 지하철, 버스, 자동차 등은 몹시 나쁜 날씨 외의 일반적인 날씨에는 영향을 받지 않습니다. 또한 기계의 힘을 이용하며, 땅, 바다, 하늘에서 이용하는 교통수단의 종류가 매우 다양합니다.

12 오늘날은 교통수단의 발달로 교통과 관련된 새로운 직업(예 관제사, 항공기 유도원 등)들이 등장했습니다.

13 관제탑과 활주로, 공항은 비행기와 관련된 시설들입니다. 관제탑에서는 비행기의 이륙과 착륙을 관리하고, 활주로는 비행기가 이륙하고 착륙하는 길입니다. 공항은 비행기를 타고 내리는 곳입니다.

14 버스를 기다리는 곳은 버스 정류장입니다. 서울역에서 타서 부산까지 가는 교통수단은 기차나 고속 열차로 추측할 수 있습니다. 이 중에 2시간 40분이 걸린 것으로 보아, 고속 열차라는 사실을 알 수 있습니다.

15 옛날의 뗏목, 나룻배와 비교해 화물선은 엄청난 양의 물건을 한 번에 실어 나를 수 있으며, 속도도 훨씬 빠릅니다.

채점 기준

많은 양의 물건을 한 번에 실어 나를 수 있다는 내용이 들어가면 정답으로 합니다.

16 갯배는 마을과 마을 사이 바다를 건너기 위해 줄로 연결해 줄을 당겨 건너는 배입니다.

채점 기준

마을과 마을 사이에 바다가 있다는 내용이 들어가면 정답으로 합니다.

17 케이블카는 산처럼 높은 곳이나 가파른 곳에 올라가도록 만든 교통수단으로, 사람들은 케이블카를 이용해 높은 곳을 쉽고 빠르게 오르내립니다.

18 지프 택시는 비탈진 길이나 눈이 많이 오는 지역에서 이용되며, 미끄러지지 않고 안전하게 길을 갈 수 있습니다.

19 레일 자전거, 유람선 등은 관광객들이 경치를 구경하기 위해 주로 이용합니다.

20 과학 기술의 발달로 미래에는 자율 주행 자동차, 하늘을 나는 드론 자동차, 전기·태양광이나 그 밖의 에너지로 움직이는 새로운 교통수단이 생겨날 것입니다. 무거운 농사 도구나 농산물을 운반할 때 이용하는 경운기는 오늘날 농촌 지역에서 볼 수 있는 교통수단입니다.

3단원 (2) 중단원 쪽지 시험

51쪽

01 서찰 02 방 03 봉수 04 신호 연 05 북 06 스마트폰 07 화상 회의 08 전시 해설자 09 무전기 10 수신호

52~55쪽

중단원 확인 평가 3 (2) 통신 수단의 발달과 생활 모습의 변화

01 ③ 02 ③ 03 ⑤ 04 봉수 05 ① 06 (1) – ㉣ (2) – ㉠ (3) – ㉢ (4) – ㉡ 07 ⑤ 08 예 인터넷으로 물건을 살 수 있다. / 여러 사람에게 동시에 소식을 전할 수 있다. / 동영상을 볼 수 있다. 등 09 ⑤ 10 ①, ⑤ 11 예 먼 곳에 있는 사람과 직접 만나지 않고 얼굴을 보며 화상으로 회의를 할 수 있다. 12 ③ 13 ④ 14 ① 15 (1) 인터폰 (2) 예 경비실과 연락을 주고받는다. 16 ④ 17 ③ 18 ① 19 (1) ○ (2) × 20 ④

01 옛날에는 평상시에 직접 가서 말로 전했습니다. 또한 서찰(편지)을 사람이 직접 전했으며, 방을 붙여 소식을 널리 알리기도 했습니다.

오답 피하기

옛날에 연기나 횃불을 피워서 나라의 위급한 상황을 알리던 통신 수단을 봉수라 하고, 사람이 직접 달려가거나 말을 타고 가서 긴급한 소식을 알리던 통신 수단을 파발이라고 합니다.

한편 전쟁터에서 북을 크게 쳐서 상황을 알렸고, 암호가 그려진 신호 연을 띄워 작전을 알리기도 했습니다.

02 옛날에는 평상시에 소식을 글로 써서 사람이 직접 전했습니다. 이와 같은 옛날의 통신 수단을 '서찰'이라고 합니다.

03 파발은 위급한 상황이나 전쟁 때에 나라의 문서나 긴급한 군사 정보를 사람이 직접 달려가거나 말을 타고 가서 전하던 통신 수단입니다.

04 옛날에 전쟁 시에는 봉수대에 연기나 횃불을 피워서 알렸습니다. 또는 북을 크게 쳐서 알리거나 신호 연을 띄워 작전을 알렸습니다. 평상시에는 직접 가서 말로 전하거나 서찰을 보냈습니다.

05 옛날에는 사람이 많이 다니는 곳에 방을 붙여 여러 사람에게 소식을 알렸습니다.

06 ㉠은 텔레비전, ㉡은 휴대 전화(스마트폰), ㉢은 길 도우미, ㉣은 컴퓨터입니다.

07 오늘날 통신 수단은 직접 통화하거나 문자, 영상 통화, 전자 우편 등 소식을 전하는 방법이 다양합니다. 휴대 전화는 무선 인터넷이 연결되어 인터넷을 할 수 있고, 메신저를 통해 여러 사람과 동시에 연락할 수 있습니다. 이로 인해 사람이 직접 가서 소식을 전하는 경우가 점차 줄어들고 있습니다.

08 그림의 통신 수단은 스마트폰입니다. 스마트폰을 이용해 사람들은 이동하면서 통화는 물론 문자를 보낼 수 있고, 모바일 메신저를 이용해 여러 사람과 문자로 대화할 수 있습니다. 또한 원하는 동영상을 볼 수 있으며, 공연 티켓이나 비행기표를 예매할 수 있습니다. 그리고 외국에 사는 친구와 영상 통화를 할 수 있으며, 가게에 가지 않고 집에서 물건을 구입하거나 정보를 검색하고, 실시간으로 소식을 알 수 있습니다. 이처럼 스마트폰을 통해 하나의 기기로 여러 가지 일을 할 수 있게 되었습니다.

채점 기준

휴대 전화(스마트폰)로 할 수 있는 것을 한 가지 썼으면 정답으로 합니다.

09 그림의 통신 수단은 상대방의 전화번호를 돌려서 직접 걸 수 있는 유선 전화입니다.

오답 피하기

① 선이 없는 전화기는 무선 전화 또는 휴대 전화를 말합니다. 전화선 없이도 손에 들고 다니며 전화 통화와 문자 메시지를 보낼 수 있습니다.
② 인터넷이 연결된 전화는 오늘날의 대표적인 통신 수단인 스마트폰입니다. 스마트폰에 컴퓨터 기능이 들어가 인터넷 검색, 영상 통화, 전자 우편 보내기 등을 할 수 있습니다.
③ 초기 단계의 전화는 교환원을 연결해야 통화가 가능했습니다.
④ 전화를 걸면 전화번호를 남길 수 있는 통신 수단은 '삐삐'라고 불리던 무선 호출기입니다.

10 오늘날 학교에서는 아침 조회를 방송으로 시청하며, 컴퓨터를 이용해 인터넷 자료를 수업에 활용합니다. 학교 업무 서류는 주로 컴퓨터로 주고받으며, 다른 교실과는 인터폰이나 메신저로 연락합니다. 텔레비전은 컴퓨터와 연결해 영상을 크게 보는 데 활용합니다.

11 그림은 회사에서 화상 회의를 하는 모습입니다. 화상 회의를 하게 되면서 직접 회의 장소에 가지 않고 먼 곳에서 회의에 참석할 수 있게 되었습니다.

채점 기준

회사에 가지 않고 회의에 참석할 수 있다, 회의 장소까지 가지 않고도 회의를 할 수 있다, 먼 곳에 있는 사람과 얼굴을 보고 회의를 할 수 있다. 등의 내용이 들어가면 정답으로 합니다.

12 그림 속 통신 수단은 컴퓨터(인터넷)입니다. 컴퓨터(인터넷)로 많은 양의 자료를 보낼 수 있고, 관심 있는 동영상을 볼 수 있습니다. 또한 전자 우편을 보내 소식을 전할 수 있고, 궁금한 정보를 검색해 알아볼 수 있습니다. 그러나 컴퓨터(인터넷)는 자동차 안에서 주로 이용하지 않습니다.

13 오늘날 집에서는 텔레비전으로 뉴스 속보를 실시간으로 보고, 스포츠 경기도 실시간으로 시청합니다.

14 은행에 직접 가서 돈을 보내는 것은 통신 수단을 이용하는 모습이 아닌 전통적인 방법입니다.

15 그림은 아파트에서 인터폰을 이용하고 있는 모습입니다. 인터폰으로 같은 아파트에 있는 다른 집이나 경비실과 연락을 주고받기도 합니다.

채점 기준

같은 아파트에 있는 다른 집과 연락한다, 경비실과 연락한다. 등 아파트 내에서 서로 연락한다는 의미를 썼으면 정답으로 합니다.

16 전시 해설자는 이동하면서 설명을 해야 하므로 무선 마이크를 이용해 안내합니다. 바다 잠수부는 잠수하는 동안에는 수신호를 이용해 의사소통을 합니다.

17 건물을 짓는 공사 현장에서는 주로 무전기로 연락을 합니다. 유선 전화기는 사무실에 연결되어 있어 공사하고 있는 현장에서 서로 연락하기 어렵습니다.

18 경찰관과 소방관, 군인은 무전기로 서로 연락을 주고받으며, 마트 직원은 무선 마이크를 이용해 상품을 설명합니다. 또한 택시 기사는 휴대 전화(스마트폰)로 손님의 부름 요청을 받으며, 선생님은 교내 메신저나 인터폰을 이용해 학교 안에서 연락합니다.

19 (1) 무전기는 현장에서 서로 연락을 주고받을 때 이용합니다. 즉 경찰관, 소방관, 군인, 공사 현장에서 일하는 사람들이 주로 이용합니다.

(2) 배달 기사나 택시 기사는 휴대 전화로 손님의 요청을 받습니다.

20 통신 수단의 발달로 유선 전화와 손 편지를 쓰는 사람이 점차 줄어들고 있습니다. 또한 스마트폰으로 뉴스를 볼 수 있어 집으로 배달되는 신문도 점차 줄어들고 있습니다. 서류를 우편으로 직접 보내는 일이 줄어들고, 컴퓨터로 서류를 보내는 경우가 점차 많아지고 있습니다. 미래로 갈수록 이와 같은 현상은 더 심해지리라 예측할 수 있습니다.

반면, 무선 인터넷이 연결된 전자 제품이 많아지고, 스마트폰과 연결해 집 밖에서도 전자 제품을 조작할 수 있게 될 것입니다.

56~59쪽

대단원 종합 평가 3. 교통과 통신 수단의 변화

01 ④ 02 ⑤ 03 ③ 04 ④ 05 ⑤ 06 ⑤ 07 ① 08 ③ 09 ③ 10 ③ 11 ③ 12 ⑤ 13 ⑤ 14 ⑤ 15 ② 16 ② 17 ④ 18 ③ 19 ⑤ 20 ② 21 ⑤ 22 ①, ④ 23 ⑤ 24 ① 25 ③

01 버스는 오늘날의 교통수단입니다.

02 나룻배는 나루와 나루 사이를 오가며 사람이나 짐 등을 실어 나르던 작은 배로, 사람이 노를 저어 움직였습니다. 나룻배는 돛이 없는 배입니다.

오답 피하기

④ 돛단배는 나룻배와 비슷한 모양이지만 돛이 있습니다.

03 증기선은 수증기의 힘을 이용해 움직이던 배입니다. 바람의 힘을 이용해 움직였던 돛단배보다 속도가 빠르고, 많은 사람이 탈 수 있었으며, 물건도 함께 실었습니다.

04 오토바이로 산을 오르기는 쉽지 않습니다. 산을 쉽게 오를 수 있는 교통수단으로는 케이블카가 있습니다.

05 주어진 교통수단에서 많은 사람이 탈 수 있는 것은 고속 열차입니다. 고속 열차는 정해진 길로만 다닐 수 있으며, 속도가 매우 빠릅니다.

06 오토바이는 가까운 곳으로 음식 배달을 갈 때 주로 이용합니다.

오답 피하기

① 초등학생은 주로 걸어서 등교합니다.
② 해외로 출장을 갈 때는 주로 비행기를 이용합니다.
③ 여러 가족이 여행을 갈 때는 다양한 교통수단을 이용하지만, 오토바이는 주로 혼자 타기 때문에 잘 이용하지 않습니다.
④ 학교에서 현장 체험 학습을 갈 때는 여러 명이 타야 하므로 버스가 알맞습니다.

07 교통수단의 발달로 오늘날은 이동 시간이 적게 걸리고, 교통수단과 관련된 직업이 더 늘어났습니다. 잠수함은 사람들이 많이 이동하는 교통수단이 아니며, 하늘을 나는 자동차는 아직까지 이용되고 있지 않고 개발 단계에

있습니다. 이동 시간이 줄어들어 먼 곳도 빠르게 갈 수 있고, 교통수단의 발달로 사람들은 도시로 더 모여들고 있습니다.

08 ㉠은 여객선(배), ㉡은 비행기, ㉢은 자동차입니다. 공항은 비행기를 타고 내리는 곳이고, 여객선 터미널은 여객선을 이용하는 승객들이 표를 사고 시간을 안내받으며, 여객선을 타기 위해 기다리는 곳입니다. 고속 도로는 차의 빠른 통행을 위해 만든 차 전용 도로입니다.

09 지하철과 관련된 시설에는 지하철이 다니는 철길, 지하철역 등이 있습니다. 그리고 지하철역 주변에는 사람들이 많이 지나다니기 때문에 상점이 많습니다.

오답 피하기

①, ④는 자동차, ②는 버스, ⑤는 비행기와 관련된 시설을 이용하는 모습입니다.

10 회사에서 직원들의 식사를 준비하는 사람은 교통수단의 발달과 상관이 없는 직업입니다.

11 사람과 함께 자동차를 배에 실어 섬이나 육지로 운반하기 위해 이용하는 교통수단은 카페리입니다.

12 그림의 교통수단은 해양 구조 보트와 산악 구조 헬기입니다. 두 교통수단은 모두 사람을 구조할 때 이용합니다.

13 사람이 운전하지 않아도 차가 스스로 움직이는 자율 주행 자동차가 개발된다면 차에서 운전하지 않고 업무를 볼 수 있습니다. 또한 몸이 불편해 운전을 하지 못하는 사람도 쉽게 이동할 수 있습니다.

오답 피하기

① 자율 주행 자동차도 연료를 넣거나 충전을 해 움직이므로 연료가 필요 없다고 할 수 없습니다.
③ 자율 주행 자동차는 최첨단 기술로 만들어지므로 일반 자동차보다 비용이 많이 들 것입니다.
④ 가는 길은 지금의 자동차 길처럼 차도를 달리게 될 것이므로 이용할 수 있는 장소가 제한됩니다.

14 파발은 전쟁이 나거나 위급할 때 나라의 문서나 긴급한 군사 정보를 사람이 직접 달려가거나 말을 타고 가서 전달하던 통신 수단입니다. 백성에게 왕의 뜻과 같이 알려야 할 것이 있을 때는 사람들이 많이 다니는 곳에 '방'을 붙여 널리 알렸습니다.

15 그림의 통신 수단은 바다에서 전쟁을 하는 중에 신호연으로 신호를 보내는 모습과 북을 치는 모습입니다. 두 통신 수단은 모두 전쟁이나 위급한 상황에 이용했습니다. 신호 연은 암호가 그려진 연을 띄워 작전을 알렸고, 전쟁터에서는 북을 크게 쳐 상황을 알렸습니다.

16 그림은 옛날에 서찰을 보는 모습입니다. 서찰은 오늘날 손으로 쓰는 편지와 가장 비슷합니다. 옛날에는 사람이 직접 들고 가서 서찰을 전달했지만, 오늘날은 우체국을 통해 모여진 편지가 지역별로 보내져 다시 우편집배원을 통해 배달됩니다.

17 그림의 통신 수단은 텔레비전입니다. 텔레비전은 뉴스와 같이 여러 사람에게 정보를 실시간으로 전달할 수 있습니다. 자동차 안에서 주로 이용하는 통신 수단은 길 도우미, 여러 사람과 동시에 연락을 주고받을 수 있는 통신 수단은 휴대 전화(스마트폰)입니다. 또한 먼 곳에 있는 사람과 화상 회의를 할 수 있는 통신 수단에는 컴퓨터가 있으며, 컴퓨터나 휴대 전화의 전자 우편으로 한 번에 정보를 많이 주고받을 수 있습니다.

18 오늘날은 휴대 전화(스마트폰)나 인터넷 등을 이용해 시장에 직접 가지 않아도 물건을 살 수 있습니다.

19 전화기는 '교환원이 있는 전화 → 유선 전화(다이얼 전화) → 휴대 전화(무선 전화) → 스마트폰'의 순서로 발달했습니다.

더 알아보기

전화기의 발달 과정

❶ 교환원이 있는 전화: 전화를 걸면 교환원을 통해 원하는 곳을 연결해 주는 방식이었습니다.
❷ 유선 전화(다이얼 전화): 전화선이 연결된 전화로, 숫자 번호판을 돌리거나 직접 원하는 번호를 눌러 전화를 걸었습니다.
❸ 휴대 전화(무선 전화): 손에 들고 다니는 전화로, 전화선이 없습니다.
❹ 스마트폰: 가장 최근의 전화로, 휴대 전화에 컴퓨터 기능이

들어가 인터넷 검색, 사진 촬영, 영상 통화, 전자 우편 보내기 등을 할 수 있습니다.

20 그림은 회사에서 컴퓨터 메신저를 통해 업무를 주고받는 모습입니다.

21 농촌은 집이 모여 있지 않고, 사람들이 농사일을 하기 위해 논밭으로 나갑니다. 그래서 바깥 곳곳에 스피커를 설치해 마을 방송으로 연락을 합니다.

22 공사 현장에서 연락하거나 경찰관이 순찰 중에 동료와 연락할 때는 무전기를 이용합니다. 그리고 택시 기사가 손님과 연락할 때는 휴대 전화를 이용합니다. 또한 전시 해설자가 이동하며 설명할 때는 무선 마이크를 이용하고, 항공기 유도원이 비행기에 신호를 보낼 때는 수신호를 이용합니다.

23 '삐삐'라고도 불렸던 무선 호출기는 호출한 사람의 전화번호를 소리나 진동으로 알려 주던 통신 수단입니다. 또한 무선 호출기 번호로 전화를 걸면 간단한 음성 메시지를 남길 수도 있었습니다.

봉수는 연기나 불꽃으로 나라의 위급한 상황을 알리던 옛날의 통신 수단이고, 파발은 사람이 직접 달려가거나 말을 타고 가서 나라의 문서나 긴급한 군사 정보를 전하던 옛날의 통신 수단입니다. 인터폰은 건물 등의 방과 방 사이에서 통화를 할 수 있는 오늘날의 통신 수단이고, 유선 전화는 전화선이 있는 전화기를 말합니다.

24 미래에는 인터넷 접속이 가능하고, 음성 인식으로 자율 주행을 하며, 비상시 위치를 자동으로 알려 주는 자동차인 스마트 카가 등장할 것입니다.

25 통신 수단이 발달할수록 통신 수단이 다양해지고 많아집니다. 통신 수단의 발달에 따른 문제점에는 소음 공해, 개인 정보 유출, 인터넷 게임 중독, 사이버 예절 부족 등이 있습니다.

소음 공해는 휴대 전화와 같이 가지고 다닐 수 있는 통신 수단이 많아져 아무 때나 어느 장소에서나 통화가 가능해 통화를 하면서 소음이 발생하는 경우를 말합니다.

3단원 서술형 평가 60~61쪽

01 비행기 → 고속 열차 → 고속버스 → 증기 기관차 → 도보 02 예 서울에서 부산까지 비행기가 제일 빠르다. / 서울에서 부산까지 고속 열차는 약 2시간 40분이 걸린다. 등 03 예 (1) 비행기 (2) 당일로 다녀와야 하므로 가장 빠른 비행기가 편리하기 때문이다. / (1) 고속 열차 (2) 왕복 5시간 20분 정도이므로 당일로 다녀올 수 있기 때문이다. 등 04 배, 트럭 05 (1) 배: 예 섬에서 육지로 물건을 운반할 수 있다. (2) 트럭: 예 땅에서 물건을 한 번에 많이 운반할 수 있다. 06 봉수 07 예 횃불(불꽃)을 피워 연락했다. 08 예 신호 연으로 연락했다. / 파발을 보냈다. / 북을 크게 쳐서 알렸다. 등 09 (1) ㉠, ㉤ (2) ㉡, ㉢, ㉣, ㉥ 10 (1) 무전기 (2) 예 현장에 출동한 경찰관이 동료와 무전기로 연락한다. 11 예 멀리서도 서로 연락을 주고받기 편리하다. / 실시간으로 정보를 알릴 수 있다. / 이동하며 연락할 수 있다. / 많은 정보를 주고받을 수 있다. / 직접 가지 않고 연락할 수 있다. / 정보 전달 속도가 매우 빠르다. 등

01 서울에서 부산까지 가는 데 걸리는 시간은 '비행기 → 고속 열차 → 고속버스 → 증기 기관차 → 도보'의 순서로 빠릅니다.

02 주어진 표를 살펴보면 서울에서 부산까지는 도보로 약 30일, 증기 기관차로 약 17시간, 고속버스로 약 4시간 30분, 고속 열차로 약 2시간 40분, 비행기로 약 1시간이 걸립니다. 비행기가 가장 빠르고, 고속 열차, 고속버스, 증기 기관차, 도보의 순서로 빠릅니다.

채점 기준

예시 답안 외에도 표와 관련해 걸리는 시간이나 빠르기를 맞게 비교해 썼으면 정답으로 합니다.

03 하루 만에 업무를 보고 돌아와야 하므로 시간이 적게 걸리는 교통수단을 이용해야 합니다. 가장 빠른 비행기와 왕복 5시간 20분 정도가 걸리는 고속 열차가 당일 출장에는 알맞습니다. 고속버스는 왕복 9시간 정도로 이동 시간이 많이 걸려 하루에 다녀오는 데는 적합하지 않습니다.

채점 기준

비행기 또는 고속 열차를 선택하고, 이동 시간이 빠르기 때문이라는 내용이 들어가면 정답으로 합니다.

04 마른 오징어가 울릉도에서 포항까지 배로, 포항에서 집까지는 트럭으로 운반되었습니다.

05 배를 이용하면 사람이나 물건을 섬에서 육지로 이동시킬 수 있습니다. 트럭은 많은 짐을 옮기기 위해서 이용하는 오늘날의 대표적인 교통수단입니다.

채점 기준

예시 답안과 비슷한 내용으로 썼으면 정답으로 합니다.

06 국경에 적이 침입했을 때 빨리 알리기 위해 산과 같은 높은 곳에 봉수대를 설치해 낮에는 연기, 밤에는 횃불(불꽃)로 긴급한 상황을 알렸습니다. 주어진 봉수는 낮에 연기로 긴급한 상황을 알리던 모습입니다.

07 봉수는 밤에는 어두운 곳에서 잘 보이도록 불을 피워 연락했습니다. 횃불의 개수에 따라 위급한 정도를 알렸으며, 먼 곳에 있는 사람들도 봉수의 횃불만 보고 소식을 알 수 있었습니다.

채점 기준

횃불을 피워 소식을 전했다는 내용이 들어가면 정답으로 합니다.

08 옛날에 전쟁이 일어났을 때 이용하던 통신 수단으로는 신호 연, 파발, 북 등이 있습니다.

채점 기준

예시 답안 중 하나가 들어가면 정답으로 합니다.

09 ㉠은 서찰, ㉡은 휴대 전화(스마트폰), ㉢은 무전기, ㉣은 텔레비전, ㉤은 방, ㉥은 컴퓨터를 이용하는 모습입니다. 서찰과 방은 옛날의 통신 수단입니다.

10 ㉢은 무전기로, 경찰관, 소방관, 군인 등이 현장에서 근무하면서 동료와 서로 연락할 때 주로 이용합니다. 공사 현장에서 일하는 사람들도 무전기를 이용해 연락을 주고받습니다.

채점 기준

예시 답안과 비슷한 내용으로 썼으면 정답으로 합니다.

11 오늘날의 통신 수단은 여러 사람에게 정보를 실시간으로 전달할 수 있으며, 한 번에 많은 정보를 주고받을 수 있습니다. 또한 여러 사람과 동시에 연락할 수 있습니다. 통신 기계 하나로 다양한 통신 방법을 이용할 수 있으며, 정보 전달 속도가 매우 빠릅니다.

채점 기준

예시 답안 중 두 가지 내용이 들어가면 정답으로 합니다.

인용 사진 출처

ⓒ **대한민국역사박물관** 학교 개념책 8쪽

ⓒ **김지호–한국관광공사** 춘천 닭갈비 골목 개념책 21쪽

ⓒ **(재단법인) 진주문화예술재단** 남강 유등 축제 개념책 39쪽

ⓒ **파주시청 홈페이지** 율곡 문화제 개념책 39쪽

ⓒ **이범수–한국관광공사** 삼성혈 개념책 39쪽

ⓒ **문화재청** 안성 유기 개념책 47쪽

ⓒ **강원특별자치도청, 한국문화정보원** 효자비 개념책 49쪽

ⓒ **문화재청** 관아 개념책 49쪽

ⓒ **춘천시청** 스카이워크 위에서 실전책 12쪽

ⓒ **춘천시청** 스카이워크 아래에서 실전책 12쪽

ⓒ **김지호–한국관광공사** 태백산 눈 축제 실전책 28쪽

ⓒ **문화재청** 속초 신흥사 극락보전 실전책 34쪽

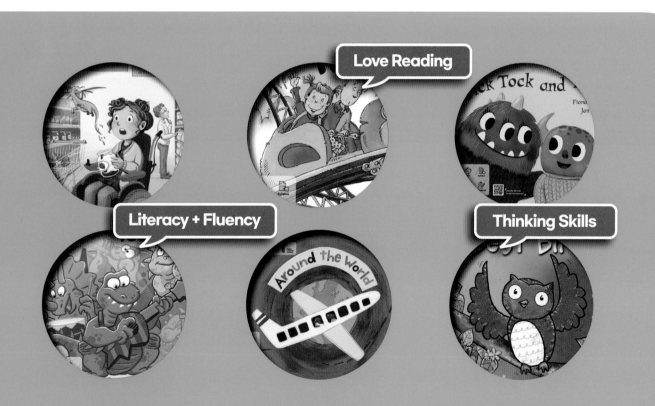

Collins Big Cat × EBS ELT 교재 특장점

국내 최초	체계성	차별성	교육과정 연계
영국 출판사 Collins의 베스트셀링 리더스 시리즈의 한국 맞춤형 학습 교재	영미 공교육 커리큘럼에 맞춘 13단계의 섬세하고 정교한 커리큘럼	원서 스토리북(SB) 자체에 EBS만의 독서 전·중·후 활동 학습코너 추가하여 더욱 풍부한 수업 가능	국내 초등 교육과정 주제와 관련된 스토리들로 교과 배경지식 습득 가능

Great Fun & High Quality	확장성	무료 강의	풍부한 부가자료
유·초등학생의 흥미를 반영한 재미있는 스토리 + 최신 고품질 일러스트레이션과 실사 사진	워크북(WB)을 통해 스토리북(SB)에서 배운 어휘, 문장, 내용 이해 및 미니 프로젝트까지 확장	다채널 방송 플랫폼 무료 강의 및 VOD 다시보기 서비스 제공	워크북 외에도 MP3, 정답 PDF, 추가 액티비티 워크시트 등 제공

Big Cat Curriculum | 리더스 프로그램 커리큘럼

총 13단계로 정교한 커리큘럼 구성 (유치~초·중학생(추천 연령 4~14세))

Big Cat 레벨		주요 콘셉트	세부 학습 내용
Band 1~2	유치 ~ 초등 초급	Literacy Program	파닉스 수준의 쉬운 단어 읽기부터, 문장을 정확하게 읽어 내는 연습을 통해 스스로 영어 스토리북을 읽고 이해하는 단계까지 학습!
Band 3~4	초등 초급 ~ 중급		
Band 5~8	초등 중급 ~ 고급	Reading Comprehension	어휘 확장, 배경지식 확장 및 Reading Comprehension Skills 향상
Band 9~13	초등 고급 ~ 중학	Academic Reading	Academic Vocabulary, 배경지식 확장 및 Higher Reading Comprehension Skills

1~4단계 싱글패키지 54책 + 풀패키지 4세트 (2022년 4월 출시)　**5~13단계** 싱글패키지 86책 + 풀패키지 7세트 (2022년 9월, 10월 출시)

Band 1　12권

- 기초 어휘와 Sight Words를 충분히 연습할 수 있는 쉽고 짧은 스토리
- 영어 읽기에 익숙해지는 단계

Band 2　12권

- 패턴 문장들로 읽기 기초 및 자신감 향상
- 기초 어휘와 Sight Words 확장
- Retelling으로 재미있는 독서 마무리

Band 3　12권

- 다양한 문장 노출로 Fluency 향상
- 기초 어휘와 Sight Words 확장
- Story Structure, Retelling, Project 활동으로 재미있는 독서 마무리

Band 4　18권

- 다양한 주제와 문장으로 독서력 향상
- 어휘와 Sight Words 확장
- Story Structure, Retelling, Project 활동으로 재미있는 독서 마무리

Collins Big Cat × EBS ELT 교재 방송강의 시청 | EBS 1~2TV, PLUS 2, EBS English 채널

온라인 동영상 강의 다시보기 | EBS 초등 모바일앱과 EBS 초등사이트(primary.ebs.co.kr), 잉글리시 사이트(ebse.co.kr), 문해력 사이트(literacy.ebs.co.kr)

EBS와 함께하는

자기주도 학습 초등 · 중학 교재 로드맵

예비 초등 | 1학년 | 2학년 | 3학년 | 4학년 | 5학년 | 6학년

전과목 기본서/평가

- BEST **만점왕** 국어/수학/사회/과학 — 교과서 중심 초등 기본서
- **만점왕 통합본** 학기별(8책) HOT — 바쁜 초등학생을 위한 국어·사회·과학 압축본
- **만점왕 단원평가** 학기별(8책) — 한 권으로 학교 단원평가 대비
- **기초학력 진단평가** 초2~중2 — 초2부터 중2까지 기초학력 진단평가 대비

국어

독해
- **4주 완성 독해력** 1~6단계 — 학년별 교과 연계 단기 독해 학습

문학

문법

어휘
- **어휘가 독해다!** 초등 국어 어휘 1~2단계 — 1, 2학년 교과서 필수 낱말 + 읽기 학습
- **어휘가 독해다!** 초등 국어 어휘 기본 — 3, 4학년 교과서 필수 낱말 + 읽기 학습
- **어휘가 독해다!** 초등 국어 어휘 실력 — 5, 6학년 교과서 필수 낱말 + 읽기 학습

한자
- **참 쉬운 급수 한자** 8급/7급 II/7급 — 한자능력검정시험 대비 급수별 학습
- **어휘가 독해다!** 초등 한자 어휘 1~4단계 — 하루 1개 한자 학습을 통한 어휘 + 독해 학습

쓰기
- **참 쉬운 글쓰기** 1-따라 쓰는 글쓰기 — 맞춤법·받아쓰기로 시작하는 기초 글쓰기 연습
- **참 쉬운 글쓰기** 2-문법에 맞는 글쓰기/3-목적에 맞는 글쓰기 — 초등학생에게 꼭 필요한 기초 글쓰기 연습

문해력
- **어휘/쓰기/ERI독해/배경지식/디지털독해가 문해력이다** — 평생을 살아가는 힘, 문해력을 키우는 학기별 • 단계별 종합 학습
- **문해력 등급 평가** 초1~중1 — 내 문해력 수준을 확인하는 등급 평가

영어

EBS ELT 시리즈 | 권장 학년 : 유아 ~ 중1
- EBS Big Cat — Collins BIG CAT — 다양한 스토리를 통한 영어 리딩 실력 향상
- EBS Big Cat — Shinoy and the Chaos Crew — 흥미롭고 몰입감 있는 스토리를 통한 풍부한 영어 독서
- EBS easy learning — easy learning — 저연령 학습자를 위한 기초 영어 프로그램

독해
- **EBS랑 홈스쿨 초등 영독해** Level 1~3 — 다양한 부가 자료가 있는 단계별 영독해 학습
- **EBS 기초 영독해** — 중학 영어 내신 만점을 위한 첫 영독해

문법
- **EBS랑 홈스쿨 초등 영문법** 1~2 — 다양한 부가 자료가 있는 단계별 영문법 학습
- **EBS 기초 영문법** 1~2 HOT — 중학 영어 내신 만점을 위한 첫 영문법

어휘
- **EBS랑 홈스쿨 초등 필수 영단어** Level 1~2 — 다양한 부가 자료가 있는 단계별 영단어 테마 연상 종합 학습

쓰기

듣기
- **초등 영어듣기평가 완벽대비** 학기별(8책) — 듣기 + 받아쓰기 + 말하기 All in One 학습서

수학

연산
- **만점왕 연산** Pre 1~2단계, 1~12단계 — 과학적 연산 방법을 통한 계산력 훈련

개념

응용
- **만점왕 수학 플러스** 학기별(12책) — 교과서 중심 기본 + 응용 문제

심화
- **만점왕 수학 고난도** 학기별(6책) — 상위권 학생을 위한 초등 고난도 문제집

특화
- **초등 수해력** 영역별 P단계, 1~6단계(14책) — 다음 학년 수학이 쉬워지는 영역별 초등 수학 특화 학습서

사회

사회/역사
- **초등학생을 위한 多담은 한국사 연표** — 연표로 흐름을 잡는 한국사 학습
- **매일 쉬운 스토리 한국사** 1~2 / **스토리 한국사** 1~2 — 하루 한 주제를 이야기로 배우는 한국사/ 고학년 사회 학습 입문서

과학

과학

기타

창체
- **창의체험 탐구생활** 1~12권 — 창의력을 키우는 창의체험활동·탐구

AI
- **쉽게 배우는 초등 AI** 1(1~2학년) — 초등 교과와 융합한 초등 1~2학년 인공지능 입문서
- **쉽게 배우는 초등 AI** 2(3~4학년) — 초등 교과와 융합한 초등 3~4학년 인공지능 입문서
- **쉽게 배우는 초등 AI** 3(5~6학년) — 초등 교과와 융합한 초등 5~6학년 인공지능 입문서